UM JOGO CADA VEZ MAIS SUJO

O PADRÃO FIFA DE FAZER NEGÓCIOS E MANTER TUDO EM SILÊNCIO

Andrew Jennings

Tradução
Renato Marques de Oliveira

© Andrew Jennings

Diretor editorial
Marcelo Duarte

Capa e diagramação
Mario Kanegae

Diretora comercial
Patty Pachas

Preparação
Beatriz de Freitas Moreira

Diretora de projetos especiais
Tatiana Fulas

Revisão
Juliana de Araujo Rodrigues

Coordenadora editorial
Vanessa Sayuri Sawada

Impressão
Orgrafic

Assistentes editoriais
Lucas Santiago Vilela
Mayara dos Santos Freitas

Assistentes de arte
Carolina Ferreira
Hellen Cristine Dias
Mario Kanegae

CIP – BRASIL. CATALOGAÇÃO NA FONTE
SINDICATO NACIONAL DOS EDITORES DE LIVROS, RJ

Jennings, Andrew
    Um jogo cada vez mais sujo / Andrew Jennings; tradução Renato Marques de Oliveira. - 1. ed. - São Paulo: Panda Books, 2014. 240 pp.

Tradução de: Omertà

ISBN: 978-85-7888-354-6

1. Copa do Mundo (Futebol) - Aspectos políticos. 2. Futebol - Torneios - Aspectos políticos. I. Título.

14-10773   CDD: 796.334
                             CDU: 796.332

2014
Todos os direitos reservados à Panda Books.
Um selo da Editora Original Ltda.
Rua Henrique Schaumann, 286, cj. 41
05413-010 – São Paulo – SP
Tel./Fax: (11) 3088-8444
edoriginal@pandabooks.com.br
www.pandabooks.com.br
twitter.com/pandabooks
Visite também nossa página no Facebook.

Nenhuma parte desta publicação poderá ser reproduzida por qualquer meio ou forma sem a prévia autorização da Editora Original Ltda. A violação dos direitos autorais é crime estabelecido na Lei nº 9.610/98 e punido pelo artigo 184 do Código Penal.

Como sempre para os fãs... e para os ursinhos

> "*Sweet songs never last too long on broken radios*"
> [Doces canções nunca duram muito tempo em rádios quebrados]
> John Prine, *Sam Stone*, 1971

Agora que este livro está concluído, vamos aguardar para ver se o FBI vai indiciar os principais membros da família Fifa-Blatter. As investigações do esquadrão do FBI contra o crime organizado, com sede em Nova York, começaram em 2010. Conheci a equipe em Londres, formada por agentes especiais e funcionários do Departamento de Justiça.

Em março de 2013, a Reuters informou que o filho de Jack Warner, Daryan, estava cooperando como testemunha, presumivelmente revelando as contas bancárias do papai nos paraísos fiscais. Foi dito também que havia evidências interessantes nos vídeos das câmeras de segurança do Casino Bellagio, em Las Vegas.

É provável que Chuck Blazer também esteja cooperando. O FBI e a Receita Federal tomaram conhecimento, no final do verão de 2011, de que Blazer mantinha seus esquemas de evasão fiscal através de bancos no Caribe. Mas quase três anos depois, ele ainda não foi indiciado.

Será que o Barrigão vai para a cadeia? Será que Warner, Blatter e os outros líderes da Fifa são células adjacentes?

Sumário

PRÓLOGO 7
Em Palermo – Aprendendo sobre a máfia

1. BEM-VINDOS AO RIO 9
A violência dos amigos de Havelange não tem fim

2. OS MELHORES AMIGOS 15
O chefão do crime e o chefão do futebol mundial

3. A MALETA ABARROTADA DE OURO 25
Por que ela fica tão pesada toda vez que Havelange vai embora de Zurique?

4. FINALMENTE! A LISTA SECRETA DAS PROPINAS 31
Como João e Ricardo ficaram ricos

5. SAQUEANDO O FUTEBOL BRASILEIRO 43
A fabricante de calçados esportivos favorita de Ricardo

6. APUNHALANDO MANDELA PELAS COSTAS 55
As propinas levaram a Copa do Mundo para a Alemanha

7. VOCÊ QUER COMPRAR INGRESSOS PARA A COPA DO MUNDO? 67
Os irmãos Byrom têm um monte deles

8. COMO BLATTER SE MANTÉM NO PODER 81
A compra de votos com o dinheiro da Fifa

9. O BARRIGÃO DEVORA A FIFA 97
O *Guia Michelin* de Blazer descreve o mundo

10. COMO O BARRIGÃO ESMAGOU WARNER 108
E depois foi pego por um jornalista "imprestável"

11. O JOGO DE DUAS METADES DE HILDBRAND 120
Investigando o Mestre das Propinas e o Homem da Mala

12. WEBER É INTOCÁVEL E NÃO PODE SER DEMITIDO!   125
Por que Blatter e Havelange precisam dele?

13. COMO OS PODEROSOS DA FIFA ESCAPARAM IMPUNES   137
Em segredo, eles confessam

14. BLATTER DÁ SUA PALAVRA DE HONRA, MAS CRUZA
OS DEDOS ATRÁS DAS COSTAS   140
Diz ele que quer publicar o relatório condenatório

15. HAVELANGE CHUTADO PARA FORA DO
COMITÊ OLÍMPICO INTERNACIONAL   149
O COI fez o que a Fifa jamais faria

16. MARIN APONTOU O DEDO DA MORTE PARA VLADO   156
Agora ele comanda o futebol brasileiro

17. BLATTER CONTRATA SEUS PRÓPRIOS INVESTIGADORES   172
Dinheiro graúdo a ser distribuído à vontade, e não é preciso ter
pressa para investigar nada

18. BLATTER REESCREVE SEU CÓDIGO DE ÉTICA   182
Agora ele nunca será pego!

19. BLATTER DESENTERRA OS CAIXÕES DA FAMÍLIA   192
Ele se recusa a ser enterrado perto de Hildbrand

20. O BANDO SE REÚNE EM SÃO PAULO   207
Do lado de fora, as vítimas furiosas

21. O RIO DE JANEIRO PAGOU PROPINA PARA
SEDIAR AS OLIMPÍADAS?   217
Tabu – jamais diga em voz alta a palavra iniciada com F

NOTA FINAL   236

AGRADECIMENTOS   237

PRÓLOGO

Em Palermo – Aprendendo sobre a máfia

Palermo, fevereiro de 1987. Estamos em um pomar de laranjeiras nos arrabaldes da cidade, filmando um pequeno edifício industrial. Agora o lugar está deserto, mas até recentemente era uma fábrica de processamento de suco. De acordo com solicitações apresentadas junto ao departamento de subsídios da União Europeia, era a fábrica de suco mais movimentada do mundo.

A máfia costumava submeter gigantescos pedidos fraudulentos de subsídios para a produção de suco de laranja que jamais existiu. Os mafiosos subornavam e intimidavam funcionários para endossar os pedidos – e roubavam milhões de dólares. O esquema foi desbaratado, os bandidos escaparam. Mas aqui é a Sicília e eles estão por toda parte, de olho.

Um enorme sedã preto com vidros escuros passa por mim e minha equipe de filmagem e estaciona. De dentro do carro desce um homem corpulento que caminha na minha direção. Faz gestos por cima do ombro apontando para uma pessoa invisível, mas obviamente importante, atrás dos vidros escuros e anuncia rispidamente: "*Ele dizer vocês num filmare qui*" ("Ele está dizendo que vocês não podem filmar aqui").

Finjo que não entendo, o que dá ao meu cinegrafista tempo para fazer mais algumas tomadas externas do edifício abandonado. No exato instante em que os olhos do sujeito começam a ficar arregalados de fúria, agarro a mão dele, aperto com firmeza, digo "arrivederci" e grito para a equipe: "Hora de ir embora!".

Não foi um bom dia. Mais cedo tínhamos ido até a cidadezinha de Altofonte, nas colinas acima de Palermo. Sabíamos que se tratava da terra natal de um chefe da máfia que agora era um dos cabeças da organização em Londres. As ruas eram estreitas, e o nosso carro alugado se espremia entre muros altos e brancos dos dois lados. Erramos o caminho, demos uma guinada à esquerda e entramos em outra viela estreita – e demos de cara com quatro cavalos pretos com plumas pretas na cabeça. Oh, não! Um funeral. Encontramos espaço suficiente para passar raspando pelos cavalos e o rabecão. Não ousamos encarar nenhum rosto na fileira de gente enlutada que caminhava atrás do carro fúnebre. Sem demora, encontramos outra estrada e saímos da cidade.

Na noite seguinte, fomos escoltados por policiais armados através dos corredores de concreto e espessas portas de aço à prova de explosões em um labirinto sob o Palácio da Justiça em Palermo. Por fim chegamos ao minúsculo gabinete do magistrado investigador Giovanni Falcone. Um homem jovial, cujas bem-sucedidas campanhas contra a máfia fizeram dele o principal alvo da Cosa Nostra, Falcone deixou de lado os relatórios de inteligência que estava analisando, tirou da gaveta uma garrafa de uísque escocês e nos brindou com informações sobre os criminosos que estávamos investigando.

Cinco anos depois, a máfia siciliana matou Falcone e sua esposa – a juíza Francesca Morvillo –, além de três agentes da sua escolta. O carro do magistrado foi desintegrado por uma carga de dinamite na autoestrada que ligava o aeroporto militar siciliano de Punta Raisi a Palermo. Próximo à cidade de Capaci, um comando militar mafioso havia enchido de explosivos um largo duto de escoamento de águas pluviais que passava debaixo do asfalto da pista de rolamento.

Concluí as minhas filmagens, revelando de que maneira a máfia lavava milhões de dólares provenientes da venda de heroína por meio de bancos em Londres, dinheiro que mais tarde voltava para a Itália. Depois eu quis saber mais sobre como a máfia funcionava. Estudei ensaios e li relatórios de policiais tarimbados e criminologistas experientes, examinando as definições e as estruturas dos Sindicatos do Crime Organizado. Isso se tornou uma preparação essencial para o trabalho de investigação das federações esportivas internacionais.

Vasculhei e bisbilhotei a Fifa na década de 1990 e a partir do final de 2000 comecei a concentrar as minhas investigações em torno de Joseph "Sepp" Blatter e João Havelange. Logo me dei conta de que estava de volta ao *éthos* sombrio da Sicília – mas transferido para outro continente. Voltei ainda mais no tempo, pesquisando e lendo, e cheguei ao Bangu de cinquenta anos atrás. Do mundo dos bicheiros eu viajei de volta à Europa e descobri maletas secretas carregadas de lingotes de ouro arrebanhados em Zurique. Seguindo as barras de ouro, completei o círculo de volta a Copacabana, e agora... à Copa do Mundo de 2014.

Andrew Jennings
Cumbria, abril de 2014

1
BEM-VINDOS AO RIO

A violência dos amigos de Havelange não tem fim

8 de abril de 2010. Avenida das Américas, Rio de Janeiro. *Bum!* O Toyota Corolla é blindado para resistir a tiros de fuzil, mas a couraça extra de aço das portas não dá conta de proteger o motorista adolescente da bomba amarrada debaixo de seu banco. Tudo que os guarda-costas armados nos dois carros que vinham atrás podem fazer é lamentar a morte instantânea de Diogo Andrade, de 17 anos de idade. Talvez jamais consigam encontrar todos os pedaços de seu corpo.

Rogério, o pai do garoto, sentado no banco do passageiro, escapa com o nariz quebrado. Mais tarde, em uma cama do Hospital Barra d'Or, ele começa a tramar o seu plano de vingança. Ele sabe quem deu a ordem para o atentado à bomba. Como a sua equipe de segurança cometeu o vacilo de não ver o artefato?

Chocados, os motoristas engarrafados atrás dos destroços, ao longo do bulevar paralelo às praias reluzentes na Barra da Tijuca, saem de seus carros para observar o trabalho da polícia e dos paramédicos, que na claridade da ensolarada manhã usam luvas para recolher os pedaços chamuscados do rapaz espalhados pela calçada e na sarjeta. Embasbacadas e boquiabertas, as pessoas olham com espanto para o Corolla fumegante e outro veículo incendiado – também destruído pela explosão. São as guerras de quadrilhas em sua violenta disputa pelo milionário mercado do jogo ilegal. Será que nunca terão fim?

Primavera de 2010. Os empreiteiros e seus amigos poderosos estão extorquindo os contribuintes com planos extravagantes para reconstruir e remodelar o estádio Maracanã, reduzindo a capacidade das arquibancadas populares de modo a abrir espaço para uma fileira de camarotes que somente os *playboys* internacionais podem pagar.

Bem-vindo ao Rio de Janeiro, cidade em que os homens de colarinho branco, usando como armas advogados e políticos, estão travando uma batalha para se apoderar da riqueza que a Copa do Mundo e as Olimpíadas podem propiciar. A batalha bem visível – aquela da avenida das Américas – é mais um episódio nas guerras por território em curso no Rio: as disputas de uma organização dividida em facções que rosnam e arreganham os dentes na tentativa de comandar os lucros da contravenção da cidade, a exploração do jogo do bicho, das máquinas caça-níqueis e do tráfico de cocaína.

Esqueça os traficantes pés de chinelo nas ladeiras das favelas com lindas vistas para o oceano, trocando tiros com a Polícia Federal e o Exército, os agentes da limpeza étnica preparando o terreno para a chegada das redes de hotéis. A terra é uma das mercadorias mais preciosas na cidade, e, se for preciso, vão derrubar casas com escavadeiras de terraplenagem – é isso que se faz para construir uma economia de primeiro mundo e esconder os lucros em bancos do Caribe.

Os assassinos no bulevar são membros de outra elite da cidade, duradoura e celebrada na mídia e no mundo dos esportes, protegida pela polícia e pelos políticos corruptos.

Os ecos da explosão ricocheteiam nos morros. Será que o Cristo Redentor, lá no alto do Corcovado, derrubou uma lágrima pelo rapaz morto? Descansando em seu elegante apartamento, João Havelange estremece. Essa violência vulgar é desnecessária. Ele não tinha feito tudo pela família Andrade? Não havia posto o poderoso chefão do Rio no comando da delegação da Seleção Brasileira? Não lhe dera prestígio no futebol? Não tentou impedir a ação da polícia antimáfia? Quando aquela maldita juíza se recusou a ser intimidada, não foi visitá-lo na cadeia?

Seu velho amigo Castor, tio-avô do jovem morto no ataque à bomba, tinha mantido a cidade em ordem. Número mínimo de assassinatos. Financiava o Carnaval para as massas cariocas. Ao mesmo tempo, o aristocrata Havelange estava aprendendo a receita de como criar uma organização global sem matar ninguém, sem precisar quebrar uma perna sequer. O combustível era o dinheiro, fornecido pelas marcas globais e pelas redes mundiais de televisão, todas competindo para abocanhar uma fatia da mercadoria que ele controlava.

Em outra parte da cidade, Romário está conversando com dirigentes do Partido Socialista Brasileiro (PSB). Quer destronar Ricardo Teixeira, o longevo presidente da Confederação Brasileira de Futebol (CBF) e sua súcia de conspiradores, que dominavam e se apropriavam dos recursos do esporte brasileiro havia décadas. Uma das maneiras seria concorrer a uma cadeira de deputado federal nas eleições para a Câmara dali a seis meses. Os políticos têm poder. E há a pequena Ivy, a filhinha de cinco anos de Romário, portadora da síndrome de Down. Romário descobriu e sentiu na pele quanto o Brasil cuida mal de seus deficientes. Ele passa alguns fins de semana jogando partidas beneficentes em cidadezinhas de todo o país para arrecadar recursos destinados a entidades de apoio a pessoas com necessidades especiais, como a Associação de Pais e Amigos dos Excepcionais (Apae).

Os chefões da cartolagem brasileira dão risada. Romário? Ele não passa de mais um *playboy*, um ex-astro do futebol. Já pendurou as chuteiras. Seus dias de artilheiro chegaram ao fim. Que tipo de ameaça esse filho das favelas pode representar para eles, homens poderosos, ricos, e com um esquadrão de políticos obedientes em sua folha de pagamento?

Em São Paulo, José Maria Marin, um dos queridinhos da ditadura militar – ao lado de seu parceiro, o político Paulo Maluf –, é agora vice-presidente da CBF. Tudo bem, o povo há muito tempo se esqueceu de como Marin ajudou a dar sustentação política à ditadura e como um discurso dele foi decisivo para que o corajoso jornalista Vladimir Herzog fosse preso e torturado até a morte. E se Ricardo Teixeira tem de fugir abruptamente do país – no tradicional estilo latino-americano –, buscando refúgio em uma de suas lindas casas na Flórida, José Maria Marin o substituirá, encarregando-se de cuidar do pote de mel.

O estrondo da mortífera explosão na avenida das Américas não pode ser ouvido na longínqua Johannesburgo. Faltando oito semanas para o jogo de abertura no Soccer City, Sepp Blatter e seus *capos* sul-africanos já estão enfrentando problemas demais. Revoltados com os preços extorsivos dos ingressos, os torcedores e fãs de futebol vão ficar em casa. Nas cidades, os cidadãos protestam todos os dias; os motins mandam uma mensagem clara para os políticos: o dinheiro público deveria ser gasto na construção de casas, nas redes de abastecimento de água e estações de tratamento de esgoto e na criação de empregos, e não em estádios que se tornarão elefantes brancos. Por que os políticos lhes dariam ouvidos? Eles contam com a polícia para espancar os manifestantes.

A Copa do Mundo de 2010 é uma boa notícia para Danny Jordaan, dirigente da Federação de Futebol Sul-Africana e agora chefe executivo do Comitê Organizador Local (COL) do torneio. Na surdina, seu irmão Andrew ganhou de bandeja um emprego muito bem remunerado como agente de hospitalidade junto à MATCH Events Services no estádio de Port Elizabeth. Um dos acionistas da MATCH é Philippe Blatter, sobrinho de Sepp Blatter. Os sócios majoritários são os irmãos mexicanos Jaime e Enrique Byrom, baseados em Manchester, na Inglaterra, e em Zurique, na Suíça, com movimentação de contas bancárias na Espanha.

Os irmãos Byrom não estão felizes. Sepp Blatter agraciou-os com o lucrativo contrato de exclusividade na comercialização de pacotes de hospedagem para a Copa do Mundo, pacotes cujo alvo são os abastados "clientes" e endinheirados "consumidores" do futebol, na maioria estrangeiros. Como se isso não bastasse, Blatter também lhes deu o contrato para gerenciar e distribuir os 3 milhões de ingressos. Os irmãos Byrom estão cobrando preços exorbitantes pelos hotéis e voos internos, e a essa altura esperavam ter lucros monumentais. Em vez disso, estão em via de amargar um prejuízo de 50 milhões de dólares. Planejam recuperar essas perdas na Copa do Mundo no Brasil, dali a quatro anos. Enquanto isso, estão sorrateiramente mexendo os pauzinhos e tomando providências para fornecer a Jack Warner, um dos vice-presidentes da Fifa, uma enxurrada de ingressos para serem vendidos no mercado negro, como fizeram na Alemanha em 2006.

Os advogados de Zurique receberam seus honorários. Em poucas semanas virá a público o anúncio de que está concluída a investigação criminal de altos dirigentes da Fifa, que receberam propinas da International Sports and Leisure (ISL) em troca de facilidades na obtenção de contratos de marketing. Os advogados conseguiram uma proeza e tanto; os nomes serão mantidos em sigilo para todo o sempre. Apenas uma ninharia do dinheiro será devolvida. Caso encerrado. Os dirigentes brasileiros estavam envolvidos? Sem comentários. E quanto ao senhor, presidente Blatter? Nada a declarar.

O presidente da Fifa andava preocupado, temeroso de que a polícia divulgasse a prova concreta de que em março de 1997 ele havia segurado em suas mãos uma ordem de pagamento de 1 milhão de francos suíços (cerca de 1,5 milhão de reais), a propina destinada a João Havelange. Alguém tinha dado com a língua nos dentes e fornecido a informação àquele maldito jornalista britânico. Se a história voltasse de novo à tona, ele contrataria seus próprios investigadores a fim de ser inocentado. Meses depois, naquele mesmo ano, um dos investigadores suíços levou o jornalista britânico para jantar em um restaurante com vista para um lago. "Não desista", ele disse.

O presidente da Fifa está visivelmente deprimido. Será que seu reinado está chegando ao fim? Em fevereiro ele concede uma entrevista a uma repórter do jornal *Al-Ahram*, do Cairo. De repente, Sepp enceta uma grandiloquente lista de suas supostas realizações e conquistas. Parecia o seu obituário. Uma vez que a jornalista era uma árabe bem informada, Blatter não conseguiu se conter. "Sempre me dei muito bem com Mohamed, sempre fomos amigos, até o último congresso em maio", diz Blatter. "De repente a nossa amizade se rompeu. Pergunte a ele: 'Por quê?'. Eu não sei".

Não é verdade. Sepp sabe, sim. Mohamed, a jornalista bem sabe, é Mohamed Bin Hammam, dirigente do Catar e presidente da Confederação Asiática de Futebol (Asian Football Confederation – AFC). Durante 12 anos ele forneceu o dinheiro para comprar os votos que mantiveram Blatter no trono de presidente. Agora Bin Hammam quer o emprego para si mesmo. Ele é capaz de arrecadar mais dinheiro do que Sepp e vai vencer. A eleição seria realizada dali a um ano e, enquanto o coitado do Diogo foi pelos ares, Mohamed segue empilhando seus sacos de dinheiro e envelopes marrons. Sim, ele realmente guarda suas propinas em envelopes de papel marrons. Em 2011, alguém fotografaria um deles.

Os velhos gananciosos da Fifa não ouvem o estrondo da explosão. Eles só têm ouvidos para o farfalhar das verdinhas. Esse ano, 2010, será o ano mais rentável. Quatro meses depois da Copa do Mundo na África, eles decidirão que país realizará a Copa do Mundo de 2018. Temendo a possibilidade que talvez não vivam mais quatro anos, perdendo assim a chance de encher os bolsos com mais propinas durante o processo de escolha do país anfitrião da Copa do Mundo de 2022, os cartolas decidem que em dezembro de 2010 anunciarão de uma só vez as sedes das Copas de 2018 e 2022. Presentes de Natal em dobro.

Vamos dar uma olhada nos países concorrentes! Putin está doido para levar a Copa do Mundo para a Rússia. Os homens ricos do Catar, vestindo suas *jalabiyas* – típicas túnicas longas brancas ou em cor pastel –, também querem o torneio. Duas das nações mais ricas do mundo em petrodólares estão implorando. Uau! Que alegria! Ricardo Teixeira passou o ano todo com um sorriso estampado no rosto. Do outro lado da fronteira, em Assunção, capital do Paraguai, Nicolás Leoz, presidente da Confederação Sul-Americana de Futebol (Confederación Sudamericana de Fútbol - Conmebol), sente cheiro de dinheiro – e mais. Ele coexistiu tranquilamente com Alfredo Stroessner, e há uma eternidade vem usando o futebol como fonte de propinas. Ele ainda não sabe, mas seus hábitos vorazes serão tema de um programa da televisão britânica dali a sete meses.

O nigeriano Amos Adamu é membro do Comitê Executivo da Fifa – que conta com 24 integrantes – há quatro anos. Passou com facilidade no teste para fazer parte do órgão executivo responsável por tomar as principais decisões na entidade: pegou cada centavo que pôde do esporte na Nigéria. Até hoje ainda não entregou as contas dos Jogos Pan-Africanos de 2003, realizados em Abuja. Enquanto as coisas estão boas, e a dinheirama corre solta, seu filho Samson espera receber uma fatia do bolo.

No norte do continente, no Cairo, o camaronês Issa Hayatou, presidente da Confederação Africana de Futebol (Confédération Africaine de Football - CAF), não está ficando mais pobre. Meses depois a BBC identificou um pagamento de propina feito a ele. Há muitos e muitos dirigentes que suscitam dúvidas e suspeitas, mas é difícil obter provas. Outro dos que estão sempre em evidência é o tailandês Worawi Makudi, também membro do Comitê Executivo da Fifa. As acusações de corrupção e irregularidades em sua gestão à frente da Associação Tailandesa de Futebol se acumulam: Worawi rebate e se safa, seus colegas da Fifa se calam e o protegem.

Seis meses antes, João Havelange, o mais antigo membro do Comitê Olímpico Internacional (COI), liderou a delegação brasileira que foi a Copenhague apresentar a candidatura do Rio de Janeiro a sede das Olimpíadas de 2016. O evento não custaria caro, porque apenas dois anos antes a cidade fora sede dos Jogos Pan-Americanos e as instalações esportivas precisavam apenas de uma demão de tinta e estariam prontas para as competições.

Nominalmente, o líder da candidatura carioca era Carlos Nuzman, membro do COI e presidente do Comitê Olímpico Brasileiro (COB), mas Havelange estava acompanhado de Jean-Marie Weber, o "Homem da Mala", o gerente de marketing da ISL que distribuiu 100 milhões de dólares a dirigentes esportivos – incluindo Havelange – no século passado. O presidente Obama discursou em nome de Chicago. Weber falou com seus velhos amigos do COI – e deu no que deu.

Uma saraivada de tiros de fuzil atingiu o sargento do Corpo de Bombeiros Antônio Carlos Macedo enquanto pilotava sua Harley-Davidson pelas ruas do Rio. Ele atuava como chefe da segurança do próprio Rogério Andrade e foi executado no final de 2010, um mês antes do anúncio das sedes das Copas de 2018 e 2022. Rogério tinha concluído que Macedo fora o responsável por plantar a bomba que explodira seu filho. A família Andrade vinha se matando desde que o bicheiro Castor de Andrade, o patriarca do clã e amigo de Havelange, morrera depois de um infarto em 1997. Paulinho de Andrade, filho e herdeiro direto do império de negócios ilegais de Castor, foi assassinado em 1998, supostamente por Rogério. Diversos outros bandidos foram eliminados, mas é improvável que a cidade volte a ser estável como antes, no tempo em que Castor mandava.

2
OS MELHORES AMIGOS

O chefão do crime e o chefão do futebol mundial

Por Carolina Mazzi*

O casamento do ano no Rio de Janeiro. Estou olhando para uma fotografia tirada no banquete daquele casamento. O pai da noiva era acusado de ser o maior criminoso e contraventor do Brasil e, dizem, já havia mandado matar cinquenta rivais. Não estava atrás das grades porque pagava suborno para os políticos da cidade e molhava a mão dos juízes e da polícia: tinha todo mundo no bolso. Era dono de um clube de futebol. Vejo na fotografia que os dois convidados de honra estão sentados à sua mesa. Um dos convidados, à direita na imagem, é alto, tem um nariz romano e os olhos mais duros do salão de festas. É João Havelange, e ele controlava o futebol mundial.

Entre Havelange e o outro convidado está seu genro, o jovem que em poucos anos se tornaria o chefão do futebol brasileiro. Na imagem o jovem Ricardo está sorridente, radiante, exuberante, exalando confiança na companhia do Havelange. Atrás deles há dois homens, atentos, vigilantes, em pose protetora, sem sorrir. Essa fotografia revela como o futebol mundial foi parar nas mãos do crime organizado.

Meu povo, bem-vindo ao Carnaval! Vestido todo de branco – terno, sapatos e meias –, Castor de Andrade ajoelhava-se no centro do Sambódromo, erguia os braços em uma saudação triunfal e sorria para a multidão que, das arquibancadas, ovacionava o bicheiro. Sua presença imponente dizia: "Eu trago o Carnaval para vocês". E levava mesmo. Ele era o patrono da escola de samba Mocidade Independente de Padre Miguel, vencedora do título de campeã do Carnaval em 1979, 1985, 1990, 1991 e novamente em 1996, ano em

---

* Meu agradecimento a Carolina Mazzi por sua pesquisa e coautoria neste capítulo. (N.A.)

que ele saiu da prisão. Castor tinha assumido o controle do Carnaval do Rio de Janeiro ao criar a Liga Independente das Escolas de Samba (Liesa) - aos olhos da opinião pública a organização recebia subvenção do governo, mas no âmbito privado era um veículo para a lavagem de dinheiro sujo.

A avó de Castor, cujo apelido era Iaiá, era bicheira e comandava a jogatina com o filho Euzébio de Andrade Silva. Sua banca era mais uma das muitas espalhadas pela cidade. Castor concluiu o curso de direito no início da década de 1960, mas herdou a banca de jogo do bicho fundada por sua avó e seu pai e jamais atuou como advogado. Fazia questão de deixar bem claro que era um católico fervoroso e dava demonstrações de fé praticando "atos de devoção em louvor a Nossa Senhora Aparecida".

No Carnaval de 1993, ele aproveitou a ocasião para fazer um discurso bombástico condenando ferozmente o que definiu como "perseguição contra os bicheiros". Foi um erro ostentar seus anos de imunidade. Ele estava abusando da sorte, escarnecendo do promotor especial que o investigava.

Era assim que Castor de Andrade, o anfitrião daquela festa de casamento, ganhava os seus milhões, distribuídos com tanta generosidade pela cidade. Ele controlava o jogo do bicho e as máquinas caça-níqueis. Corriam boatos de que tinha participação no tráfico de cocaína e ligação com os cartéis colombianos, com a máfia italiana e com quadrilhas israelenses.

Em 1964, os generais puseram seus tanques nas ruas do Rio para governar o Brasil por 21 anos. Permitiu-se que Castor de Andrade comandasse com desembaraço suas redes criminosas. O general que fazia as vezes de secretário de Segurança do Rio de Janeiro recebeu instruções para "evitar problemas com Castor de Andrade".

Castor era influente em todo o Brasil. Sua amizade com o figurão sentado à sua mesa no banquete daquele casamento abria as portas para os altos escalões do esporte brasileiro. Dois anos após o golpe militar, Castor propiciou aplausos à ditadura ao chefiar a delegação da Seleção Canarinho que venceu a Copa O'Higgins no Chile e, um ano depois, a Taça Rio Branco no Uruguai. Castor recebeu homenagens das federações estaduais de futebol do Rio de Janeiro e de Minas Gerais.

No âmbito do futebol carioca ele era o patrono do Bangu Atlético Clube, e assim distribuiu montes de dinheiro ao time. Sob a sua liderança o Bangu tinha um trunfo, uma carta na manga: ele era um homem a ser temido pelos árbitros. Em uma partida contra o América no Maracanã, o time do bicheiro vencia por 2 X 1 quando o árbitro marcou um pênalti a favor do adversário. Castor invadiu o campo brandindo um revólver. Minutos depois de suas ameaças, o árbitro marcou um pênalti surpresa, dessa vez a favor do Bangu, e esse foi o lance que decidiu a vitória do time do coração de Castor. (No final da temporada o Bangu ganhou o título de campeão carioca.) Ainda hoje o busto de bronze de Castor de Andrade está no saguão da sede social do clube, ao lado dos troféus que ele ajudou o Bangu a ganhar.

Castor estava brincando de novo, fazendo joguinhos. Aceitou o convite para ser um dos convidados do *talk-show* de Jô Soares, o programa de entrevistas de maior audiência na televisão brasileira. O ano era 1991 e os investigadores não estavam chegando a lugar nenhum. A vaidade de Castor não resistiu à oportunidade de se acomodar no mesmo sofá em que se sentavam as mais importantes personalidades, os políticos, artistas famosos e celebridades. Jô Soares não se esquivou de fazer a única pergunta que os espectadores queriam que fosse feita.

"Qual é a ligação que houve, qual é a ligação que existiu da sua família com o jogo do bicho? Como é que começou isso?" Castor não fugiu da raia: ele frequentou uma universidade, é fluente quando mente, domina a língua portuguesa, sua fala é elegante e sua voz é doce e suave.

"Olha, eu tinha uma avó, chamava-se Eurídice, e ela naquela época – ela era viúva –, para ajudar na manutenção da casa, ela escrevia jogo do bicho, em uma casinha modesta de sapê na rua Fonseca, em Bangu. Minha mãe trabalhava em um laboratório farmacêutico, a minha outra tia – tia Santa – ajudava a minha avó a, como é que se diz, a escrever o joguinho do bicho dela. Meu pai, que era condutor de trem, casou-se com a minha mãe e tinha outros tipos de negócio, mas por influência da família da minha mãe, eu acho que o sangue da minha mãe forçou e ele começou a ter também ligação com a contravenção de jogo do bicho. E daí a origem da família no jogo do bicho. E que foi no passado, hoje não existe mais nenhuma ligação." Jô pergunta: "Esse negócio é do passado?". Castor reafirma: "Do passado. E bem remoto, hein?". Jô quer saber: "Não chegou a ser um negócio de avó para neto?". O bicheiro graceja: "Chegou até determinado momento, depois...".

A plateia caiu na gargalhada, o apresentador Jô Soares deu risada, e todo mundo se divertiu. Castor abriu um sorriso. Todo mundo sabia que ele era o chefão do jogo do bicho. Todo mundo sabia que, por trás da fachada respeitável de senhor carismático, ali estava sentado um folclórico criminoso.

Castor também falou sobre futebol e, depois, narrando mais uma de suas anedotas, foi frio como gelo. Aparentemente um assaltante havia invadido a sua casa. "Foi interessante isso, em uma casa de veraneio minha, eu fui surpreendido umas 11 horas da noite quando fui fechar o portão. O sujeito me apontou o revólver, logo em seguida apontou o revólver para o segurança que estava na casa. Eu pedi a ele para ter calma, porque ele realmente tinha chegado ao lugar certo, se o problema dele era dinheiro e joias, ele tinha ido ao lugar ideal, o lugar certo, de forma que ele não devia se preocupar com aquele negócio. Eu o convidei a entrar, e o outro comparsa entrou também, e o terceiro, quando chegou, ficou surpreendido e disse: 'Meu Deus do céu, é a casa do doutor Castor, vamos embora que pintou sujeira'. Os ladrões pediram desculpas e foram embora". Imediatamente, apavorados. Ao terminar o seu relato, Castor riu, calmamente.

"Por favor, me protejam. O Castor vai me matar. Eu vou contar tudo." Os investigadores honestos haviam encontrado um informante. Um dos membros da quadrilha de Castor virou a casaca. Ele tinha embolsado dinheiro de apostas, valor que deveria ter ido para as mãos do chefão. Estava encrencado e somente a polícia poderia ajudá-lo. Ele forneceu aos policiais informações valiosas sobre o império da jogatina de Castor de Andrade.

O jogo do bicho é ilegal, mas é uma tradição: enquanto permaneceu pequeno, foi tolerado. É uma variação da loteria ou uma espécie de bingo, e Castor controlava os números – apenas uma parte da vibrante vida urbana carioca. Os apostadores escolhem um animal e os números correspondentes em meio às imagens – cachorro, veado, muitos outros mais – e arriscam dinheiro em seus favoritos. Datas de aniversário, superstições, sonhos... todo mundo acredita que um dos animais é seu bicho da sorte. O operador anota a aposta e os resultados são divulgados – antigamente eram colados em árvores e postes, hoje são acompanhados pela internet, pelo rádio, jornais populares e até por telefone, o chamado "Disque Bicho". Os policiais ainda hoje fingem que não têm conhecimento sobre esse assunto.

O informante levantou a cortina. Castor herdou as bancas da família e foi trabalhar com os tios. Com violência, a família eliminou os rivais e assumiu o controle de mais e mais "pontos" nas esquinas, onde se faziam as apostas e o dinheiro era coletado. O filho de Castor, Paulo, entrou para a quadrilha, e com o tempo o clã Andrade já controlava a jogatina em nove subúrbios da cidade. Nas ruas ecoava o rugido dos mensageiros de moto que recolhiam o dinheiro e os volantes das apostas.

O dinheiro jorrava. Castor expandiu os seus negócios. Investiu em máquinas caça-níqueis e videogames. Comercializou armas. Sua metalúrgica prestava favores aos generais quando os veículos dos militares enguiçavam. Ele era dono de postos de gasolina e de uma revendedora de carros usados. O informante sabia que Castor havia comprado barcos de pesca. Ele acreditava que seriam para transportar a cocaína que vinha do Norte. Havia um mafioso siciliano escondido na tecelagem de Castor em Bangu.

Castor fumava os maiores charutos. Em público, era um bondoso homem de família, casado e fiel à esposa Wilma, mas sabiam – e jamais se mencione isso! – que ele mantinha amantes em apartamentos por toda a cidade. O informante não sabia com que generosidade Castor distribuía o seu dinheiro, mas eles nunca tiveram problemas com a polícia.

A polícia foi anotando tudo. Depois do relato, o dedo-duro voltou para as ruas – descobriu que Castor não tinha percebido a falta do dinheiro que ele tinha embolsado.

No entanto, o delator havia falado bastante, e o que ele falou foi suficiente.

Tudo parece tranquilo, por isso o homem com a metralhadora Uzi que protege as pilhas de dinheiro sai para almoçar. No degradado bairro de Bangu as ruas estão apinhadas de pessoas comprando pão e café.

Discretamente os policiais, seis equipes deles, nervosos e suando, saem de seus carros à paisana e caminham em formação até a casa-alvo, na rua Fonseca. Estamos no final de março de 1994. Todo santo dia Castor paga policiais para proteger seus mensageiros de moto que recolhem as apostas de milhares de cariocas, que fazem sua fezinha em esquinas, avenidas, botecos, borracharias e até em bancas de jornal de toda a cidade. Nesse dia não se trata desses policiais, esses visitantes são diferentes.

A sra. Rosana, secretária de Castor, ouve a batida na porta e espia pelo olho mágico. Ela não reconhece os policiais. Alguém diz: "Não são os nossos".

Castor escapa pela porta dos fundos, mas deixa para trás fileiras de mesas, rodeadas de homens e mulheres encarregados de contar o dinheiro. E os livros-caixa. Está ali o mundo secreto de poder e influência do contraventor.

Um telefonema urgente para o quartel-general e quem recebe a notícia é Marcos Paes, comandante da equipe de Operações Especiais da Polícia Militar: "Encontramos dois livros-caixa". Paes dá a ordem: "Ninguém se mexa. Ninguém a não ser eu coloca um dedo nos livros-caixa".

"Fiquei chocado quando vi as listas de nomes de quem estava sendo pago por Castor de Andrade", relembrou o coronel Paes, agora chefe da segurança da Câmara dos Vereadores na cidade do Rio de Janeiro. "Havia policiais que eu conhecia e com quem trabalhei, promotores, juízes e políticos importantes. Sabíamos que eles corrompiam as pessoas, mas não podíamos imaginar até que ponto se estendia a influência de Castor."

Havia um nome que todo mundo conhecia. Um homem mundialmente famoso. O generoso bicheiro Castor de Andrade, o rei do Carnaval, havia presenteado o chefão do futebol mundial com um camarote especial para assistir ao desfile das escolas de samba. Custo: 17.640 dólares. Estava se tornando um estilo de vida para Havelange: receber "presentes" de figuras duvidosas em troca de favores.

Os livros-caixa e as listas de nomes são então levados para o gabinete do procurador Antônio Biscaia. Ele faz duas cópias, que são trancadas em um cofre. No meio daquela noite Biscaia recebe um telefonema: alguns policiais haviam tentado arrombar o prédio para roubar os documentos. Imediatamente Biscaia os transfere para outro lugar.

"Tive seguranças armados durante anos. Era muito perigoso investigar o jogo do bicho. Ameaças de morte eram comuns, tanto para mim como para a minha família", disse o ex-procurador Antônio Biscaia, que na época comandou as investigações sobre as atividades de Castor de Andrade e outros bicheiros. A família Andrade foi o primeiro clã mafioso do Rio, ele afirmou.

"Certa noite, eu estava saindo de um restaurante quando um carro com quatro homens passou correndo, e eles dispararam de 15 a vinte tiros. Meus seguranças me empurraram para o chão e escapei ileso. Os matadores fugiram.

"Tínhamos de fazer tudo em segredo porque sabíamos do envolvimento da polícia e de outros níveis de poder com Castor. Não havia muita gente disposta a prender o bicheiro."

Vinte anos depois eu me encontro pessoalmente com Biscaia em seu escritório, no centro do Rio. Um homem sério, de porte mediano, cabelo grisalho curto e um par de óculos sem aros. Ele sorri de algumas de suas lembranças. Com frugalidade, conta um pouco do que encontrou nos livros contábeis de Castor de Andrade. Sim, é claro que lá estava Havelange. E infinitos nomes e registros de pagamentos de propinas.

Castor anotava as transações financeiras entre sua família mafiosa e seus sócios, nome atrás de nome, negócio atrás de negócio. E que visão reveladora sobre como realmente funcionava o Rio! A vida de Castor era repleta de importantes conexões sociais. Políticos, policiais, promotores, juízes, governadores, dirigentes esportivos, todo mundo se beneficiava com seus esquemas escusos.

Cauteloso, Biscaia pondera antes de cada resposta. "Era realmente assustador", ele relembra. O ex-procurador fecha os olhos e recorda os detalhes daquele tempo. Ele não usa frases longas.

Investigar o jogo do bicho naquela época era "difícil", ele define. "Havia sempre alguma coisa para desencorajar você. A influência de Castor se estendia a todos os círculos do poder. Ele era perigoso. Tinha aquela imagem de homem comum, gente boa, sujeito boa-praça, mas era capaz de fazer tudo o que fosse preciso para expandir os negócios e continuar sendo o cabeça da máfia." Novamente Biscaia fecha os olhos. Há mais a contar.

Havelange não se limitava a apenas receber de Castor; como veremos, ele também retribuía o gesto ao contraventor.

"Até onde eu sei, tentaram me matar três vezes. Era assustador saber o quanto chegaram perto de mim e da minha família." Denise Frossard era a juíza que não se deixou comprar. Em 1993, ela determinou a prisão de Castor. Pouco depois os amigos do bicheiro encontraram uma desculpa para tirá-lo da cadeia.

No final de um ensolarado dia de inverno, vestindo roupas de ginástica, Denise me recebe na porta de sua casa. Ela me leva até seu escritório no segundo andar e me oferece água e café; aceito a cápsula azul de uma cafeteira. Depois ficamos frente a frente, sentados junto a uma mesa de vidro.

"Aquele sujeito era visto com gente importante, com personalidades, e até mesmo com políticos. Isso mandava uma mensagem clara para todo mundo: vejam, eu sou poderoso, eu tenho conexões."

Para ela, a imagem de *bon vivant* de Castor era apenas outra maneira de fazer negócios. "Eu estudei atentamente a personalidade dele. Ele não era um fã apaixonado de futebol, um amante do Carnaval. Era pragmático. As ligações com esses ícones culturais eram úteis para ele – e só. Eram apenas negócios, nada mais. Ele era um bandido perigoso."

Denise, que tem pouco mais de 1,50 metro de altura, é irrequieta. Ela não consegue ficar imóvel; mexe os pés debaixo da mesa o tempo todo e faz uma bolinha de papel entre os dedos. Sentada em um sofá de couro preto, balança o corpo de um lado para o outro, para a frente e para trás, e sua fala é rápida, misturando idiomas e filosofia para apresentar os seus argumentos.

Sua casa, a última em uma longa e íngreme rua de paralelepípedos em um bairro de classe alta no Rio de Janeiro, parece ter sido escolhida como esconderijo. Ela está longe de Bangu. Pela janela Denise vê uma paisagem de tirar o fôlego, uma imagem de cartão-postal. Montanhas entremeadas com o mar e o pôr do sol na famosa lagoa Rodrigo de Freitas. Seu escritório é espaçoso e decorado com bom gosto. Seus livros se espalham pelas paredes brancas, e a cuidadosa limpeza é feita por uma senhora que tinha ido embora pouco antes da minha chegada.

Durante a nossa conversa, Denise ri diversas vezes. Seus olhos e seu rosto estão fixos em mim, mas de vez em quando ela volta a sua atenção para o lado de fora da janela. A paisagem é de fato fascinante, mas ela não está prestando atenção em algo específico. Esses são os únicos momentos em que ela parece se perder em pensamentos.

Relembrar os ataques da época da investigação e da condenação de Castor de Andrade não parece fácil para ela, mesmo depois de vinte anos. "Foi duro, muito difícil", ela respira devagar e toca a testa, como se fosse possível apagar o episódio de seu passado. Esse é o único momento vulnerável dessa ex-juíza federal de 63 anos de idade. Nascida no estado de Minas Gerais, ela se mudou para o Rio de Janeiro em 1970. "Você sabe, eles, Castor e seus colegas, não estavam brincando, não estavam de brincadeira. Nunca estiveram. Eram perigosos."

Denise salienta que "parte do respeito que Castor obteve dos outros criminosos era por causa da imagem de aceitação que ele tinha junto aos poderosos". Acusações de homicídio e tortura contra ele eram comuns, "mas jamais foram provadas e, como você pode suspeitar, jamais investigadas".

Antes de me dar uma carona, Denise reforça a imagem de Castor como um homem violento. "Não havia paixão, não havia compaixão quando falamos dos cabeças do jogo do bicho. Era tudo negócio: Carnaval, futebol, religião, tudo era construído; todas as relações sociais de Castor nesses ambientes eram construídas com o objetivo de angariar dinheiro, poder e influência. Nada ali era paixão. Castor era uma pessoa fria, pragmática e cruel."

O discurso desafiador que Castor fez no Sambódromo no início de 1993, atacando a "perseguição contra os bicheiros", foi um erro fatal. Já não era mais possível permitir que ele continuasse intacto. Era preciso pôr um ponto final em sua imunidade. As investigações se aceleraram.

Três meses depois, Castor de Andrade se viu diante da juíza Denise Frossard. Ela o condenou à pena máxima de seis anos de prisão por formação de quadrilha. Junto com ele foram para trás das grades dois de seus *capos* e outras pessoas ligadas à cúpula do jogo do bicho, além de seu genro Fernando de Miranda Iggnácio.

Os livros-caixa e todos os registros de operações contábeis de Castor vieram a público. A lista dos que recebiam propinas era assombrosa. Entre os nomes estavam o ex-presidente Fernando Collor de Mello, o governador do estado do Rio de Janeiro Nilo Batista, o prefeito da cidade do Rio Cesar Maia, sete empresários, três juízes, 12 congressistas, sete vereadores, 25 delegados de polícia e cem policiais.

Ao lado do Rio, em São Paulo havia Paulo Maluf, o prefeito da cidade. Seu colega e amigo íntimo, o político José Maria Marin, do partido Arena (Aliança Renovadora Nacional), que dava sustentação política ao governo militar, um dia substituiria Ricardo Teixeira no comando do órgão máximo do futebol brasileiro. Nada parece mudar no futebol tupiniquim.

"Registro aqui que Castor de Andrade é respeitado e admirado por seus amigos, por sua fina educação. Sei ainda que Castor de Andrade presta relevantes e desinteressados serviços a várias entidades filantrópicas, de proteção à infância desamparada de Bangu e a entidades de assistência aos paraplégicos."

Essa carta espantosa, "A quem interessar possa", foi encontrada anexada ao arquivo criminal de Castor, plantada por policiais corruptos. Fora escrita para ele seis anos antes por João Havelange, o mundialmente famoso chefão da Fifa, no momento em que Castor passou a ser alvo de minuciosas investigações dos promotores públicos.

"Autorizo Castor de Andrade a utilizar esta declaração como lhe parecer conveniente. Castor de Andrade, homem polêmico e de personalidade, é uma criatura amável e de agradável convívio que sabe conquistar amigos por um traço predominante de seu caráter: a lealdade.

"E isso pude constatar ao longo de mais de trinta anos, nas muitas vezes acirradas lutas travadas nas entidades esportivas. Castor de Andrade é bom pai de família, é amigo dedicado, é admirado como dirigente esportivo e de uma escola de samba, além de ser abnegado protetor de associações de asilos de velhos, de menores carentes e necessitados."

A suplicante carta de Havelange lista os feitos de Castor no futebol e os serviços por ele prestados junto à sua comunidade e em prol do país. Havelange enfatiza: "Pois sou presidente da Fédération Internationale de Football Association (Fifa) e o Castor é um prócer destacado desse esporte no Rio de Janeiro, onde é patrono do Bangu Atlético Clube". O aviso é claro: Havelange é uma figura poderosa em âmbito mundial – não mexa com o amigo dele.

Ele continua: "Os que atacam Castor talvez ignorem esses traços positivos de sua personalidade.

"Conheço Castor Gonçalves de Andrade Silva há mais de trinta anos. Conheci, antes, seu pai, Euzébio de Andrade Silva, de quem fui amigo. Sobre Castor de Andrade posso dar um depoimento que o retrata sob vários aspectos de sua vida. Sei que ele é casado com dona Wilma de Andrade Silva há quase quarenta anos e o casal tem dois filhos: Paulo Roberto, de 36 anos, engenheiro civil, e Carmen Lúcia, de 21 anos, terceiranista de direito da Faculdade Estácio de Sá. Castor e dona Wilma têm três netos.

"Autorizo Castor de Andrade a utilizar esta declaração como lhe parecer conveniente.

"Rio de Janeiro, 2 de outubro de 1987.

"João Havelange"

Passou um ano desde aquele banquete de casamento, a polícia está farejando, e a carta de Havelange é sua melhor tentativa para proteger o amigo.

Desde a morte de Castor, em 1997, a luta pelo poder e pelo dinheiro no interior do clã deixou um rastro de sangue: dezenas de homicídios foram cometidos na década passada no Rio de Janeiro. A disputa entre Rogério Andrade e Fernando de Miranda Iggnácio envolveu pelo menos cinquenta policiais civis e militares. Um deles era o filho de Rogério, o jovem Diogo, que aos 17 anos foi assassinado por engano na emboscada de 2010 – o alvo era Rogério, mas em vez do pai era o rapaz quem dirigia o carro quando a bomba explodiu.

Anos antes, Rogério Andrade já tinha ordenado a execução de seu primo, Paulinho (filho de Castor), a fim de assegurar o controle do jogo do bicho. "Você mata a sua família, amigos, não importa. Tudo é aceitável na luta pelo poder. Não há nada romântico no jogo do bicho", afirma a ex-juíza Denise Frossard.

3
A MALETA ABARROTADA DE OURO

Por que ela fica tão pesada toda vez que
Havelange vai embora de Zurique?

Aeroporto de Zurique, qualquer momento entre 1974 e 1998. A parte mais fácil do trabalho de Rudi, o motorista, era receber o presidente da Fifa quando seu avião chegava de Paris. Havelange adorava ficar um ou mais dias em Paris a caminho do Rio. Rudi colocava a bagagem do patrão dentro da limusine executiva e punha de lado a pequena maleta de alumínio. Ela era fácil carregar. Na viagem de volta seria diferente. O motorista precisaria usar ambas as mãos para guardar a maleta no porta-malas.

Quando o presidente abria sua mala na antiga sede da Fifa em Sonnenberg, de dentro dela saíam cerca de vinte pacotes de café embalado a vácuo, presentes para o estafe. "Aquele café tinha um gosto horrível", recorda um dos funcionários do alto escalão da entidade. "Não era o tipo de coisa que se esperava do Brasil." Tão logo a mala se esvaziava, Havelange partia com Rudi para um dos mais renomados joalheiros de Zurique. Lá Havelange era tido como "um cliente muito bom", porque toda viagem do Rio a Zurique envolvia uma incursão com Rudi para encher a maleta com lingotes de ouro.

"Em média Havelange gastava até 30 mil dólares por vez", relembra uma negociante de ouro. De onde vinha o dinheiro? Ninguém sabia ao certo – mas nas mãos de Havelange nunca faltaram gordos maços de dinheiro para entregar aos negociantes de metais preciosos. Será que ele estava comprando ouro em nome de seus amigos do Rio? Ou estaria lavando o dinheiro das propinas que extorquia na Suíça em troca dos lucrativos contratos da Copa do Mundo que distribuía entre os amigos?

Nas mãos do presidente da Fifa, aquela pequena maleta de alumínio fazia pelo menos cinco viagens por ano até Zurique e voltava para casa abarrotada com lingotes de ouro. Como Havelange conseguia entrar no Brasil com quilos de ouro escondidos? Fácil! Ele tinha um passaporte diplomático e sua bagagem jamais era revistada.

Uma das façanhas mais impressionantes de Havelange foi dissimular suas atividades criminosas atrás da máscara aristocrática de um cavalheiro durão, mas benevolente. Descobri isso no Congresso da Fifa realizado em Seul, em 2002. A essa altura Havelange já era presidente de honra da entidade, substituído pelo ambicioso Sepp Blatter, um burocrata que jamais conseguiu competir em pé de igualdade com a classe de Havelange.

Eu estava tentando tirar uma boa fotografia de Havelange enquanto ele subia as escadas para o palco. Ele me avistou, parou no meio do caminho, adotou sua pose paternal e olhou para baixo, a própria figura de um carismático capitão de indústria, o que me deu tempo para disparar a máquina e conseguir algumas fotos.

Os jornalistas "chapas-brancas" que João domesticou no Brasil e na Europa criaram a lenda de que foi graças às extraordinárias habilidades de Havelange como homem de negócios que a Fifa enriqueceu. Isso é um tremendo equívoco. Havelange teve sorte. Ele assumiu as rédeas do futebol internacional quando as redes de televisão e os patrocinadores estavam dispostos a pagar cada vez mais e mais dinheiro para dirigentes iguais a ele, pessoas que estavam felizes de, na surdina, privatizar o jogo do povo.

A verdade dura e crua é que um presidente da Fifa honesto teria sido mais duro na mesa de negociações e lutado para obter acordos mais rentáveis para o futebol. As prioridades de Havelange eram suas propinas e suas comissões sobre os contratos, o autoenriquecimento em vez do enriquecimento do esporte. Como Horst Dassler e seus testas de ferro na ISL, parteiros do capital global, devem ter dado risadas pelas costas de Havelange! Seus clientes teriam pagado mais se o presidente da Fifa, com um formidável produto para vender, fosse um negociador de verdade. Em vez disso ele entregou tudo de mão beijada, em troca de propinas.

Arrancar o idoso sir Stanley Rous do cargo de mandatário da entidade que controla o futebol mundial custou uma dinheirama. Na época Havelange tinha percorrido o mundo, quase sempre com a Seleção Canarinho, e havia um enorme rombo nas finanças da Confederação Brasileira de Desportos (CBD), da qual foi presidente e que vinha esfolando desde 1958. Quando ele saiu para assumir a presidência da Fifa, em 1974, o buraco era de aproximadamente 6,6 milhões de dólares.

Os generais que detinham o poder no país havia uma década queriam investigar Havelange por desviar o dinheiro do esporte, mas viram-se diante de um dilema, pois em junho de 1974 ele era uma figura mundial, o chefão do esporte mais popular do planeta. Acusá-lo de corrupção poderia ser uma vergonha para o Brasil. E desse modo Havelange se safou.

Outra das bazófias de Havelange é a de que sempre foi "idealista e visionário". Após o colapso da ditadura fascista de António Salazar em Portugal, em 1968, houve uma gigantesca fuga de capital para o Brasil. Em 1994, em um extenso perfil de Havelange publicado na revista *Playboy*, Roberto Pereira de Souza investigou seu envolvimento com emigrados portugueses no envio, por via marítima, de munição para o brutal ditador Hugo Banzer na Bolívia. Segundo o jornalista, a documentação tinha sido destruída por ordem do ex-presidente Fernando Collor de Mello. No que Souza descreveu como um negócio "obscuro", 80 mil granadas foram vendidas a preços absurdamente inflacionados.

Havelange era ágil ao pular de um ditador sul-americano a outro. A Copa do Mundo de 1978 foi realizada na prisão militar que a Argentina havia se tornado. O escritor uruguaio Eduardo Galeano resumiu bem a situação: "Ao som de uma marcha militar, o general Videla condecorou Havelange com uma medalha na cerimônia de abertura no Estádio Monumental de Buenos Aires. A poucos passos dali, estava em pleno funcionamento e a todo vapor o Auschwitz argentino, o campo de tortura e extermínio da Escola de Mecânica da Marinha". Poucos quilômetros além, prisioneiros eram levados nos "voos da morte" e, ainda vivos, eram jogados dos aviões no mar. "Finalmente o mundo pode ver a verdadeira face da Argentina", declarou o exultante presidente da Fifa em frente às câmeras de televisão.

Mancomunar-se com os argentinos rendeu a Havelange mais do que uma medalha. Após a Copa do Mundo de 1978, a Fifa ganharia um novo vice-presidente, que ajudou a jogar na lama a reputação da entidade uma geração antes da atual organização fraudulenta. O almirante Carlos Lacoste, responsável pela organização do Mundial, ganhou notoriedade com a acusação de que, em 1976, tinha ordenado o assassinato de um respeitado colega seu, o general Carlos Omar Actis, que havia sido originalmente o homem escolhido para organizar a Copa do Mundo na Argentina. Actis enfureceu Havelange porque não queria gastar dinheiro na construção de um novo estádio ou na modernização da televisão argentina para que o torneio fosse exibido em cores.

Eduardo Galeano não se deixou iludir e viu a verdadeira natureza de Lacoste. "O almirante, um hábil ilusionista, perito na arte de fazer dólares evaporarem e súbitas fortunas aparecerem, assumiu as rédeas da Copa do Mundo depois que o militar até então incumbido de organizar o torneio foi misteriosamente assassinado. Lacoste lidou com imensas somas de dinheiro sem supervisão alguma e parece que, por não estar prestando muita atenção, acabou ficando com uma parte do troco para si."

Lacoste passou em todos os testes de Havelange e se tornou vice-presidente da Fifa em 1979. Felizmente, isso não durou muito tempo. Quando a Argentina retornou à democracia, em 1983, o presidente Raúl Alfonsín se opôs à ideia de que Lacoste representasse o país no exterior. Apesar dos hercúleos esforços de Havelange, Lacoste teve de abdicar do cargo em 1984. Havelange achou que Julio Grondona – que assumira o comando da Associação do Futebol Argentino (Asociación del Fútbol Argentino – AFA) em 1978 – poderia ter se empenhado mais em defesa de Lacoste, e nos anos seguintes a relação entre Havelange e Grondona azedou. O fato é que Grondona tinha enxergado uma oportunidade, e se Lacoste fosse afastado ele seria o principal candidato a preencher a vaga na Fifa.

Fotografias de arquivo mostram Grondona bajulando o general Jorge Videla, que liderou o golpe militar e no fim das contas foi condenado a duas penas de prisão perpétua por todo tipo de crimes contra a humanidade e abusos dos direitos humanos cometidos durante o seu período à frente da ditadura argentina (de 1976 a 1981). Além de fornecer armas para o ditador Banzer e de ajudar o ditador Videla a ganhar uma Copa do Mundo, Havelange também trocou apertos de mãos com um terceiro, o chileno Augusto Pinochet. Os velhotes da Fifa, da CBF e da Conmebol não veem motivos para pedir desculpas por terem manipulado o futebol de todas as formas.

Grondona foi promovido a presidente da comissão de finanças da Fifa. Jack Warner, de Trinidad e Tobago, foi nomeado seu vice, mas o preço de Warner para ganhar votos para Havelange e Sepp Blatter era alto. Quando foi alçado ao comando da Confederação de Futebol da América do Norte, América Central e Caribe (Confederation of North, Central American and Caribbean Association Football – Concacaf), em 1990, Warner fez juramentos e promessas para o pessoal de Zurique: "Serei eternamente grato e minha dívida é doravante permanente, e quero assegurar que em todas as nossas deliberações e ações a diretriz primordial será a lealdade ao senhor, ao nosso presidente doutor Havelange e à Fifa". Grondona fez vistas grossas enquanto Warner saqueava o futebol (veja o capítulo 8).

Os limitados relatórios financeiros da Fifa escondem em larga medida o quanto Havelange explorou a Fifa. Vários números graúdos foram sugeridos para descrever suas despesas e o alto custo de manutenção do escritório de Havelange no Rio. Consegui obter sua declaração de gastos do ano de 1998, seu último período como presidente da Fifa. O custo do escritório no Rio era de 1,8 milhão de francos suíços (cerca de 4,8 milhões de reais). É uma quantidade astronômica de telefonemas.

Durante os seus 24 anos como mandachuva da Fifa, Havelange desfrutou de privilégios extraordinários, quase inacreditáveis. Podia assinar cheques sem o endosso de mais ninguém, sem precisar da assinatura adicional de nenhum outro dirigente. Tinha a autoridade absoluta para distribuir cheques para os amigos e para pessoas a quem ele precisava agraciar – e, claro, para si mesmo.

Havia um luxo a que Havelange se permitia entregar com prazer: comprar relógios caros para presentear pessoas ricas, especialmente os xeques e soberanos do Golfo. Parte da "cultura da troca de presentes" dos xeques bilionários inclui ouro, platina e relógios adornados de joias. O mantra da Casa da Fifa em Zurique era "Você tem de dar para receber". A Fifa pagava pelos presentes que iam para o Golfo, mas os dirigentes ficavam com os presentes que arrebanhavam em suas visitas. O fornecedor favorito da Fifa era a filial de Genebra da joalheria internacional Harry Winston – a butique "Joias Raras do Mundo" em Quai General-Guisan.

Mesmo depois de ter sido substituído por Blatter, o ex-presidente Havelange continuou gastando o dinheiro da Fifa na Harry Winston. Sei disso porque um amigo na Suíça me deu a cópia de um pedido feito pela secretária pessoal de Havelange, que continuou trabalhando para ele. Em 11 de junho de 1999, em papel timbrado da Fifa, ela encomendou cinco lindos relógios, um deles de platina. O valor total da compra: 97 mil francos suíços (aproximadamente 242 mil de reais).

Na aposentadoria, Havelange seguiu torrando dinheiro. Obteve permissão para se hospedar – com acompanhante – em qualquer hotel de luxo do mundo. E podia gastar até 30 mil francos suíços (cerca de 76 mil reais) quando bem quisesse no cartão de crédito American Express da Fifa. Quando o presidente de honra Havelange pagou seiscentos euros (quase 2 mil reais) por uma garrafa de vinho em um restaurante em Paris, os funcionários do departamento financeiro da Fifa entraram em polvorosa e tiveram de tapar as bocas para não soltarem gritos de ódio.

Ricardo Teixeira compartilhava com o ex-sogro a mesma predileção por gostos caros – quando a Fifa os pagava. Como todos os outros membros do Comitê Executivo da Fifa, Ricardo tinha a sua própria conta junto à sede da entidade em Zurique. Essa é a cidade em que os cartolas da Fifa escondem secretamente o seu dinheiro para escapar dos fiscais da Receita Federal de seus respectivos países. Eles podem torrar uma dinheirama absurda em viagens e hotéis porque a Fifa não pede que forneçam recibos, notas fiscais, canhotos, contas de restaurantes e comprovantes de despesas com táxis, trens, aviões e hotéis. Blatter fica feliz ao manter todo mundo feliz, e desse modo ninguém, jamais, tem de justificar seus gastos. Não é o dinheiro dele que estão usando!

O dinheiro, então, fica escondido nas contas dos cartolas junto à Fifa. Se eles estiverem fazendo alguma transação ilícita com a venda de ingressos para os jogos da Copa do Mundo, podem guardar os lucros lá, o dinheiro estará a salvo. Todos os membros do Comitê Executivo também têm direito a um subsídio de duzentos dólares diários (cerca de quinhentos reais) quando estão em viagem e se ausentam de sua terra natal, e esse valor também vai para sua conta em Zurique. O presidente Blatter (o número de sua conta é 469) não demorou muito para aumentar o valor dessas diárias para quinhentos dólares e criou uma nova diária extra, de duzentos dólares, para cobrir as despesas dos acompanhantes.

Problema enfrentado: como os dirigentes da Fifa fazem para levar o dinheiro – na moeda de sua preferência, mas geralmente em dólares norte-americanos – para casa? Os funcionários do departamento financeiro entregam fardos de dinheiro vivo.

Estou de posse de alguns documentos secretos da conta de Ricardo na Fifa em Zurique, cujo número é 1.663. Entre 1994, quando ele passou a integrar o Comitê Executivo, e 2012, quando foi forçado a se afastar do cargo, essa foi a sua mina de ouro confidencial, fora do alcance e do conhecimento de qualquer auditor da Receita Federal brasileira. Eis um pequeno exemplo de como a Fifa podia ser saqueada.

No início do verão de 1998, Ricardo teve de levar de volta o troféu da Copa do Mundo, conquistado pela Seleção Brasileira em 1994, para o escritório da Fifa em Paris, uma vez que a edição vindoura seria disputada na França. De acordo com o pedido de reembolso de despesas que Teixeira apresentou, ele levou dez dias para encontrar alguém, quem quer que fosse, para receber o troféu. Ricardo solicitou o pagamento de 7.700 dólares (cerca de 18 mil reais) simplesmente por estar lá. Havia outro pedido no valor de 11.550 dólares (aproximadamente 27 mil reais) em despesas aéreas. Ricardo também cobrou da CBF a sua passagem de avião?

4
FINALMENTE!
A LISTA SECRETA DAS PROPINAS

Como João e Ricardo ficaram ricos

Zurique, outubro de 2010. "Senhor Teixeira! Senhor Teixeira!", Ricardo vira-se para olhar. É um senhor todo desalinhado e desgrenhado, de cabelo grisalho, vestindo um impermeável bege estilo Joe Colombo que o está chamando, aos berros, do portão do hotel. "Senhor Teixeira, o senhor recebeu suas propinas por intermédio da empresa Sanud?", Teixeira fica paralisado. Encara fixamente o homem. Não consegue pensar em coisa alguma para dizer.

O porteiro do hotel cinco estrelas bloqueia o caminho do sujeito barulhento, mantendo-o afastado. No entanto ele é um jornalista, tem ao seu lado um cinegrafista, e a câmera está apontada para Ricardo, o chefão do futebol brasileiro, em visita a Zurique para continuar se aproveitando da próxima Copa do Mundo.

Ricardo saboreou seu café da manhã e está prestes a entrar no Mercedes preto que o aguarda na porta do hotel. Ele vai levá-lo até o palácio de vidro da Fifa na colina para as reuniões do dia que envolviam apenas interesses próprios. Os lacaios da Fifa seguram a porta do carro aberta, mas Ricardo está paralisado. Ele não consegue se mover – e sua língua está colada. Perplexo, ele encara o jornalista no portão. Sanud? Ele achou que tinha enterrado a Sanud.

Aqueles velhacos intrometidos da BBC tinham enviado duas mensagens por e-mail solicitando uma entrevista com Ricardo Teixeira. Ricardo os ignorou. O que eles poderiam saber?

O senador Álvaro Dias, do Paraná, chegou perto. Seus investigadores descobriram alguns estranhos "empréstimos" feitos a Ricardo por uma empresa chamada Sanud, com sede no Principado de Liechtenstein. Ricardo e os caras que compravam seu voto na Fifa tinham criado a Sanud como uma "empresa de fachada". Havia milhares dessas empresas-fantasma, empresas fictícias que só existem no papel, na cidadezinha de Vaduz, capital de Liechtenstein, e os donos delas se escondiam atrás de inescrutáveis advogados locais. De onde vinha o dinheiro da Sanud? Isso continuaria sendo um segredo – para sempre.

Ricardo aprendera a ignorar esses infames bisbilhoteiros. Juca Kfouri e suas lamúrias, suas revelações "exclusivas". Os baderneiros com suas faixas de "Fora, Teixeira". Blatter o protegia. Blatter não tinha opção. Ricardo sabia demais. Ele tinha a CBF sob controle. Em Brasília, mantinha seu próprio "banquinho do beija-mão", e nele os políticos se sentavam para suplicar favores. Ricardo era intocável.

Os infelizes da BBC estavam apenas reciclando aquele relatório que Álvaro Dias apresentara ao Senado em 2001, nove anos antes. Não havia como terem algum fato novo. Eles o filmaram entrando no carro e indo embora. Depois também foram embora. Fim da história.

"Acho que é isto aqui que você quer." Dez semanas antes, em uma noite quente no final do verão de 2010, a fonte chegou na hora marcada, em algum lugar na Europa Central, pousou sua maleta sobre uma das mesas do jardim, abriu-a e tirou um dossiê de quatro páginas.

Uma lista de 175 pagamentos secretos, começando em 1989 e se estendendo pelos 12 anos seguintes. Um montante de 100 milhões de dólares em propinas e subornos pagos por uma empresa de marketing esportivo parceira da Fifa, a ISL, em troca da obtenção de lucrativos contratos de patrocínio e de direitos de televisão relativos à Copa do Mundo.

Fazia nove anos – desde que a ISL anunciara falência em 2001 – que eu sabia que essa lista existia. Em bares do mundo todo, locais em que os jornalistas ficam até tarde da noite bebendo com dirigentes esportivos indiscretos, eu tinha perguntado: "Quem recebeu as gorjetas da ISL?". Todo mundo sabia que os cartolas da Fifa tinham sido subornados, e tínhamos uma boa noção de quem recebera a grana, mas não havia provas documentais.

Perguntei a todo policial, a todo funcionário de tribunal, a todo dirigente da Fifa que se encontrou pessoalmente comigo em bares dos subúrbios de Zurique, a todo mundo que tinha trabalhado na ISL. Viajei mundo afora percorrendo de avião dezenas de milhares de milhas para me encontrar com pessoas que pudessem responder à seguinte pergunta: "Quem recebeu as propinas?". Elas sabiam os nomes e sugeriam datas. Aos poucos, fui gradualmente construindo o meu caso.

Agora eu tinha a lista nas minhas mãos. A fonte abriu um sorriso radiante. Sim, nós podíamos lhe pagar um pequeno drinque, um só, antes que ele fosse embora. Depositei o documento sobre a mesa e, com o meu produtor da BBC, James Oliver, folheei a papelada, procurando a página correspondente ao ano de 1997. Lá estava. A prova. O furo de uma vida inteira. O nome, ao lado da propina de 1,5 milhão de francos suíços (aproximadamente 3,9 milhões de reais), pagos em 3 de março de 1997, era "Garantie JH".

Finalmente! A prova de que João Havelange, que durante 24 anos foi o todo-poderoso e aristocrático presidente da Fifa, tinha recebido propinas. Eu tinha ouvido a respeito e falado disso em entrevistas de televisão, aludira ao fato em artigos de jornal, surpreendera Blatter, acompanhado da minha equipe de televisão, com a pergunta "Foi Havelange quem recebeu a propina?", e Blatter tinha se esquivado. Agora eu segurava nas mãos um documento que provava que eu estava realmente investigando uma máfia.

Viramos as páginas. Propina após propina atrás de propina. Algumas delas chegavam a milhões de dólares. A fonte foi embora e nós ligamos para o nosso editor em Londres. Viajáramos na esperança de encontrar alguns bons indícios, mas agora, inesperadamente, tínhamos nas mãos a maior história de corrupção no mundo esportivo de todos os tempos. Dissemos a ele que havíamos feito uma grande descoberta, mas que seria uma trabalheira danada decifrar algumas das pistas.

Depois disso caímos na risada, paramos de trabalhar e saímos para beber. Para mim eram quase vinte anos tateando a história, ganhando a confiança de contatos e fontes. Havia muito trabalho a fazer, porque de imediato vimos que muitas propinas tinham sido pagas a empresas anônimas registradas no discreto Liechtenstein. Arregaçamos as mangas e pusemos mãos à obra para cruzar as informações e descobrir os segredos.

Um contador que havia trabalhado para a ISL me forneceu a informação decisiva na busca pelo nome de Havelange. Filmei uma entrevista com ele para a BBC no verão de 2006. Em um quarto de hotel às margens do lago Lucerna, circundado por montanhas, o contador me relatou sua descoberta acidental. Durante um período de férias ele foi transferido para trabalhar no departamento da ISL incumbido de processar as propinas. Ele me disse que, ao longo de um período de vinte anos, a ISL pagou a dirigentes esportivos dezenas de milhões de libras em troca dos direitos da Copa do Mundo. E ele tinha um nome para mim.

Homem: Fiquei sabendo que a ISL pagava enormes quantias em dinheiro a fim de obter esses direitos.

Andrew Jennings: Como o senhor definiria esses pagamentos? Como o senhor chamaria isso em linguagem comum?

Homem: *Bem, em linguagem comum, é obviamente corrupção.*
Andrew Jennings: *Propinas?*
Homem: *Sim.*
Andrew Jennings: *Que tipo de pessoa recebia o dinheiro? Quero dizer, era muita gente ou apenas um punhado de pessoas?*
Homem: *Na alta cúpula da Fifa há apenas um pequeno grupo de pessoas na posição de tomar decisões acerca de quem fica com os direitos comerciais da Fifa.*
Andrew Jennings: *E por que essas propinas eram pagas?*
Homem: *Eles pagavam para ficar com os melhores contratos de direitos esportivos do mundo.*
Andrew Jennings: *Por aquilo que o senhor sabe com relação às propinas pagas a dirigentes esportivos, eram apenas envelopes marrons ocasionais entregues em um estacionamento vazio? Era algo do tipo "Oh, faz tempo que a gente não traz um agradinho para vocês". Como era feito?*
Homem: *Você pode pensar que esses pagamentos eram feitos da mesma maneira que os salários são pagos em uma empresa.*
Andrew Jennings: *Então quem estava recebendo pagamentos e propinas da ISL?*
Homem: *Eram pagamentos sistemáticos feitos pela ISL por meio de remessas bancárias para os dirigentes mais importantes, os que tomavam as decisões. O senhor Havelange, à época presidente da Fifa, recebia dinheiro. Houve numerosos pagamentos, cuja magnitude girava em torno de 250 milhões de francos suíços [cerca de 637 milhões de reais], pelo menos em um dos pagamentos.*

Essa entrevista foi exibida pela BBC em 11 de junho de 2006. O quartel-general da Fifa ficou em silêncio. Havelange jamais negou a acusação de que, ao longo dos anos, era sistematicamente agraciado com propinas em troca dos contratos dos direitos da Copa do Mundo. Blatter jamais comentou, e nunca ouvimos uma única declaração sequer de seus advogados.

O contador tinha manuseado os comprovantes de pagamento no momento em que eram encaminhados para um banco da ISL e posteriormente despachadas para Vaduz. O que ele não sabia era como o esporte mais popular – e lucrativo – do mundo havia sido sequestrado e saqueado.

"Faça de mim o presidente da Fifa e nós dois seremos ricos", disse o Grande João ao empresário alemão. O empresário Horst Dassler também era "grande". Sua família criou a marca Adidas na Baviera e o dinâmico Horst expandiu os negócios e transformou a fabricante de bolas, calçados e camisetas esportivos em um ícone global. Isso não era suficiente para seu gênio infatigável e implacável. Ele viu no mundo dos esportes a tremenda oportunidade de ganhar dinheiro e criou a empresa de marketing ISL. A fim de incrementar os lucros das duas empresas ele precisava ter sob controle os dirigentes das federações esportivas internacionais. Os cartolas tinham seu preço e Horst o pagou.

Incansável e determinado, Horst ficou famoso na década de 1970 pelos presentes que distribuía. Os cartolas ostentavam nos pulsos lindos relógios suíços e depois fechavam contratos para que seus atletas usassem os uniformes e equipamentos esportivos das três listras. Um importante dirigente europeu encontrou um Mercedes estacionado na porta de casa no dia de seu aniversário.

Horst teria vida curta, mas repleta de realizações. Usou malas de dinheiro para lubrificar a máquina votante da Fifa em 1974 e comprar votos de delegados indecisos na ocasião da eleição. Assim, às vésperas da Copa do Mundo na Alemanha naquele ano, João Havelange tornou-se presidente da entidade que comanda o futebol mais popular do mundo. Elegante, carismático e, como seu mentor Castor de Andrade, que exalava alegria lá no Rio de Janeiro.

Dassler criou sua própria organização fraudulenta, encampando os dirigentes brasileiros. Havelange, com suas conexões com tudo o que havia de desonesto e questionável na América Latina, fez amizade com o general torturador Jorge Videla e a junta argentina para a Copa do Mundo de 1978? Os jogos foram manipulados para que a Seleção Argentina vencesse? Horst e seu séquito estavam nas Olimpíadas de Montreal em 1976, ocasião em que muitos novos dirigentes foram recrutados, entre eles um jovem esgrimista e medalhista olímpico, o alemão Thomas Bach, que foi integrar o célebre time de "relações internacionais" de Dassler. Bach estará no Rio em 2016. Chegou ao topo. É o atual presidente do Comitê Olímpico Internacional.

A influência de Horst foi crescendo. Em 1980 ele comprou os votos dos membros do COI do bloco soviético e da África. Em um oportuno artigo de sua autoria publicado na revista oficial do COI, a Revue Olympique ou Olympic Review, Dassler prometeu que se os dirigentes olímpicos permitissem que os negócios entrassem pela porta da sede da entidade em Lausanne, o estilo de vida da cartolagem teria enorme incremento. Obedientemente, os cartolas alçaram à presidência do Comitê Olímpico Internacional Juan Antonio Samaranch, um fascista barcelonês, um homem de grande ambição pessoal e nenhuma moral perceptível.

No ano seguinte, Dassler e sua equipe de asseclas compraram outra eleição, assegurando a Primo Nebiolo – um italiano que jamais viu uma propina de que não tivesse gostado – a presidência da Associação Internacional de Federações de Atletismo (International Association of Athletics Federations – IAAF). O vice de Nebiolo, e mais tarde seu sucessor, o senegalês Lamine Diack, recebeu dinheiro dos meninos de Horst, e então a ISL controlava o futebol, o atletismo e os Jogos Olímpicos.

Os exames *antidoping* foram suspensos nas Olimpíadas de Moscou em 1980 e novamente nas Olimpíadas de 1984 em Los Angeles. A intenção era transformar os Jogos Olímpicos em um produto limpo e atraente para as marcas globais. A equipe de agentes de negócios de Dassler realizou o seu sonho. Eles privatizaram os Jogos Olímpicos. Depois, assumiram o controle do futebol.

O dinheiro dos patrocinadores foi desviado para molhar as mãos dos líderes da Fifa e, na sequência, a Copa do Mundo foi privatizada. Os patrocinadores, que foram rebatizados de "parceiros", pagaram somas astronômicas para excluir rivais, tanto em âmbito internacional como no país sede do torneio. Uma fatia dessas fortunas, que deveria ser revertida para programas de apoio ao futebol popular e o desenvolvimento das categorias de base, foi reencaminhada pela ISL na forma de propinas para Havelange e seus "parceiros" em troca dos privilégios que estes exigiam.

O sistema estava instalado e estabelecido – e então Dassler morreu em 1987, consumido por um câncer galopante. Tinha apenas 51 anos de idade. Na matriz da ISL, que àquela época funcionava em escritórios junto à estação ferroviária de Lucerna, o único homem que sabia quem – e quanto – estava sendo pago era seu assistente pessoal, Jean-Marie Weber, que idolatrava Horst. Weber tornou-se, conforme admitiu Christoph Malms, o executivo-chefe peso leve da ISL, o único homem capaz de assegurar a sobrevivência da empresa. Weber, o Homem da Mala, tornou-se o canal de milhões de dólares em pagamentos ilícitos destinados aos criminosos.

Dois anos antes da bancarrota, os executivos da ISL transferiram a sede da empresa do norte de Lucerna para uma cintilante torre branca em Zug. Tinham conseguido junto ao governo um acordo para pagar menos impostos, e agora estavam a apenas trinta quilômetros de seus "parceiros" da Fifa em Zurique, caso fosse necessário uma entrega de dinheiro cara a cara. No entanto, eles pediram demais e a ISL faliu.

Quando os investigadores, detetives, contadores forenses e os advogados dos credores – a quem era devida a atordoante quantia de 300 milhões de dólares – chegaram à sede da ISL na primavera de 2001, logo descobriram a prova das polpudas propinas que Weber, o Homem da Mala, tinha enfiado em valises e encaminhado para os czares do futebol.

Eles vasculharam as contas da empresa, encontraram alguns pagamentos fascinantes, montaram a lista e a trancaram em um cofre. O que ela mostra? Colunas de dólares e francos suíços, taxas de conversão de câmbio e datas. Havia nomes de alguns dirigentes do futebol e de outros esportes. E depois as empresas de fachada em Liechtenstein, com nomes escolhidos de maneira aleatória para esconder a identidade de quem recebia a propina: Monard, Wando, Seprocom, Scientia, Beleza, Ovado e outros mais.

A lista começava em 1989, e com ela tinham início os mistérios. Naquele ano, espalhados em meio aos pagamentos para as empresas-fantasma de Vaduz, havia sete cheques ao portador. São o sonho de quem lava dinheiro: corrupção graúda em um pedacinho de papel. Um cheque ao portador é aquele em que não está inscrito o nome a favor de quem foi emitido, não traz o nome do beneficiário do dinheiro; diz apenas "pague ao portador", e o banco, qualquer banco, paga. Não há registros revelando quem recebeu a bolada. Jean-Marie Weber sabia como cuidar dos homens importantes do alto escalão da Fifa. Eles queriam dinheiro, muito dinheiro, mas não queriam escândalo.

Houve sete cheques ao portador em 1989. Os dois primeiros, emitidos em 27 de fevereiro, eram de 1 milhão de dólares cada um! Quem recebeu esses 2 milhões ganhou mais 1 milhão em 21 de junho. Dez semanas depois, recebeu mais 1 milhão de dólares. Em dezembro (Feliz Natal!), o felizardo ganhou mais 1 milhão de verdinhas. Alguém teve um ano maravilhoso que valeu 5 milhões de dólares (cerca de 11,7 milhões de reais).

No entanto, o que chamou a minha atenção não foram esses cheques ao portador. Em longo prazo, o mais significativo era a estreia na lista – em 29 de setembro de 1989 – de uma empresa de fachada em Liechteinstein chamada Sicuretta, que havia recebido 1,5 milhão de francos suíços (aproximadamente 4 milhões de reais). Será que o dinheiro da Sicuretta estava indo para o mesmo dirigente que recebia os cheques ao portador? Ou algum dirigente próximo dele? Na Fifa havia somente dois cartolas a quem era preciso pagar propina. Mais um genro, para mantê-lo animado com agrados.

Outros 3 milhões de dólares saíram bailando na forma de cheques ao portador em 1990. O fato mais importante, porém, era que a Sicuretta aparecia de novo. Dois pagamentos na segunda metade do ano, totalizando mais de 1,5 milhão de dólares. Daí por diante a Sicuretta torna-se a empresa de fachada favorita da ISL. No ano seguinte, 1991, o proprietário secreto da Sicuretta embolsou 1,9 milhão de dólares. Tinha de ser Havelange. Ele era o maioral da Fifa, o homem que tomava as decisões, e era quem recebia as mais gordas propinas.

As propinas de Sicuretta foram lavadas em Liechtenstein por um advogado suíço com escritório a dez minutos do palácio branco da ISL em Zug. Em meados de 1991, a ISL enviou a ele um mimo de agradecimento – 1,25 milhão de dólares. Está na lista. Em 1998, Jean-Marie Weber, o Homem da Mala, levou seu advogado a Paris durante a Copa do Mundo e foi recebido de braços abertos por Sepp Blatter, prestes a assumir o comando da Fifa no lugar de Havelange. Essa reunião está registrada nos arquivos da polícia. Sobre o que eles conversaram?

Foi uma época formidável. Oito anos de felicidade. Tudo que Ricardo Teixeira teve a fazer foi erguer a mão algumas vezes e resmungar seu consentimento quando seu sogro, o presidente, lançou o olhar duro e intimidador ao redor da sala de reunião do Comitê Executivo e anunciou: "Agora votamos para conceder o contrato aos nossos amigos de confiança da ISL".

Havelange não queria dinheiro apenas para si mesmo; o sujeito que havia se casado com sua filha também deveria receber o seu quinhão.

Ricardo se lembrava com carinho de seu primeiro montão de dinheiro, 1 milhão de dólares, em agosto de 1992. O ano seguinte foi brilhante! Em fevereiro, maio e novamente em setembro de 1993, mais 1 milhão de dólares de cada vez. Foi o ano dos 3 milhões de dólares! A dinheirama foi toda para a Sanud, sua empresa de fachada em Vaduz. E ele ainda nem era membro do Comitê Executivo da Fifa!

Em 1994, as propinas de contratos chegaram à Sanud três vezes, em fevereiro, maio e novembro. Ao todo, 1,5 milhão de dólares despachados para Vaduz para serem lavados e encaminhados para as empresas de Ricardo no Rio como falsos "empréstimos".

E aí o que era bom ficou melhor. A ISL já tinha recebido a exclusividade dos direitos de marketing para todas as Copas do Mundo até 1998, que seria realizada na França, mas agora a Fifa teria de oferecer os direitos de comercialização e transmissão da Copa do Mundo de 2002 a quem quisesse comprá-los. Um consórcio de empresas de marketing rivais estava se preparando para entrar na parada, e com grande poder de fogo, na disputa pelos direitos de 2002. Os lances da licitação começariam a ser feitos em 1995 – se a ISL não tivesse uma oferta que fosse páreo para a concorrência, estaria em uma enrascada. A torneira de dinheiro do clã da Fifa secaria. Era hora de abraços recíprocos e um só amor.

Ricardo sentiu o afago carinhoso da ISL quatro vezes nos primeiros meses de 1995. Em janeiro, duas remessas de 250 mil dólares foram mandadas para a conta em Vaduz. Em maio a ISL dobrou a generosidade com mais dois pagamentos, cada um de 500 mil dólares. Ou seja, 1,5 milhão de dólares antes de o ano chegar à metade.

Ao mesmo tempo, o homem mais poderoso da Fifa, sugando a conta da Sicuretta, recebeu espantosos 3,65 milhões de dólares no final de março. Enquanto a aguardada oferta dos rivais assomava no horizonte, em julho a Sicuretta foi abençoada com mais 2,1 milhões de francos suíços – 5,6 milhões de reais. Isso somava 5,476 milhões de dólares em um intervalo de 12 semanas para o velho que controlava a Fifa.

A grande oferta chegou à mesa do secretário-geral Sepp Blatter em 18 de agosto de 1995. Foi feita por Eric Drossart, o presidente belga da filial europeia da IMG, empresa de marketing norte-americana. Como todo mundo que era do ramo, Drossart sabia do conluio e dos negócios por debaixo do pano entre a Fifa e a ISL. Como passar por cima da cômoda conspiração? Drossart iniciou sua campanha com uma oferta assombrosa: 1 bilhão de dólares pelos direitos da Copa do Mundo de 2002.

Blatter ficou furioso. O hábil Drossart tinha enviado por fax a sua dolorosa proposta para todos os 23 membros do Comitê Executivo da Fifa. Muitos deles, especialmente os europeus da União das Federações Europeias de Futebol (Union of European Football Association – Uefa), eram contrários à manutenção do contrato com a ISL. A bem da verdade, a Uefa fazia negócios com a ISL, e aparentemente eram negócios limpos, mas os europeus sentiam o cheiro das propinas no ar e queriam dar fim a elas. E a quantia de 1 bilhão de dólares ajudaria bastante.

Blatter enrolou a IMG a fim de ganhar tempo, e no mesmo dia uma agradecida ISL mandou 500 mil dólares para a conta da Sanud de Ricardo. Cinco semanas depois a ISL, claramente desesperada para entrar no século seguinte agarrada ao contrato com a Fifa, pagou à Sicuretta mais 1,9 milhão de dólares; assim, as propinas recebidas pelo chefão da Fifa em um período de cinco meses somavam 7.376.086 dólares.

Em dezembro, irritado com a tática de protelação da Fifa, Eric Drossart escreveu novamente a Blatter com outra oferta, prometendo pagar mais que qualquer outro rival, cobrindo qualquer proposta, fosse qual fosse. Blatter respondeu desejando Feliz Natal e nada prometeu.

Veio o ano de 1996 e a ISL tinha mais seis meses para lutar pela manutenção do contrato com a Fifa. Mais uma vez a empresa começou a molhar a mão de Ricardo, mandando 500 mil dólares para a Sanud no final de janeiro. Em fevereiro, aumentaram a velocidade das propinas e a ISL despachou 1,35 milhão de dólares para a Sicuretta. Será que Jean-Marie ainda tinha algum dinheiro sobrando? Os dirigentes brasileiros não estavam secando a ISL até exauri-la de vez?

Ainda havia dinheiro. Em abril a ISL pagou mais 1,35 milhão de dólares à Sicuretta. Em 3 de julho, dois dias antes da data marcada para o anúncio da decisão de Havelange – ISL ou IMG –, Jean-Marie raspou o tacho das reservas da ISL e encaminhou dois pagamentos no valor de 250 mil dólares para a Sanud. No mesmo dia, autorizou a remessa de 1, 35 milhão de dólares para a Sicuretta.

Havelange derrotou seus inimigos da Uefa e na manhã de 5 de julho de 1996 deu a Copa do Mundo para a ISL. Houve uma reviravolta no processo, um truque ardiloso. Perto da data da decisão, Blatter anunciou que os direitos das Copas do Mundo de 2002 e 2006 estavam na mesa e seriam vendidos em um único pacote, o que atrapalhou os cálculos da IMG. A ISL já tinha sido avisada disso muito antes. Com apenas 15 dias para apresentar os novos custos e levantar as garantias bancárias, o estafe da IMG teve de se apressar e se viu afogado em números, freneticamente debruçado sobre um novo conjunto de cálculos para cobrir os dois torneios.

A extorsão à ISL ainda não tinha acabado em 1996. Dois meses depois a ganância brasileira rugiu de novo e, em 10 de setembro, mais 1,35 milhão de dólares foi enviado para a Sicuretta. O rapaz também ganhou mais. Em 6 de novembro a Sanud recebeu 500 mil dólares.

Juntos, e na surdina, os dois torpes dirigentes do futebol por trás da Sanud e da Sicuretta extorquiram mais de 14 milhões de dólares para garantir que a ISL ficasse com o contrato da Copa do Mundo da Fifa.

Alguém da ISL estava tentando se livrar de Havelange e de Blatter? No início de fevereiro a primeira propina de 1997, no valor de 1,6 milhão de dólares, foi encaminhada normalmente para o velho pelas vias de sempre. A máquina parecia estar funcionando muito bem.

Os segredinhos sujos da ISL explodiram na cara de Blatter 25 dias depois. Na manhã de 3 de março de 1997, um documento chegou ao departamento financeiro da Fifa. Ele registrava que a ISL depositara 1,5 milhão de francos – cerca de 4 milhões de reais – em uma conta da Fifa no banco UBS, em Zurique.

Isso não fazia sentido. Quando os cheques para a Fifa chegavam, eram centenas de milhões em pagamentos dos patrocinadores e redes de televisão.

A ordem de pagamento deixou a sede da Fifa em pânico. Erwin Schmid, o diretor de finanças, correu para a sala do então secretário-geral Sepp Blatter.

Blatter leu o papel: "Garantie JH".

"Meu Deus", resmungou Blatter. "Isto aqui é um problema, este dinheiro não devia vir para cá. Isto não pertence a nós." Schmid sabia disso, assim como o vice-secretário-geral Michel Zen-Ruffinen, que havia se juntado a eles.

O regente da Fifa – João Havelange, o presidente da entidade, estava no Brasil – não tinha sido informado da "garantia" paga a ele. Blatter manteve segredo. Passaram-se mais cinco anos até que uma corajosa fonte de dentro da Fifa me contasse. Publiquei a revelação em um jornal londrino na véspera do pontapé inicial da Copa do Mundo na Coreia. Meu editor publicou a matéria em letras garrafais e, embora não tivéssemos uma prova independente de que Havelange era o recebedor da propina, usamos uma fotografia bem grande dele!

Como aquilo aconteceu? Não poderia ter sido um acidente – a menos que houvesse funcionários temporários trabalhando no departamento financeiro da ISL. Meu amigo disse que não foi ele.

Uma semana depois, a ISL mandou uma polpuda remessa de 1,9 milhão de dólares para a Sicuretta. João ainda estava ordenhando o sistema. Meses depois a Sicuretta recebeu mais 2 milhões de dólares. Um mês depois a Sanud recebeu 500 mil dólares e, em novembro, mais 500 mil. Depois, subitamente, os pagamentos para a Sanud foram interrompidos. A torneira de dinheiro havia secado?

A bonança não podia durar para sempre. Em seis anos Teixeira tinha se apropriado fraudulentamente de pelo menos 9,5 milhões de dólares via Fifa. A cobiça dos dirigentes brasileiros estava fazendo a ISL sangrar até a morte. A esperança da ISL era que Havelange, ao se aposentar após a Copa do Mundo na França, diminuísse as suas exigências – mas ele não pensava assim! Entrou em cena uma nova empresa de fachada chamada Renford Investments. Registrada em Vaduz, a Renford era um empreendimento conjunto de Havelange e Teixeira, e em 1998 ela recebeu três pagamentos, totalizando 3 milhões de dólares. A Sicuretta continuou prosperando e amealhou quase 3 milhões de dólares em dois pagamentos.

Se a ISL queria sobreviver, precisava de mais dinheiro. A empresa se preparou para emitir ações e flutuar seu capital. Não conseguiriam esconder as propinas dos novos investidores, que teriam o direito de inspecionar as movimentações contábeis; por isso, 24 milhões de dólares foram transferidos para uma empresa-fantasma chamada Nunca. O plano era pagar os dirigentes da Fifa com dinheiro tirado da Nunca – e torcer para que as exigências de Havelange diminuíssem à medida que ele fosse ficando mais velho.

Elas não diminuíram. Será que Teixeira e Havelange sentiram as vibrações e perceberam que a ISL estava enrascada, em fase terminal, quase à beira da morte? Na tentativa de escapar das garras da dupla do Rio, a ISL tinha diversificado os negócios e investido em outros esportes: gastou uma fortuna para comprar os direitos do tênis internacional. Foi um desastre. O duo da Fifa não deu a mínima. Havelange e Teixeira queriam o dinheiro "deles". Em 1999, a Sicuretta extorquiu a assombrosa quantia de 6 milhões de dólares, e Teixeira arrancou da ISL mais 1 milhão de dólares via Renford.

Jean-Marie Weber e seus colegas imploraram aos seus camaradas da gigantesca agência de publicidade japonesa Dentsu que lhes emprestassem alguns milhões. Precisavam da recomendação de um executivo sênior da Dentsu. Ele aprovou o empréstimo – e exigiu sua comissão. Lavou seu dinheiro sujo por meio de uma empresa de Hong Kong chamada Gilmark e, em novembro de 1999, tinha nas mãos 1 milhão de francos suíços – cerca de 2,5 milhões de reais. Seis semanas depois, extorquiu mais 1 milhão de francos.

Enquanto a ISL afundava em 2000, submersa em 300 milhões de dólares em dívidas, a Renford sugou outros 500 mil dólares. A Gilmark continuou sangrando o cadáver até que a ISL deu seu último suspiro em janeiro de 2001. Indaguei à Dentsu sobre seu diretor sanguessuga, que tinha arrancado 2.515.720 dólares. Disseram-me que ele já não trabalhava mais na empresa. O desapiedado Havelange não sentiu o menor remorso e obrigou a ISL a fazer a última transferência, de 1,3 milhão de dólares, para a Sicuretta. Ao longo dos anos, Havelange conseguiu mais de 45 milhões de dólares. Se houve mais dinheiro em outros esquemas fraudulentos que ele comandou na Fifa, não sabemos ainda.

A saber: No depoimento que prestou durante as investigações realizadas em Brasília, Havelange declarou que era um homem pobre, cuja modesta riqueza que havia acumulado estava no nome de sua esposa.

5
SAQUEANDO O FUTEBOL BRASILEIRO

A fabricante de calçados esportivos favorita de Ricardo

Quem acreditar em Ricardo Teixeira vai se convencer de que ele descobriu o banco mais generoso do mundo. Esse banco estava localizado em Vaduz, na Europa, e lhe emprestara milhões cobrando juros cujas taxas eram, nas palavras do senador Álvaro Dias, "absurdamente inferiores às taxas do mercado". A bem da verdade, Ricardo jamais pagou um centavo de juros, tampouco mandou um único centavo a Liechtenstein a título de pagamento do empréstimo. Sim, era o banco da Sanud e Ricardo era seu único cliente.

Talvez nunca venhamos a saber como Ricardo lavou todos os 9,5 milhões de dólares de Vaduz para o próprio bolso. Talvez essa dinheirama tenha ajudado a comprar luxuosas mansões na Flórida. Parte do dinheiro foi parar na R. L. J. Participações Ltda. A Sanud, empresa de fachada anônima, era dona de 50% das ações: ex-esposa, Lúcia Havelange Teixeira, tinha 24,99% delas e Ricardo detinha os restantes 25,01%.

A R. L. J. também era um embuste. De acordo com um relatório de Álvaro Dias, a empresa jamais gerou um centavo de rendimentos. Era uma casca vazia, no interior da qual o que havia era o que Ricardo tinha desfalcado da Fifa. De acordo com as declarações de bens e as contas da evolução patrimonial de Teixeira, desencavadas na devassa feita por investigadores de uma Comissão Parlamentar de Inquérito (CPI) em Brasília, ele era proprietário de uma série de bares e restaurantes no Rio de Janeiro, incluindo o Chopp House, o El Turf e o Port City. O elo comum era o fato de que esses estabelecimentos não geravam lucro – só davam prejuízo e não saíam do vermelho –, mas tomavam dinheiro emprestado, às vezes por meio de paraísos fiscais no Caribe, e a CBF de Ricardo os pagava para a realização de eventos ligados aos futebol.

Em julho de 1996, Ricardo desapareceu em uma viagem a Nova York. Levou consigo um sócio, que lucrou muito com a amizade dos dois, mas não há registro de que tenha sido um dirigente da CBF. Ricardo era aguardado por um punhado de empresários norte-americanos de Beaverton, no Oregon, cuja empresa estava registrada do outro lado do Atlântico em um paraíso fiscal europeu. Os norte-americanos estavam acompanhados de seus advogados e tinham nas mãos um documento de 11.500 palavras. Ricardo assinou o papel e entregou o controle do futebol da Seleção Brasileira a uma fábrica de calçados esportivos estrangeira.

Os norte-americanos, via seu paraíso fiscal, compraram o direito de escolher os jogadores para a Seleção Brasileira e dizer ao time contra quem poderia jogar, onde e quando. Haveria cinquenta dessas partidas. Além disso, a marca também poderia abrir a própria loja na sede da CBF no Rio de Janeiro.

O contrato especificava que a loja poderia vender somente as camisas fabricadas pelos norte-americanos – além de todos os produtos e acessórios da marca: calças, meias, pulôveres de malha, camisetas, jaquetas e agasalhos, bolsas, mochilas, faixas para cabelos (testeiras), chapéus, luvas, munhequeiras, óculos, óculos protetores, óculos especiais para melhorar o desempenho, coletes de treino, toalhas, sombrinhas e cachecóis, todos com desenho "Swoosh" do logotipo (aquela espécie de vírgula que na verdade representa a asa da deusa grega da vitória, Niké). Haveria também todos os produtos da linha de calçados: chuteiras de futebol, calçados de corrida, basquete, tênis, treinamento, golfe, caminhadas, aeróbica, beisebol, futebol americano, ciclismo, *skate in-line* e vôlei. E bolas de futebol.

Nos jogos em casa entraria em cena um *banner* circular de 25 metros de largura exibindo o logotipo da marca, posicionado no centro do campo. Para finalizar, toda e qualquer disputa acerca do contrato só poderia ser discutida em tribunais de Zurique.

A fabricante de calçados esportivos estava pagando uma dinheirama: quando a primeira fatia chegou às mãos de Ricardo, já tinha zanzado entre um banco na Holanda, três bancos nos Estados Unidos, um nas Bahamas e mais dois no Brasil, em Belo Horizonte e no Rio de Janeiro. Quando uma grana preta como essa percorre esse caminho tortuoso, é comum que algumas migalhas acabem ficando pelo caminho.

O companheiro que Ricardo levou na viagem a Nova York, José Hawilla, que controlava a Traffic Assessoria e Comunicações SC Ltda., foi o único outro brasileiro que assinou o contrato. Logo depois que Teixeira assumiu o poder da CBF, José tinha obtido a autorização para que a Traffic atuasse como agente e intermediária, beneficiando-se na negociação de acordos referentes a marcas registradas e direitos de propriedade. O contrato renderia a ele 8 milhões de dólares nos dez anos seguintes.

O senador Álvaro Dias denunciou o que ele chamou de "lucros espetaculares" auferidos por Hawilla em suas negociatas com a CBF. Dias acrescentou que era mais um exemplo da administração perigosa e nociva de Teixeira. Alegou-se que entre 1995 e 1999 as declarações de imposto de renda de Hawilla revelavam que seu patrimônio pessoal tinha aumentado vinte vezes.

No mesmo ano da assinatura do contrato, 1996, o preço da cooperação entre Ricardo e a ISL foi de 1,5 milhão de dólares. Ele tentou extorquir a Nike? Poderia ter sido um negociador mais duro? Poderia ter conseguido mais dinheiro para o futebol brasileiro?

O que realmente aconteceu com Ronaldo em Paris, nas horas que antecederam a partida contra a França na final da Copa do Mundo? Às vezes a resposta mais simples pode ser a verdadeira. As expectativas do Brasil, do mundo e da maior fabricante de material esportivo puseram sobre os ombros de um atleta de 21 anos de idade uma pressão insuportável, seu sistema nervoso entrou em parafuso, ele teve uma crise nervosa, uma crise de ansiedade, e sua boca espumou. A fabricante de material esportivo fez pressão para que ele fosse escalado, mesmo que para andar em campo, porque o tinha transformado no garoto-propaganda para a final? As pessoas que sabem falam pouco a respeito.

No entanto, as reações no Brasil a esse fiasco e a maneira que Ricardo manipulava a CBF suscitaram uma dose de furor suficiente para obrigar os políticos eleitos a fazer perguntas.

O dinheiro da Nike começou a ser despejado nas mãos abertas de Ricardo no primeiro dia de janeiro de 1997. Quatro anos depois a CBF estava insolvente. Se fosse uma empresa, seria decretada massa falida e vendida como sucata. Os investigadores de Álvaro Dias estimaram que no final de 2000 a CBF devia 55 milhões de reais.

Como isso aconteceu? Havia alguns extraordinários acordos financeiros secretos no império privado de Ricardo. A fabulosa dinheirama da fabricante de material esportivo não era suficiente para que Teixeira mantivesse o controle do futebol brasileiro com suas manobras. Algo feio estava acontecendo. Ele foi ao exterior e tomou dinheiro emprestado, de uma maneira que talvez jamais tivesse sido feita antes.

Em outubro de 1998, um ano depois que a torneira da Nike começou a jorrar, Ricardo decidiu pedir um empréstimo de 7 milhões de dólares ao Delta National Bank de Nova York. A CPI presidida por Álvaro Dias descobriu que na época o Delta estava cobrando dos brasileiros – empresas e pessoas físicas – cerca de 9% a 10% de juros.

Ricardo concordou em pagar uma espantosa taxa de juros de 43,57%. E... é melhor você se sentar antes de ler isto... ele pagou os juros – 650 mil dólares – antes do vencimento. Isso catapultou os juros para uma taxa final de inacreditáveis 52%! Assim como o dinheiro da Nike, o empréstimo contraído junto ao Delta tinha de viajar. Fazia paradas em outro banco de Nova York, depois ia para o paraíso fiscal de Nassau, nas Bahamas, e de lá para uma conta da CBF no Banco Rural, em Belo Horizonte. Como acontece com a maior parte das transferências de dinheiro da CBF, enormes quantias ficavam pelo caminho. Questionado sobre isso no depoimento que prestou em Brasília, Ricardo não foi capaz de fornecer nenhuma explicação.

Ricardo parecia viciado no Delta, concordando com uma série de empréstimos com altas taxas de juros e aceitando o fato de que a bolada de dinheiro ia emagrecendo enquanto viajava pelo sistema bancário internacional a caminho da CBF. Dois meses após aquele primeiro empréstimo, Ricardo tomou outros 4,5 milhões de dólares, dessa vez a juros de 25%. Novamente o empréstimo foi pago antes do vencimento, e a verdadeira taxa de juros chegou a mais de 30%. Mais uma vez o dinheiro viajou de Nova York através do Caribe, e centenas de milhares de dólares foram ficando pelo caminho.

Parecia difícil justificar ambos os empréstimos, porque em dois meses a fabricante de calçados esportivos despachou para o Brasil uma gorda remessa de 15 milhões de dólares.

Ricardo, no entanto, não conseguia se livrar do vício no Delta – 35 dias após o último empréstimo, ele novamente pediu dinheiro emprestado: 10 milhões de dólares, concordando em pagar 25% de juros. Dias depois, contraiu novo empréstimo junto ao Delta, mas dessa vez para o bar El Turf. Ricardo jamais explicou por que a taxa de juros repentinamente baixou e nesse empréstimo ele pagou a mesma taxa que os outros clientes do Delta no Brasil estavam pagando – 12%.

A CBF voltou ao cassino Delta em setembro de 1999, tomando emprestados 3,7 milhões de dólares a 21%, o dobro da taxa de mercado corrente. Veio o ano 2000 e Ricardo não abandonou o vício. Tomou emprestados mais 10 milhões de dólares a 16% de juros. Por fim, em setembro de 2000 ele fez o sexto empréstimo: 4,5 milhões de dólares a 14,5% de juros.

Em abril de 2001, Ricardo afirmou em depoimento à CPI que nada havia de insólito nas taxas de juros que ele pagara ao Delta. E citou os nomes de oito empresas e instituições brasileiras, informando que os juros praticados por elas em operações bancárias eram similares. Dias depois uma delas afirmou categoricamente: "Isso não é verdade!". O relatório final da CPI declarou com todas as letras: "O presidente da CBF apresentou informações falsas".

Não demorou muito para que os políticos em Brasília descobrissem que as relações de Ricardo com os bancos nunca deixavam de ser surpreendentes. Em julho de 1996 ele abriu uma conta pessoal no Banco Vega, depositando 193.245 reais. No dia seguinte abriu uma conta em nome da CBF, aplicando no Vega 1.005.426 reais. Seu amigo Antônio Coelho, presidente do Vega, providenciou para Ricardo uma taxa de juros quase duas vezes maior que a que era paga à CBF. A CBF entregaria aos cuidados do Vega muito mais dinheiro. Muitos mistérios aconteceram e em maio de 1997 o Banco Central determinou a liquidação do Vega. Mais tarde alguém percebeu que Coelho era membro do conselho fiscal da CBF.

Havia mais mistérios na maneira que Ricardo fazia negócios com o dinheiro da CBF. Com muita frequência a entidade precisava recorrer a operações de conversão de câmbio, e uma empresa foi contratada para conseguir as melhores taxas do mercado. Tudo parecia bem quando os agentes obtiveram condições satisfatórias para uma operação de pequeno valor: taxa de 0,19% para a aquisição de 185 dólares para a CBF. Então Ricardo autorizou o agente a comprar 700 mil dólares. Já nessa operação de grande valor as condições obtidas pela entidade foram totalmente adversas: a CBF foi submetida ao pagamento de incríveis 15,44% de ágio, quando comparada a cotação paga pela CBF com aquela divulgada pelo Banco Central para a data. A CPI chamou isso de "saque".

Enquanto o dinheiro da fabricante de calçados esportivos turbinava a receita da CBF a píncaros sem precedentes, Ricardo continuava fazendo péssimos negócios no mercado de câmbio, e afundando ainda mais o futebol brasileiro em dívidas. Ele recorria a bancos no exterior e pegava dinheiro de emprestadores privados e não regulamentados, às vezes pagando juros de até 100%. Somente em 1998, Ricardo autorizou o pagamento de 175 mil reais em juros relativos a dois desses empréstimos. Os investigadores descobriram mais fatos e seus comentários foram mordazes.

Às vezes o talão de cheques da CBF precisava de um passaporte de turista. O dinheiro da entidade simplesmente adorava viajar. De vez em quando, como acontece com viajantes azarados, ele desaparecia. Quando o Brasil disputou a Copa Ouro nos Estados Unidos, em 1998, a CBF mandou 400 mil dólares para um banco em Miami. O dinheiro não teve tempo sequer de "esquentar o banco". Rapidamente seguiu viagem, dessa vez de volta ao Sul, e foi aterrissar em um banco de Montevidéu. Os investigadores da CPI não conseguiram descobrir o que aconteceu com o dinheiro, ou por que razão a bolada foi mandada para o Uruguai. Descobriram, no entanto, que um sócio e amigo íntimo de Ricardo cuidou da transferência. A Seleção Brasileira foi derrotada pelo time norte-americano na final e, em meio à tristeza geral, ninguém notou o sumiço dos 400 mil dólares.

Havia algo intrigante no perfil psicológico de Ricardo Teixeira. Os investigadores da CPI constataram que existiam dois Ricardos. Um era o administrador incompetente, o *ingênuo* no mercado financeiro que, inocentemente, fechava negócios com predadores que sugavam e rapavam a riqueza da CBF e quase levaram a entidade à falência, apesar da colossal receita advinda do contrato com a fabricante de calçados esportivos.

O outro Ricardo era um homem diferente, o esperto operador do mercado financeiro. A CPI analisou as atividades de Teixeira nos mercados de futuros e opções da Bolsa de Mercadorias e Futuros (BM&F). Todos os anos, entre 1995 e 2001, ele teve lucro. Os investigadores calcularam que ele tinha feito um total de 1.409 transações nesse período – em média, isso equivale a uma transação a cada 36 horas. A maior parte desses negócios estava relacionada a contratos de opções e contratos de futuros. Ricardo era muito bom nisso, muito bem-sucedido, e ganhou muito dinheiro. Parece que esquecia essas habilidades quando se tratava de administrar os negócios da CBF.

Foi o Ricardo esperto ou o Ricardo incompetente que se esqueceu de contratar uma auditoria independente para a CBF? Álvaro Dias apontou que isso significava que os acionistas não sabiam o que estava acontecendo com a dinheirama que vinha da fabricante de calçados esportivos do Oregon.

A dinheirama logo foi parar nos bolsos de Ricardo e dos outros integrantes do bando que controlava o futebol brasileiro. Os membros começaram a pagar a si mesmos um belíssimo salário, mas nunca parecia o suficiente, e entre 1998 e 2000 aumentaram os próprios vencimentos em 300%. O ordenado de Ricardo saltou de 128 mil para 418 mil reais, embora não haja indícios de que ele trabalhasse com o triplo de afinco. O campeão dos supersalários era o tio de Ricardo, Marco Antônio Teixeira, o secretário-geral da CBF, que em 2000 descobriu que seria incapaz de dar de comer aos filhos a menos que ganhasse 500 mil reais por ano. Para ajudar a comprar um novo par de sapatos para as crianças, Marco e o restante dos integrates também pagavam a si mesmos o 13º e o 14º salários.

Não era barato custear os salários da diretoria da CBF. A renda da Confederação quadruplicou – de 18 milhões de reais em 1997 para 79 milhões de reais em 2000. As despesas da entidade subiram ainda mais depressa, com aumentos salariais, bonificações, juros e pagamento de dívidas, e em 2000 a CBF estava atolada. Ricardo encontrou uma resposta rápida. Reduzir o investimento no futebol de 55% para 35% da receita!

Não restava outra opção se Ricardo queria continuar levando o estilo de vida imperial que ele fazia questão de ostentar. Por exemplo, em outubro de 1997 o presidente da CBF passou quatro dias em Nova York e não cogitou a insuportável ideia de pegar táxis, como todo mundo. Por isso, despendeu 1.185 dólares da CBF com a utilização dos serviços de uma limusine, que ficou permanentemente de prontidão caso ele quisesse dar uma voltinha pela cidade. Ricardo também não economizava na hora de comer! Documentos recolhidos pela CPI referentes às despesas de Teixeira em restaurantes comprovaram que nos meses de maio a julho de 1998 ele consumiu a quantia total de 12.594 dólares em 18 refeições. Isso demonstrava que, quando o presidente da CBF comia, o gasto médio era de setecentos dólares por refeição.

A CBF deu a Ricardo Teixeira um cartão de crédito pago pela entidade. O cartão nunca ficava guardado por muito tempo a ponto de juntar teias de aranha. E era famoso na Casa Lidador, uma conhecida loja de champanhes e outros produtos finos.

Ricardo saboreou champanhe aos baldes no seu bar e restaurante El Turf em fevereiro de 1996. Além de Dom Pérignon e muitas garrafas de uísque envelhecido, havia filés e frangos suculentos, que os convidados comeram com a ajuda de 1.300 litros de cerveja, tudo pago pela CBF. Ele e seus amigos estavam comemorando o lançamento do Instituto de Assistência ao Futebol Brasileiro (IAFB). Parecia uma iniciativa maravilhosa. Segundo Ricardo, o objetivo dessa entidade sem fins lucrativos era melhorar a vida de 60 mil jogadores de futebol, do passado e do presente, tirando-os do abandono. O IAFB criaria opções de emprego para os atletas, oferecendo-lhes cursos profissionalizantes. Havia a promessa de construir cinco hospitais exclusivos para os atletas lesionados e doentes. O instituto daria a todos os jogadores profissionais um seguro de vida, além de assistência jurídica aos ex-atletas e seus dependentes, gratuitamente.

De acordo com as conclusões da investigação da CPI, não se tem notícia alguma de que esses hospitais tenham sido construídos. Além disso, a CPI não encontrou indícios de que algum jogador tenha se beneficiado do IAFB. No entanto, encontrou uma porção de benefícios para os amigos de Ricardo. Ele pessoalmente escolheu o estafe do instituto – 17 funcionários, dos quais três são suas irmãs e pelo menos dois são remunerados pela CBF e pelo IAFB simultaneamente. A CPI constatou que 95% dos recursos da entidade – fruto de convênios e do repasse de verbas da Fifa e CBF – eram gastos com a folha de pagamentos e iam parar no bolso dos funcionários. O restante era usado para a compra de material de escritório e o pagamento das contas relativas ao funcionamento do instituto – água, luz, telefone. Álvaro Dias comentou, secamente, que "muito pouco sobrou para a realização de ações concretas".

Outra preocupação de Álvaro Dias era o fato de que um dos membros do Conselho Fiscal do IAFB era Wagner Abrahão, amigo íntimo de Ricardo, que tinha substanciais negócios com a CBF – ele era dono da Stella Barros Turismo (SBT), empresa responsável pelas viagens e hospedagens da CBF. O relatório da CPI perguntava: Como principal parceiro da CBF, qual era a probabilidade de que o sr. Wagner condenasse algum ato administrativo do IAFB? (Voltaremos ao sr. Abrahão no capítulo 7, quando examinarmos os negócios da Copa do Mundo.)

Depois da Copa do Mundo de 1998, fatos estranhos e engraçados estavam acontecendo no departamento financeiro da Fifa. Em 1999, Ricardo transferiu da CBF para a Fifa a vultosa quantia de 2.989.593 dólares. Indagado sobre os motivos dessa transferência de recursos, Ricardo Teixeira saiu-se com uma resposta obscura. Disse que se tratava de "um encontro de contas para compensar créditos e débitos entre as duas entidades" – fosse lá o que isso significava.

A saga do dinheiro brasileiro referente à Copa do Mundo na França continuou em 2000. Um dia Ricardo entrou no departamento financeiro da Fifa em Zurique carregando uma mala bem grande e pesada. Um dos funcionários perguntou: "Como podemos ajudá-lo, senhor?". Ricardo abriu a mala e de dentro dela saíram 400 mil dólares em dinheiro vivo.

Impassível, Ricardo disse que o dinheiro era um adiantamento do valor devido à CBF para cobrir os custos da participação brasileira na Copa do Mundo de 1998, que tinha sido realizada vinte meses antes. Ele não explicou onde – e de quem – havia arranjado tamanho volume de dinheiro em espécie.

Ricardo instruiu os funcionários a transferir o dinheiro para a conta da CBF. Os funcionários ficaram confusos e intrigados – achavam que aquele valor já havia sido pago à Confederação Brasileira de Futebol. Contudo, quando verificaram, não constavam registros de entrada do dinheiro na CBF. A história de Ricardo era uma enganação do começo ao fim.

Os funcionários então concordaram em transferir o dinheiro para a conta da CBF – mas insistiram que o valor fosse registrado como um pagamento de Teixeira. "Ah, não", disse Ricardo, "não é isso que eu quero".

Em vez disso Ricardo pediu que o dinheiro fosse devolvido para ele – mas dessa vez na forma de um cheque. Surpreendentemente, seu pedido foi atendido. Alguns dias depois Teixeira mudou de ideia, voltou ao escritório da Fifa, devolveu o cheque e pediu seu dinheiro de volta. Espantosamente, o departamento financeiro da Fifa concordou – e entregou-lhe 400 mil dólares em uma mala. É provável que ele tenha tomado um táxi e ido para o seu banco favorito em Zurique com um documento atestando que a Fifa lhe pagara com aquele dinheiro.

Encontrei essa história enterrada na página 19 do Relatório de Gestão do ano 2000, documento confidencial secreto enviado pelos auditores da Fifa, o braço de Zurique da empresa KPMG, ao presidente Joseph Blatter. A KPMG ficou polidamente escandalizada e recomendou que, no futuro, pagamentos em cheque ou dinheiro fossem feitos somente por "pessoas autorizadas".

Mandei uma mensagem por e-mail a Ricardo, à KPMG e à Fifa, perguntando a origem e o destino do dinheiro. Ninguém respondeu.

Os jornalistas investigavam a CBF e publicavam reportagens com histórias escabrosas revelando a má gestão e os desgovernos de Ricardo e seus mistérios financeiros; os torcedores e fãs do futebol o odiavam. Por que os juízes, políticos, advogados e outros cartolas não o denunciavam, não davam com a língua nos dentes, não brandiam cartões vermelhos, não o punham atrás das grades? Como Ricardo conseguia escapar impune?

A resposta: todos estavam envolvidos. A enxurrada de dinheiro da fabricante de calçados esportivos era desviada do futebol para custear campanhas eleitorais dos políticos, criando uma rede de cupinchas eleitos que protegiam os esquemas fraudulentos de Ricardo, tanto em Brasília como nos governos estaduais.

Em períodos eleitorais, o dinheiro era "doado" para as federações estaduais de futebol, que por sua vez repassavam o montante para os políticos que estavam em plena campanha. As investigações da CPI descobriram que as doações da CBF para o desenvolvimento do futebol ficavam menos de 24 horas nas contas das federações, antes de serem desviadas para os políticos.

Álvaro Dias descreveu isso como uma relação triangular entre a CBF, as federações e as campanhas eleitorais. Era uma fraude, uma burla da legislação eleitoral, compra de votos em um país que lutava para aprender novamente a ser democrático depois de duas décadas de ditadura militar. Em 2000, as "doações" chegaram a mais de 7 milhões de dólares. Esse era o preço da proteção – mas o dinheiro estava sendo "doado" pelos caras generosos do Oregon.

A CBF não pedia prestação de contas das federações pelo uso que faziam do dinheiro – e isso era outro indício de irregularidade que traía involuntariamente o embuste. As federações não tinham de pagar sua anuidade à CBF. Álvaro Dias afirmou que isso estava criando laços de dependência, subordinação e cumplicidade das federações perante a entidade nacional. Ele descreveu as federações sobretudo como distribuidoras de mordomias e redutos do nepotismo, cujo propósito essencial era servir de suporte a projetos pessoais e políticos de dirigentes que se elegem indefinidamente.

Os políticos que conseguiam uma cadeira no Congresso em Brasília descobriam que Ricardo cuidava de tudo de que eles precisavam. Para cumprir seus objetivos de *lobby* em Brasília, a CBF mantinha alugada uma mansão em uma chácara localizada em uma das regiões mais valorizadas da cidade, o Lago Sul, para uso exclusivo de seus amigos.

Ricardo jamais se esqueceu do que seu parceiro Sepp Blatter chama de "Família de Futebol". Em 2000 a CBF doou 14 mil reais para uma comunidade no nordeste do Rio de Janeiro. Essas despesas foram contabilizadas como "Ajuda concedida à Prefeitura Municipal de Piraí". O dinheiro foi imediatamente depositado na conta-corrente de um vereador – e candidato a reeleição – de Piraí, Nilton Teixeira Crosgnac, primo de Ricardo Teixeira. Álvaro Dias destacou também que Ricardo Teixeira tinha três fazendas em Piraí. Desavergonhadamente, Teixeira vendia, sem licitação, leite e derivados dessas suas fazendas para a CBF.

Álvaro Dias concluiu que, embora os políticos da rede de influências de Ricardo se dessem muito bem com o dinheiro da fabricante de calçados esportivos, não havia doações sistemáticas para ex-jogadores de futebol e suas associações ou sindicatos.

Ricardo comprava os seus políticos. Muita gente achava que comprava também os seus juízes. Vários deles desfrutaram de viagens com todas as despesas pagas para a Copa do Mundo nos Estados Unidos, em 1994, e de novo para a Copa do Mundo de 1998 na França. Acompanhados das respectivas esposas, esses convidados viajavam na classe executiva e se hospedavam em hotéis chiques. Alguns já tinham participado de julgamentos envolvendo Ricardo. Quando questionado, um juiz respondeu que aceitara o mimo das viagens porque achava importante entender a cultura popular.

Diversos advogados do Rio também adoravam pôr a mão na grana da CBF, mesmo quando o litígio dizia respeito a assuntos pessoais de Ricardo. Fosse para processar o jornalista Juca Kfouri ou para defender negócios escusos do bar e restaurante El Turf, o dinheiro da fabricante de calçados esportivos estava sempre disponível.

A CPI presidida pelo senador Álvaro Dias, que investigou a corrupção no futebol em 2001, foi bem-sucedida, apesar de todos os esforços da quadrilha de políticos corruptos de Ricardo. Álvaro Dias me disse: "O futebol se tornou um imenso e lucrativo negócio no Brasil, mas as tentativas de investigação eram infrutíferas porque a CBF mantinha uma relação muito estreita com os governos, o Congresso e o sistema judicial. No Congresso, Teixeira criou o que chamamos de 'bancada da bola', um grupo de senadores e deputados federais para proteger a CBF.

"Decidi assumir a responsabilidade, como senador, de investigar o enorme número de denúncias de corrupção que as autoridades do governo ignoraram por tantos anos. Discretamente, trabalhei para colher assinaturas de senadores de modo a instalar uma Comissão de Inquérito no Senado. Minha estratégia para sobrepujar os lobistas e espreitadores da CBF foi trabalhar para a criação da comissão parlamentar às sextas-feiras, quando não há muitos senadores em Brasília.

"Depois que iniciamos as investigações no Senado, os membros da 'bancada da bola', que por muito tempo trabalhavam sob a influência da CBF e de Ricardo Teixeira, perceberam que era impossível lutar contra a comissão do Senado."

A estratégia da CBF foi criar outra comissão de inquérito no Congresso, presidida pelo deputado federal Aldo Rebelo. Essa CPI acabou em junho de 2001 sem a votação de um relatório final, em razão do trabalho desenvolvido por parlamentares ligados à CBF.

Álvaro Dias acrescentou: "A CBF e Ricardo Teixeira também tentaram comprometer as investigações no Senado. Muitos senadores abandonaram a comissão de inquérito, e outros se posicionaram contrariamente ao relatório que indiciava 17 cartolas, inclusive Ricardo Teixeira. Por isso fui à tribuna em um dia que o Congresso estava lotado e a imprensa presente, e denunciei a tentativa da CBF de corromper a Comissão Parlamentar de Inquérito. A imprensa deu grande cobertura ao meu discurso e nenhum dos senadores quis ficar sob suspeita. Meu relatório final foi aprovado".

Os políticos amestrados de Teixeira tinham feito tudo o que podiam para bloquear a CPI. Quando esse estratagema fracassou, Sepp Blatter entrou em cena alertando que "Não toleraremos investigações que ponham em risco as regras do futebol". Se os senadores convocassem árbitros e dirigentes para depor nas comissões de investigação, o Brasil seria banido do futebol internacional. "O Brasil não participará da Copa do Mundo de 2002, nem do Campeonato Mundial Sub-20", ameaçou Blatter, "nem do Campeonato Mundial Sub-17, da Copa do Mundo Feminina e da Copa do Mundo de Futsal na Guatemala."

Isso não impressionou o senador Antonio Carlos Magalhães: "O Congresso não se deixará intimidar. Precisamos trazer a moralidade para este país, e isso envolve o futebol. Se o preço a pagar é não participar de uma Copa do Mundo, então que o preço seja pago".

Blatter não abriu mais o bico, mas essa não foi a primeira vez que ele emitiu um juízo completamente equivocado acerca do sentimento popular no Brasil. A Seleção Brasileira derrotou a Alemanha por 2 X 0 na final da Copa do Mundo de 2002. O que os patrocinadores e as redes mundiais de televisão diriam se o Brasil tivesse sido banido?

Mesmo assim, nem Álvaro Dias conseguiu obter a verdade completa. Na manhã de 27 de junho de 1999, descobriu-se um incêndio no centro de treinamento da CBF localizado em Teresópolis, a Granja Comary. Um depósito contendo importantes documentos relativos à história financeira da CBF, incluindo os balancetes e relatórios de contas de 1985 a 1994, foi destruído. Os senadores pediram uma investigação a fim de determinar se o incêndio tinha sido um ato deliberado. Nada aconteceu.

Álvaro Dias recomendou o indiciamento criminal de Teixeira. O chefão da CBF deveria cumprir sucessivas penas de prisão. Por razões sobre as quais podemos apenas especular, a polícia, os promotores e os juízes não conseguiram aprofundar as investigações, aplicar e fazer cumprir as penalidades, e condenar quem merecia ser condenado.

6
APUNHALANDO MANDELA PELAS COSTAS

As propinas levaram a Copa do Mundo para a Alemanha

Um dono de cavalos de corrida do Rio de Janeiro recebeu 1 milhão de dólares para sufocar as frágeis esperanças do Brasil de sediar a Copa do Mundo. A obscura campanha para dar o torneio aos alemães envolveu a humilhação do Brasil, em meio a uma estratégia elaborada para manter Sepp Blatter na presidência da Fifa.

Uma vez que a era da hiperinflação havia chegado ao fim no Brasil, Ricardo Teixeira e João Havelange queriam receber a Copa do Mundo e ter acesso às vastas quantias de dinheiro envolvidas. Ambos tinham desejado realizar o torneio já em 1994, mas a economia em frangalhos herdada dos generais inviabilizou a participação do Brasil na concorrência, e a vitória ficou com os norte-americanos.

Naquele momento, em 2000, Blatter estava lutando para sobreviver às vindouras eleições presidenciais da Fifa, marcadas para 2002 em Seul. A Europa ainda estava furiosa pela maneira que ele e Havelange haviam manipulado os dirigentes e comprado votos em 1998, em Paris. A única esperança de continuar no poder era dar aos alemães a Copa do Mundo de 2006. Isso satisfaria os países da Uefa: os cartolas europeus ganhariam seus empregos e muitos ingressos. Esse seria o esquema. Enquanto isso, Blatter tinha assegurado aos sul-africanos que o continente tinha ótimas chances de sediar o torneio. Nelson Mandela seria enganado, mas ei!, ele não tinha direito de voto na Fifa.

O Brasil chegou a lançar a sua candidatura, mas os dez votos da Conmebol seriam insignificantes nas eleições, e Blatter não precisou incluí-los em suas maquinações. Os amigos alemães de Blatter garantiram que o chefão da CBF seria recompensado, e a pouco inspirada candidatura brasileira evaporou três dias antes da votação.

Os três personagens principais na campanha de 2000 para a escolha da sede da Copa do Mundo de 2006 foram um bilionário alemão, magnata das comunicações, um dos mais respeitados ex-jogadores de futebol de todos os tempos na Alemanha, e o Homem da Mala alemão que, com seu mestre

Horst Dassler, tinha aprendido tudo sobre a sombria arte de corromper o mundo dos esportes.

À frente da candidatura alemã estava Franz Beckenbauer, o "Kaiser", ganhador da Taça Jules Rimet como jogador em 1974 e mais tarde, em 1990, como técnico da Seleção Alemã. Atuando nas sombras estava o vice de Beckenbauer, Fedor Radmann. Ele é uma figura menos conhecida, com seu cabelo branco curto e seus ternos pouco dignos de nota. As carreiras de ambos se entrelaçavam havia décadas. Beckenbauer tinha ajudado Dassler na década de 1980. Quando a ISL adquiriu os direitos de televisão e marketing da Fifa, dos Jogos Olímpicos e do atletismo, esses direitos foram temporariamente cedidos para uma empresa de fachada chamada Rofa, pertencente a Beckenbauer e a Robert Schwan, gerente do Bayern de Munique. A Rofa estava sediada no cantão suíço de Sarnen, fora do alcance dos credores.

Radmann era testa de ferro de Dassler desde os primeiros tempos – foi escolhido para chefiar a equipe de relações internacionais da Adidas. Depois da morte de Dassler, vários membros do time se reinventaram como "consultores" individuais de cidades e países interessados em se candidatar como sede de Olimpíadas e Copas do Mundo, oferecendo seu conhecimento privilegiado sobre os pecadilhos dos dirigentes esportivos internacionais.

Nos últimos anos, investigando e escrevendo sobre esse mundo obscuro e sobre o time de Dassler, a figura mais divertida que encontrei foi o paquistanês Anwar Chowdhry, de Karachi, com quem me encontrei pessoalmente em um quarto do hotel Sunnyside Villas, em Houston. Chowdhry fora incumbido por Dassler de manipular e comprar eleições na Ásia e percorrer o Oriente pagando propinas e pressionando atletas das seleções nacionais de todos os esportes para usarem a marca Adidas. A recompensa de Chowdhry foi uma eleição de cartas marcadas em Bangcoc, lubrificada com curiosos incentivos pessoais para os votantes, o que fez dele o presidente do boxe amador mundial.

Em 1999 fui ao Campeonato Mundial de Boxe Amador em Houston depois de receber a informação de que os cubanos, que deveriam ganhar a maior parte das medalhas de ouro, seriam roubados pelos juízes. E foram mesmo. A delegação cubana ficou indignada, encenou uma ruidosa manifestação ao lado do ringue, abandonou a competição e voltou mais cedo para casa. Desprezei Chowdhry com todas as forças, tanto que me recusei a solicitar uma entrevista a ele. Ele ficou tão contrariado que mandou seu cunhado me chamar em sua suíte, no décimo andar do hotel. Curioso, fui até lá e ouvi a arenga de Chowdhry, que se espreguiçava em seu pijama desabotoado e exibia cicatrizes de uma cirurgia de ponte de safena. Ele me assegurou que todos os seus juízes eram uns "desgraçados". Depois de se apoderar de milhões de dólares, Chowdhry foi defenestrado em 2006.

Esse era o mundo de Fedor Radmann. Ele sabia tudo sobre como lubrificar a máquina dos esportes. O câncer destruiu Dassler no final da década de 1980, e Fedor se mudou de sua amada Berchtesgaden, onde nascera em 1944, e foi trabalhar para o alemão Leo Kirch, o magnata da televisão, o terceiro personagem da Grande Conspiração de 2006.

Leo percebeu que Fedor tinha os requisitos necessários para cuidar de suas operações na Suíça. Ele estava instalado na comuna de Kreuzlingen, às margens do lago de Constança (em alemão, Bodensee), no nordeste de Zurique. A empresa era a CWL, e seu círculo de testas de ferro, ex-jogadores de futebol, advogados e agentes de marketing imiscuiu-se sem esforço nos esquemas de Blatter na Fifa. O grupo KirchMedia abocanhou uma gorda fatia dos direitos de televisão das Copas do Mundo de 2002 e 2006 no momento em que a ISL teve dificuldade de fornecer garantias bancárias.

Sepp Blatter, Leo Kirch, Franz Beckenbauer, Fedor Radmann, Jean-Marie Weber – o chefão da ISL –, Günter Netzer, outro ex-astro alemão das quatro linhas, e, mais tarde, Philippe Blatter, sobrinho de Sepp, eram os líderes supremos do mundo do futebol. Um subgrupo circulava em torno do clube Bayern Munich. Fedor, Jean-Marie e outros membros do time de Dassler tinham laços estreitos com o COI em Lausanne, no sul da Suíça. Outro protegido de Dassler dos anos 1980, Thomas Bach, outrora integrante do time de relações internacionais da Adidas, tornou-se presidente do COI em 2013 e estará no comando das Olimpíadas no Rio de Janeiro. Sempre foi, e continua sendo, um mundo privativo e exclusivo de homens de negócios e cartolas. Leo Kirch morreu em 2011, mas outros estarão no Congresso da Fifa em São Paulo, em junho de 2014.

A candidatura da Alemanha estava encrencada. No início de 2000, a África do Sul parecia figurar na dianteira na briga pelos votos do Comitê Executivo da Fifa. Isso não era nada bom para Leo e seus canais de televisão por assinatura baseados em Munique. "Kirch sabia que um voto para a Alemanha valeria ouro", noticiou o jornal *Süddeutsche Zeitung*. Por outro lado, a Alemanha, com suas rígidas regulações financeiras, seus experientes detetives antifraude e a determinação de controlar a distribuição de ingressos, não era a primeira opção de alguns dos membros do Comitê Executivo. A África do Sul oferecia uma supervisão mais frouxa, uma crescente cultura de corrupção pública após o *apartheid* – e fotografias ao lado de Nelson Mandela para exibir aos amigos, parentes e vizinhos.

Fedor tinha habilidade para resolver o problema. Leo tinha dinheiro e Beckenbauer era o presidente do Bayern Munich – o que vinha a calhar. Eles elaboraram um plano, que permaneceu secreto até ser desenterrado e revelado três anos depois, em maio de 2003, por dois jornalistas alemães: Jörg Schmitt, da revista *Manager Magazin*, e Thomas Kistner, do *Süddeutsche Zeitung*.

Seis semanas antes da votação, marcada para 6 de julho de 2000, eles abriram a torneira do dinheiro. Nesse dia, um dos advogados de Leo enviou uma carta ultraconfidencial a Dieter Hahn, o executivo do grupo KirchMedia mais próximo de Leo Kirch. Era um relatório sobre os arranjos feitos por Fedor Radmann e Günter Netzer. Aquele era o momento em que Fedor precisava do dinheiro!

Eles tinham estado bastante ocupados negociando os direitos de algumas partidas um tanto surpreendentes para um clube do imenso status do Bayern Munich. O principal clube alemão jogaria um amistoso contra a seleção de Malta, evento que envolveria o pagamento de 300 mil dólares pelos direitos de transmissão televisiva, dinheiro a ser depositado pela KirchMedia em uma conta bancária secreta em Malta. O presidente da federação maltesa, Joseph Mifsud, era membro do Comitê Executivo da Fifa.

Outra polpuda remuneração seria paga em Bangcoc, onde o Bayern jogaria contra a seleção da Tailândia. O presidente da federação tailandesa, Worawi Makudi, também era membro do Comitê Executivo da Fifa.

O Bayern jogaria ainda contra o selecionado nacional de Trinidad e Tobago, e a federação local receberia um cachê de 300 mil dólares. Jack Warner, o mandachuva do futebol em Trinidad, era membro do Comitê Executivo da Fifa – e conhecido como o homem que estendia as mãos ávidas bem abertas até mesmo quando dormia. A partida jamais se realizou, mas um ano depois Warner ganhou os direitos de transmissão televisiva no Caribe das Copas do Mundo de 2002 e 2006. O preço dos direitos televisivos: 4,8 milhões de francos suíços – é improvável que Warner tenha enfiado a mão no bolso para pagá-los.

Marcou-se também um amistoso do Bayern contra o melhor time da Tunísia, o Espérance Sportive de Túnis, em troca de um generoso cachê para os tunisianos. O presidente do Espérance era Slim Chiboub, casado com uma das filhas de Ben Ali, presidente da Tunísia, portanto capaz de pressionar Slim Alulou, membro tunisiano do Comitê Executivo da Fifa que, sabidamente, era favorável à África do Sul. Slim Chiboub chegou ao Comitê Executivo em 2004, mas saiu em 2009. No início de 2011 saiu também da Tunísia: deu no pé rapidinho depois que seu sogro foi alijado do poder na Primavera Árabe.

Um bônus para esses times e seleções estrangeiras foi o fato de que o Bayern bancaria as próprias despesas. No total, o KirchMedia estava preparado para gastar 3,5 milhões de euros para levar a Copa do Mundo para a Alemanha. Por que gastar essa fortuna? Os analistas alemães estimavam que em 2006 o KirchMedia poderia ter um lucro adicional de 500 milhões de francos suíços (cerca de 1,3 bilhão de reais) se o torneio fosse disputado na Alemanha.

O dono de cavalos de corrida do Rio tinha uma longa história com Havelange, Teixeira e Blatter. Elias Zaccour tinha viajado pelo mundo todo com a Seleção Brasileira e levou Pelé ao Zaire, onde ambos foram fotografados com o presidente Mobutu. Era improvável que Zaccour conhecesse Leo Kirch, e nesse ponto é importante saber que ao longo dos anos Leo Kirch tinha criado o maior acervo de filmes fora de Hollywood. Ele era um empresário astuto e inteligente, distribuindo filmes para redes de televisão. Ele era o melhor.

Entretanto, Fedor Radmann criou uma fantasia de três páginas, um contrato, de acordo com o qual Elias Zaccour seria um "consultor" para aconselhar Leo Kirch acerca "da exploração comercial, o licenciamento e o *merchandising* de filmes". No contrato afirmava-se que "o Consultor tinha longa experiência e contatos" no ramo. Quanto valia toda essa súbita e inesperada *expertise*? O contrato dizia com todas as letras que haveria "uma remuneração fixa e total de 1 milhão de dólares [...] em quatro parcelas. A primeira parcela de 250 mil dólares será paga cinco dias após a conclusão deste acordo". O dinheiro seria depositado na "conta do Consultor no banco Bemo de Luxemburgo com a Société Générale New York". A KirchMedia pagaria a ele 250 mil dólares por ano, durante quatro anos, no banco correspondente nos Estados Unidos.

O memorando para Dieter Hahn, executivo da KirchMedia, continuava: "*Herr* Radmann solicita que o contrato de consultoria seja assinado hoje de modo que ele possa entregá-lo ao sr. Zaccour em Munique. *Herr* Radmann pede também que a primeira parcela de 250 mil dólares seja transferida". Levantar o dinheiro não seria difícil. Na época, Leo Kirch, o magnata alemão da comunicação social, tinha investido uma fortuna na Fórmula 1[*] e a KirchMedia estava avaliada em 5 bilhões de dólares.

O que o sr. Zaccour fez com sua primeira parcela da bolada? Ele já era um homem suficientemente rico para poder curtir suas corridas de cavalos no Brasil, no Golfo e na França.

---

[*] Leo Kirch adquiriu cerca de um quarto da sociedade proprietária dos direitos de transmissão televisiva da Fórmula 1 quando passou a participar do capital da germânica EM TV. (N. T.)

Outra surpresa era o fato de que no contrato constava que o sr. Zaccour, que era libanês, residia em Beirute. Todo mundo que conhecia Zaccour acreditava que ele morava em um chique apartamento na ponta da praia de Copacabana. Ele assinou o contrato em 31 de maio de 2000. Kirch assinou em 6 de junho, um mês antes da votação da Fifa. É pouco provável que o banco do sr. Zaccour em Luxemburgo tenha visto a cor do restante do dinheiro. O grupo KirchMedia faliu, atolado em gigantescas dívidas, em abril de 2002.

À medida que se aproximava o dia da votação, o lobby, os cochichos, os tapinhas nas costas e as tentativas de persuasão se intensificaram. O perigo para a Alemanha era um empate 12 X 12. Blatter teria de usar seu voto de minerva e tinha anunciado que, se isso acontecesse, escolheria a África do Sul. Para ele era essencial guardar essa carta na manga e contar com o voto africano para as eleições presidenciais de 2002.

Os velhos amigos Radmann e Zaccour teriam informado Blatter sobre a distribuição de dinheiro e a grande probabilidade de que a Alemanha vencesse. Sensacional! Era essa a estratégia de Zurique; no fim das contas, Blatter seria o maior e verdadeiro vencedor, ganhando os votos da Uefa, solidarizando-se com os perdedores africanos e fazendo-lhes sólidas promessas para o futuro.

A votação teve início. Na primeira rodada, dos 24 votos a Alemanha obteve dez, a África do Sul, seis, a Inglaterra, cinco, e o Marrocos, dois. Adeus, Marrocos. Na segunda rodada, Alemanha e África do Sul receberam 11 votos. A Inglaterra, com dois votos, estava eliminada. Desastre!

Um dos dois votos obtidos pela Inglaterra foi o de Charlie Dempsey, da Nova Zelândia. Ele tinha sido instruído por sua confederação regional, a Confederação de Futebol da Oceania (Oceania Football Confederation – OFC), a votar na Inglaterra; quando a Inglaterra saiu do páreo, a ordem era que Dempsey apoiasse a África do Sul. Mesmo que a Alemanha ficasse com o outro voto livre, o resultado ainda seria empate, e Blatter tinha de escolher os africanos. O resultado era óbvio agora. Vejo vocês na Cidade do Cabo em 2006.

A votação foi para a terceira rodada. Alemanha, 12 votos, África do Sul, 11! Vejo vocês em Munique em 2006. Nessa rodada havia 23 votos. Faltava um. Alguém não tinha votado. Quem era? Era Charlie Dempsey. Ele tinha ido embora entre uma rodada de votação e outra. Estava no aeroporto de Zurique, embarcando em um avião de volta para casa.

Charlie se esquivou dos jornalistas o quanto pôde, mas, quando foi encostado na parede, balbuciou ter havido "pressão intolerável" na véspera da votação. Deve ter sido algo intenso. Charlie já era um senhor idoso, mas aos trinta anos de idade havia emigrado de uma área barra-pesada de Glasgow e construído uma bem-sucedida carreira na construção civil na Nova Zelândia. O que será que havia intimidado aquele sujeito firme e valentão, um briguento à moda antiga?

Um telefonema de Nelson Mandela logo de manhã, bem cedo, para seu quarto de hotel? Depois um fax de alguma fonte anônima na Alemanha oferecendo propina na forma de um pacote de deliciosas salsichas alemãs e um relógio suíço, um cuco, em troca de seu voto? Aparentemente isso tinha bastado para abalar Charlie e ele escapuliu pela porta dos fundos da Fifa. Um homem abatido, incapaz de dar seu voto.

Horas depois, naquele mesmo dia, revelou-se que o fax – que foi enviado para outros membros do Comitê Executivo – era de uma revista satírica alemã. O tabloide alemão *Bild* atacou a brincadeira como uma "piada sem graça contra Franz Beckenbauer". Um dos principais acionistas do *Bild* era Leo Kirch – e Beckenbauer escrevia regularmente uma coluna para o jornal.

Foi um tremendo escândalo. Ninguém fora da Fifa acreditou em Dempsey, ele tinha uma única função na reunião da Fifa: dar seu voto. Agora Dempsey tinha certeza de que seria afastado da presidência da Confederação de Futebol da Oceania, e também sua filha, Josephine King, que ele havia nomeado sua secretária-geral em 1988. Por ter ficado aterrorizado por um cuco, um pacote de salsichas e uma ligação de Mandela? Havia algo sujo e profundo nessa história. As suspeitas eram enormes, especialmente após a vergonhosa votação de dois anos antes, rodada em que Blatter se elegeu presidente da Fifa em Paris. A boataria ganhou força e se espalhou: Radmann tinha "dado um jeito" em Charlie.

Antevendo-se a possibilidade de um empate 12 X 12, armou-se o arranjo: Charlie abandonaria a votação, voltaria para o Doder Grand Hotel, e ali pegaria uma valise que já teria sido deixada para ele na chapelaria. Dentro da maleta haveria 250 mil dólares. Um táxi o levaria às pressas para o aeroporto e para o avião de volta para casa. Charlie morreu em 2008, aos 86 anos de idade, e talvez nunca venhamos a saber o que o impeliu a jogar na lata do lixo a sua carreira no futebol da Oceania.

Passados 14 anos, ainda estamos esperando que Blatter ou qualquer outro membro do Comitê Executivo critique Dempsey publicamente, no mínimo pelo fato de ele ter abandonado a votação decisiva. O restante do mundo fez isso, por que não a Fifa? É tentador pensar que se trata de mais uma manifestação do empreendimento fraudulento criado por Havelange, depois mantido e azeitado por Blatter. Os outros, bem pagos para deixar que Blatter administre a Fifa do jeito que bem quiser e assim faça o que lhe der na veneta, viram o rosto para o outro lado, fingem que nada veem e fecham a boca.

Três semanas depois da votação, em agosto de 2000, o Comitê Executivo se reuniu novamente em Zurique para tratar de assuntos rotineiros. Tenho uma cópia das minutas confidenciais. Blatter disse aos colegas que "a polêmica em torno dessa eleição mostrou o quanto é fundamental para o Comitê Executivo nortear-se pelos princípios da solidariedade e da unidade". Quando Blatter está em uma enrascada, ele se esconde atrás dessa baboseira corporativa sem sentido. Também me parece um slogan da máfia: "Aconteça o que acontecer, nós damos as costas para o mundo".

As minutas prosseguem: "O presidente da Fifa expressou profundo pesar de que o clamor na esteira da eleição tenha obrigado Charles Dempsey a entregar sua carta de demissão do Comitê Executivo da Fifa e da presidência da OFC; o presidente respondeu à carta de demissão de Charles Dempsey em 15 de julho, assegurando-o de que, no devido tempo, o Comitê Executivo buscará uma maneira de recompensá-lo por seus longos anos de leais serviços prestados à Fifa".

Blatter, que teria sido informado de tudo por Radmann e Weber, manteve a sua palavra, e em 2004 Charlie Dempsey ganhou sua Ordem do Mérito da Fifa. Anos depois, durante a Copa do Mundo na Alemanha, ele recebeu outra nauseante e melosa homenagem, agora de outro membro do Comitê Executivo, o crápula Chuck Blazer.

O tributo começou de maneira bastante hipócrita: "No dia da abertura da Copa do Mundo, os alemães deveriam dedicar os jogos a Charlie Dempsey, da Nova Zelândia. Mais que qualquer outro homem, Charlie propiciou aos anfitriões que esse dia finalmente chegasse.

"O interessante é que Charlie não o fez votando na Alemanha seis anos atrás. Pelo contrário, seu êxito se deu por não ter tomado parte da eleição. Depois de conferir seu apoio à candidatura inglesa, Charlie não teve forças para votar em um país não europeu. Embora a Confederação da Oceania, em seu congresso realizado poucos meses antes da votação em Zurique, tivesse instruído seu representante junto ao Comitê Executivo da Fifa a votar na África do Sul depois de apoiar a Inglaterra, ele simplesmente não foi capaz de fazê-lo.

"Para Charlie isso teria sido como quebrar os votos matrimoniais. Afinal de contas, a Europa apoiou o intento da Oceania de formar uma confederação, e Charlie não era homem de esquecer os amigos. Charlie disse aos seus colegas que estava recebendo telefonemas de Nelson Mandela e Gerhard Schröder [o chanceler alemão], e que seus nervos estavam em frangalhos".

Essa conversa fiada continua por mais cem palavras – e isso é lenga--lenga demais.

A Europa estava feliz. Agora Blatter tinha de consolar a África. A Associação de Futebol Sul-Africano (South African Football Association – Safa) estava tão furiosa que pipocou a conversa de levar a decisão obviamente desonesta para um tribunal arbitral. Blatter usou a lábia para demovê-los da ideia e prometeu que no futuro a Fifa usaria uma política de rodízio de continentes na escolha da sede das Copas do Mundo – e a África sediaria o torneio em 2010. Teixeira acatou numa boa. Ele precisava de Blatter para sobreviver e estava certo de que o revezamento levaria a Copa do Mundo de 2014 para... a América Latina. Escolher o país não seria difícil para o pequeno grupo que controlava a Conmebol.

Elias Zaccour talvez tenha sido o outro grande perdedor – além de Nelson Mandela e da credibilidade cada vez menor da Fifa – na conspiração da KirchMedia. Quando os liquidantes chegaram, na primavera de 2002, enxotaram Leo e os executivos da empresa e começaram a vasculhar os arquivos: aquele contrato era para um pagamento inapropriado, parecia uma espécie de propina, algo que não era do interesse dos acionistas.

Aquele pagamento no verão de 2000 tinha sido uma transação feita por ordem bancária; o dinheiro foi direto da KirchMedia para o banco de Zaccour em Luxemburgo. À parte, qual era a fonte dos 250 mil dólares pagos a Charlie Dempsey? Parece que Jean-Marie Weber e a ISL pagaram essa conta. Anos depois se descobriu nos arquivos secretos da ISL um pagamento, para uma empresa desconhecida, no valor exato de 250 mil dólares... um dia antes da votação.

"Nós nos complementamos um ao outro de maneira ideal. Foi assim durante a candidatura bem-sucedida", disse Franz Beckenbauer no outono de 2000, anunciando que o Homem da Mala de Berchtesgaden seria um de seus vice-presidentes no Comitê Organizador Local da Copa do Mundo de 2006. Fedor Radmann seria incumbido de cuidar do marketing, do turismo e... do protocolo. Essa última parte Radmann nunca entendeu muito bem, embora tenha assegurado ter dado fim a todas as suas "consultorias" e que desse modo não havia conflito de interesses.

Até que, em uma bela manhã, o *Süddeutsche Zeitung* informou os alemães – e o restante do mundo – de que o desmemoriado Fedor ainda tinha uma consultoria com Leo. A opinião pública tinha recebido a garantia de que essa relação havia terminado.

Alguns meses se passaram e lá estava Thomas Kistner escrevendo de novo no *Süddeutsche Zeitung*, com mais um exemplo da falta de memória de Radmann. Ele ainda estava com seus amigos da Adidas, um dos principais patrocinadores da Fifa. O Comitê Organizador Local estava tendo diferenças com a Fifa e mais uma vez lá estava Fedor lançando mão de seus truques, jogando para os dois times. Pela última vez, exigiram os membros do Comitê Organizador Local, há alguma coisa que você acha que deva nos contar? Fedor respondeu que eles podiam ficar tranquilos. Não havia mais conflito de interesses. Com certeza.

Em sua revelação seguinte, Kistner batizou Fedor de "Artista do Relacionamento". Ele apresentou uma informação grave acerca de uma história que estava convulsionando a Alemanha. Radmann tinha se esquecido de divulgar que um de seus parceiros comerciais era o artista gráfico Andreas Abold, que recebera um gordo cachê em euros para desenhar o logotipo do torneio de 2006. Outro conflito de interesses. Nem todo mundo tinha gostado do logo. A imagem de crianças felizes e sorridentes foi ridicularizada pelo jornal brasileiro *O Globo* como "rostos inchados às gargalhadas".

Foi a gota d'água. O ministro do Interior Otto Schilly meteu o pé na porta de Beckenbauer e demitiu Fedor. Adeus à vice-presidência. No entanto, quem tinha como única fonte de informações os comunicados de imprensa da Fifa nada saberia disso. A versão contada por Blatter desse veneno na organização da Copa do Mundo na Alemanha foi ainda mais mentirosa que sua elogiosa homenagem a Charlie Dempsey.

"O vice-presidente Fedor H. Radmann solicitou à presidência e ao conselho consultivo a permissão para se afastar dos negócios operacionais diários", disse Blatter. "Uma sociedade anônima de responsabilidade limitada sem fins lucrativos e totalmente independente será fundada em 1º de julho de 2003 para cuidar de todas as atividades culturais da Copa do Mundo de 2006." Esse era o novo lar de Fedor. Ele não foi demitido – foi transferido!

O comunicado de imprensa citava o Artista do Relacionamento. "Pessoalmente falando, e tendo em mente nossos objetivos em comum, acredito que todos se beneficiariam se eu pudesse trabalhar em prol da Copa do Mundo da Fifa de 2006 sem ser funcionário regular." Franz Beckenbauer acrescentou: "Fedor Radmann pediu para continuar a nos apoiar na qualidade de consultor. Nossa confiança e crença nele são inabaláveis".

Um Radmann estava "fora", mas outro continuava "dentro": sua esposa Michaela ainda estava a bordo, atuando no departamento de acomodações. Algumas portas adiante, no mesmo corredor, havia outra esposa especial com quem bater papo. Era Sonja Såttele – que todo mundo conhecia como Sonja Abold – no departamento de marketing.

No ano seguinte foi a vez do *Financial Times* se interessar pela parceria Radmann-Abold. Sob a manchete "Prêmio entre amigos", o jornal britânico revelou que o governo alemão tinha realizado uma competição destinada a selecionar uma agência que criasse uma campanha com o intuito de incentivar os alemães a receberem com simpatia os torcedores estrangeiros. O orçamento era de 3 milhões de euros e Andreas Abold tinha vencido! O que deixou muita gente infeliz foi o fato de que entre os membros do júri – e entusiasmadíssimos com a apresentação de Andreas – estavam... Fedor e Michaela Radmann.

Os contínuos escândalos de Radmann na Alemanha não teriam incomodado Blatter. Pelo contrário, essa era a função de Radmann no mundo secreto da Fifa: ter a determinação de fazer o que os outros não ousavam fazer – e ao mesmo tempo premiar a si mesmo. Fedor era um "iniciado" na organização fraudulenta da Fifa.

As edições de 2006 e 2010 da Copa do Mundo estavam definidas, e os votos dos dois continentes estavam assegurados. Ainda era de esperar uma rebelião, mas os dissidentes da Uefa poderiam ser divididos e o generoso Mohamed Bin Hammam daria um jeito em qualquer problema remanescente na África. Issa Hayatou seria pressionado por um ingrato dirigente da Uefa a concorrer com Blatter, mas não tinha dinheiro nenhum – Bin Hammam tinha, e o gastaria se necessário.

Outro membro da família Fifa estava emergindo como um formidável empresário do futebol do mais alto calibre. Um homem acusado de todo tipo de crime financeiro, mas que ainda assim escapava incólume! Os políticos tentavam pegá-lo, sem sucesso. Promotores e juízes não conseguiam apoio para prendê-lo – ou recebiam propina para ignorar os seus delitos.

E agora? O presidente Blatter deve ter sentido uma onda de calor e entusiasmo quando leu os relatórios das investigações da comissão presidida pelo senador Álvaro Dias no Brasil. Ricardo Teixeira era realmente um homem mau! Para onde tinha ido todo aquele dinheiro da Nike? Bancar a viagem de juízes para a Copa do Mundo de 1998 na França! Saquear a CBF pagando supersalários e custeando as próprias despesas e as dos seus cupinchas? Desviar dinheiro para comprar votos e assim se manter no poder! Transferir dinheiro secretamente para o Caribe! Fraude, apropriação indébita! A CBF parecia a miniatura da Fifa!

E é claro que Blatter sabia tudo sobre as propinas da ISL. Enquanto tomava café e comia bolo durante suas frequentes visitas à Casa da Fifa, Jean-Marie Weber contava-lhe tudo sobre cada pagamento desde a década de 1980, primeiro para Havelange e depois para Ricardo, tão logo Teixeira ganhou acesso aos privilégios na lista de subornos.

Teixeira assumiu o comando do futebol brasileiro em 1989. Desde então tinha sido aprovado em todos os testes de Blatter. Saquear a CBF era um rito de passagem. Ele estava pronto para ganhar a própria Copa do Mundo.

Escrevi a Fedor Radmann perguntando a respeito dos escândalos da votação de 2006. Ele respondeu que não sabe **coisa alguma** sobre a estratégia para persuadir Charlie Dempsey a ir embora. E insiste que ele **não é** o Fedor Radmann cujo nome aparece no memorando secreto em que consta o acordo de conveniência de pagar a Elias Zaccour a quantia de 1 milhão de dólares e os cachês para os times estrangeiros disputarem partidas contra o Bayern Munich. Deve ser outra pessoa com o mesmo nome. Ele gostaria que eu que deixasse isso bem claro. É o que ele diz, e fico muito feliz em registrá-lo por escrito.

Finalmente nos encontramos pessoalmente em Paris em 22 de março de 2011. Eu estava no congresso da Uefa fazendo filmagens para o programa *Panorama*, da BBC, e durante o intervalo do almoço avistei Beckenbauer e Radmann de pé, no lado esquerdo do palco, entretidos em animada conversa. Flanqueado por minha equipe de televisão, caminhei na direção deles. "Olá, cavalheiros, podemos conversar, por favor?" Eles me encararam, alarmados; depois disso, como cavalos de corrida fora dos estábulos, deram no pé! Andando a passos rápidos, passaram pela frente do palco e saíram em disparada corredor central afora. Nós os seguimos por alguns metros e os dirigentes da Uefa começaram a me olhar com o cenho franzido: era hora de parar. Por isso, nunca tive a chance de conversar sobre Leo, seu dinheiro, o dono de cavalos de corrida do Rio de Janeiro, e sobre como a Alemanha venceu a votação para sediar a Copa do Mundo de 2006.

7
VOCÊ QUER COMPRAR INGRESSOS PARA A COPA DO MUNDO?

Os irmãos Byrom têm um monte deles

Imagine os 3 milhões de ingressos para os jogos da Copa do Mundo empilhados em uma montanha de papelão. Você ama futebol? Quer um naco dessa montanha? Você pode tentar a sorte nas loterias da Fifa ou comprar por meio das federações e associações nacionais.

Todos os fãs são iguais na disputa pelos preciosos ingressos. Você se cadastra no site da Fifa, solicita o ingresso da partida desejada, e perde... A Fifa, no entanto, diz que é um sorteio justo. A montanha desapareceu. Não fique triste, deixe para lá, quem sabe da próxima vez, daqui a quatro anos, em outro país, talvez você tenha sorte.

A Fifa alerta: não compre ingressos de "agentes não autorizados". Os *Herr* Blatter têm o poder de impor severas penalidades ao que ele chama de atividades "ilegais". Seus ingressos podem ser rasgados na porta do estádio porque você não comprou dos agentes selecionados da Fifa. Sepp pede que você acredite que, quando eles não estão vendendo ingressos superfaturados e com eventual cobrança de taxa de entrega, estão lá nas ruas, policiando e sufocando o que ele chama de "mercado negro". Ele não vai permitir um mercado paralelo, livre, competitivo, como existe em qualquer outra atividade comercial. A indústria dos ingressos da Copa do Mundo deve continuar sendo um monopólio não regulamentado.

Olhe de novo para a montanha de ingressos, mas dessa vez imagine que ela é um *iceberg* flutuando no oceano. De repente a quantidade de ingressos disponível para os fãs de futebol diminuiu. Para onde eles foram? Dê uma espiada sob a superfície e você poderá vislumbrar outro mundo, onde os ingressos com os quais você tanto sonhou estão boiando, sedutores, muito perto, mas tão longe do seu alcance, é um desejo impossível de realizar.

No mundo todo talvez existam apenas três pescadores que realmente sabem o que está acontecendo nessas profundezas. Sepp e Jaime e Enrique Byrom. Sepp conhecia os irmãos Byrom desde 1986, ano em que a Copa do Mundo foi realizada no México, país onde os Byrom nasceram. Naquele tempo Sepp era o secretário-geral da Fifa e realizava todos os desejos de seu patrão, João Havelange.

Herr Blatter sabia que os Byrom eram próximos de um dos chefões do futebol mexicano, o magnata da televisão Guillermo Cañedo, um dos vice-presidentes da Fifa. Cañedo era íntimo de João Havelange, o presidente. Sepp trabalhava para Havelange. Qualquer amigo do presidente tinha de ser bem tratado. Os irmãos Byrom, ambos na casa dos trinta e poucos anos, estavam organizando viagens para a Copa do Mundo e, muito bem relacionados, tinham um grande futuro fazendo negócios com a Fifa.

Os Byrom prosperaram, mudaram-se para a Inglaterra, e hoje administram uma enorme fatia das gigantescas operações da Copa do Mundo da Fifa em um moderno edifício de dois andares, localizado em um parque comercial nos subúrbios verdejantes do sul de Manchester, perto do aeroporto internacional. Uma de suas empresas é a Byrom Holdings, cuja sede fica na Ilha de Man, território em que não precisam publicar seus balancetes. Uma de suas contas bancárias fica em Sotogrande, na Espanha. Os irmãos Byrom moram em agradáveis casas de luxo na área rural do condado de Cheshire, ombro a ombro com astros dos dois grandes clubes de futebol de Manchester.

Sepp pode dizer o que bem quiser para quem quiser ouvir, mas alguns dos ingressos acabam nas mãos de cambistas, intermediários e agências. Ao longo dos anos os ingressos já passaram por várias mãos: um polonês especialista em artes marciais, trapaceiros caribenhos, um homem gordo com um escritório na Trump Tower, pilantras e capangas do Leste Europeu – na verdade, nas mãos de todo mundo, todos fazendo negócios secretos na vasta parte não visível do *iceberg*. Um cambista que entrevistei para a BBC me disse que "até 40% dos ingressos saem pela porta dos fundos da Fifa". Isso me deixou boquiaberto. Eu achava que 10% talvez fosse o máximo.

Uma década atrás, em 2003, Sepp e seus amigos mais próximos em Zurique premiaram Jaime e Enrique com o contrato para vender com exclusividade os ingressos para a Copa do Mundo no Brasil. Mais tarde os Byrom ganharam outro mimo: 450 mil dos melhores ingressos, para serem vendidos nos pacotes de hospitalidade para os ricaços que ocuparão os camarotes de luxo que circundam todos os novos e modernos estádios. Entre eles há a cereja do bolo: 12 mil dos melhores ingressos para a partida final do dia 13 de julho, somente para esses camarotes. É inteiramente apropriado que o champanhe Taittinger tenha o contrato de exclusividade para fornecer as refrescantes bebidas.

Alugar esses camarotes VIPs com *chef* e garçonetes para cuidar dos convidados, pode custar mais de 2 milhões de dólares. Jaime e Enrique esperam que todos os camarotes que circundam o Maracanã e todos os outros estádios fiquem lotados. Depois dos prejuízos que os Byrom amargaram na África do Sul, isso é crucial para o futuro de seus negócios.

2005. É dia de Natal em Trinidad. A seleção nacional se classificou para a Copa do Mundo na Alemanha e os torcedores sonham em adquirir ingressos. Lasana Liburd, repórter a serviço do jornal *Trinidad Express*, tem um inesperado presente para o vice-presidente da Fifa Jack Warner: a primeira página do jornal. Ao longo de três dias daquele período de festas natalinas o *Trinidad Express*, cuja redação é baseada em Port of Spain, publicou os resultados das investigações exclusivas de Liburd, revelando os negócios de Jack com Jaime e Enrique.

Como sempre fazia em qualquer competição de futebol, Warner estava comandando o esquema fraudulento de vendas de ingressos. Liburd revelou que a agência de viagens chamada Simpaul Travel Services Limited, que era de propriedade de Jack Warner, sua esposa Maureen e seus filhos Daryan e Daryll, estava adquirindo ingressos dos irmãos Byrom para revender em seus pacotes. Isso é uma violação das regras da Fifa, e um figurão da Fifa lucrando com a venda de ingressos da Copa do Mundo enfurece os fãs de futebol em qualquer lugar do planeta.

Enrique foi despachado para Trinidad para apagar o incêndio. Ele produziu um relatório para a Fifa afirmando que Trinidad havia recebido 10.749 ingressos. Na versão de Jack, alguns estavam com patrocinadores locais e outros haviam sido espalhados pela ilha para agradar gente do futebol local. Com a Simpaul, alegou Jack, restaram apenas míseros 1.744 ingressos para revender, integrando os pacotes de hospedagem reservados por intermédio dos Byrom.

No fim das contas, ficou claro que isso era apenas a pontinha visível do *iceberg* de Warner em 2006. Nas profundezas mais recônditas e obscuras do mundo subterrâneo da Fifa, havia outra operação envolvendo milhares de pedaços de papelão. Ainda levaria muitos meses para o embuste ser descoberto.

Aquele incêndio já iniciado não era fácil de apagar, e o implacável interesse da imprensa pelos negócios ardilosos de Jack obrigou-o a fazer alguma coisa para distrair a atenção da mídia. Desesperado, Jack anunciou que desconhecia os procedimentos, que estava no escuro, e que, por conta da sua ignorância, precisava da orientação da Fifa acerca das regras que regiam a comercialização de ingressos. Apresentou-se de livre e espontânea vontade ao elástico Comitê de Ética da Fifa.

Orientação? Jack fazia parte do Comitê Executivo havia mais de duas décadas, e com isso já devia ter participado de centenas de horas de discussões sobre as regras dos ingressos. Ele conhecia melhor que ninguém tudo o que dizia respeito aos bilhetes. Blatter apoiou a enganação. Nós todos fomos insultados.

Às pressas, Jack e sua esposa Maureen transferiram suas ações da Simpaul para dois "laranjas" locais, uma veterinária e uma dona de casa. Foi o bastante para que a Fifa, com seu jeito generoso, desse uma leve reprimenda em Jack e o inocentasse. De uma só tacada Jack estava livre e pronto para agir de novo!

Três anos se passaram e, na surdina, Jack e Maureen retomaram sua posição como diretores da Simpaul. Seu filho Daryan ficou no comando da agência e cuidava dos esquemas de venda de ingressos no câmbio negro.

Um mês depois, na primavera de 2006, dois auditores da Ernst & Young bateram à porta dos irmãos Byrom na Inglaterra. Cambistas do mundo todo, nas Américas, na Inglaterra e no Japão, receberam a informação de que estavam encrencados. Foi um corre-corre: noites insones refazendo faturas às pressas, preenchendo novas notas fiscais, corrigindo pedidos de ingressos e retificando reservas de quartos de hotel. As coisas podem ficar bastante movimentadas na parte não visível de um *iceberg* que apresenta rachaduras.

Isso ainda não é tudo. Jaime, Enrique, Jack e Daryan estavam com problemas. Os auditores perscrutaram as águas escuras. Logo conseguiram ver claramente que, no ano anterior, em junho de 2005, os Warner fizeram encomendas aos Byrom, encomendas descomunais de mais de 5 mil ingressos para a Copa do Mundo na Alemanha.

Os ingressos foram pedidos em nome das agências de viagem, que os atrelavam a pacotes, incluindo passagem de avião e hospedagem, e assim eles os revendiam. Mais uma vez os Warner estavam usando a empresa Simpaul para camuflar o negócio. Essa era uma clara violação das regras da Fifa, o que deveria desencadear penalidades draconianas. Mais importante ainda, para Jaime e Enrique Byrom, era o seguinte: se os agentes autorizados descobrissem que seu negócio legítimo estava sendo solapado por gente "de dentro", poderiam exigir milhões de dólares à guisa de compensação.

Os auditores da Ernst & Young foram contratados pelo secretário-geral da Fifa, Urs Linsi, para vigiar os esquemas de venda de ingressos. Era a primeira vez que Linsi estava no comando de uma Copa do Mundo. Ele não tinha passado a vida na Fifa e estava se arriscando ao ir atrás dos irmãos Byrom e de Jack – eles já estavam havia mais tempo no ramo e Sepp precisava mais deles do que de seu contador, contratado junto a um banco de Zurique. Linsi "já era" 18 meses depois, e saiu com um belo pagamento para ficar de boca calada.

Os engravatados da Ernst & Young estavam cavando fundo, investigando com afinco. Será que encontrariam documentos capazes de comprometer os irmãos Byrom? Os negociantes de ingressos do mercado subterrâneo – o "mercado negro" – haviam sido favorecidos em detrimento dos revendedores autorizados de ingressos? Se descobrissem, a Fifa seria processada por quebra de contrato? Poderia ser devastador.

Furiosas cartas e mensagens por e-mail rodaram planeta afora. No início de abril chega-se a um acordo secreto. Os Byrom elaboram o que chamam de "carta de conciliação" e o escândalo permanece submerso.

Alguns ingressos chegam às mãos dos torcedores e fãs do futebol. Outros não. O mais importante é que o escândalo foi abafado. A Copa do Mundo pode seguir em frente sem fedor nenhum. A Itália derrota a Alemanha na final e Sepp fica nas sombras, com medo de ser vaiado por todo o estádio.

O escândalo não pôde ser abafado para sempre e explodiu em setembro de 2006, momento em que publiquei em um jornal de Londres dois relatórios secretos que os engravatados da Ernst & Young tinham enviado a Urs Linsi. Eu os obtive por meio de uma fonte confiável de dentro da Fifa. Mais uma vez um jornalista – e não a Fifa, tampouco os irmãos Byrom – estava expondo os esquemas escusos. Sepp protege as pessoas de seu mundinho particular.

O primeiro relatório foi entregue à Fifa em 11 de abril de 2006, e continha provas suficientes para a expulsão de Jack Warner. Ele tinha encomendado 5.400 ingressos para revender, quebrando as regras da Fifa. Contudo, uma punição pública exporia os Byrom, que os tinham fornecido a ele. O escândalo foi mantido debaixo do pano.

Sem tanta sorte, na primeira semana da Copa do Mundo, Ismail Bhamjee, de Botsuana, foi obrigado a pedir demissão por vender a jornalistas disfarçados 12 ingressos pelo triplo do valor nominal. Ao contrário de Warner, o sr. Bhamjee não tinha um saco cheio de votos para emprestar a Blatter a cada eleição presidencial. Livrar-se dele rendeu à Fifa boas manchetes. Faltavam ainda oitos semanas para que a bolha de Warner estourasse.

O problema com Warner devia ser mantido sob controle. Sepp selecionou um confiável advogado suíço, um velho amigo, para "examinar as circunstâncias em torno da venda de ingressos da Copa do Mundo realizadas pela Simpaul". Ele não mandou regular a alça de mira para a causa do escândalo, o fato de os irmãos Byrom terem vendido os ingressos para a Simpaul.

O confiável advogado entrevistou Jack, Urs Linsi, os auditores e os Byrom. Jack foi inocentado, como era de esperar, afinal era um homem cujos 35 votos na região do Caribe haviam mantido Sepp no poder. O confiável advogado concluiu que Jack não tinha a menor ideia de que seu filho Daryan, o presidente da empresa Simpaul, que dividia com Warner o mesmo teto e a mesa do café da manhã, estava revendendo os ingressos com preços superfaturados. O menino levado não contava ao papai nenhuma das travessuras que aprontava!

Os Byrom tinham de ser mencionados, mas eram preciosos demais para as operações de Blatter e não podiam ser simplesmente descartados. O veredicto sobre os irmãos Jaime e Enrique? "Sua conduta não esteve isenta de erro", declarou o confiável advogado. Uau! É isso. Fim de jogo.

A Simpaul não receberia mais ingressos para as futuras Copas do Mundo. Daryan foi instruído a pagar uma "multa" de 754.375 euros revertidos para uma instituição de caridade, de modo "a compensar os lucros por ele obtidos com as revendas de ingressos da Copa do Mundo". Daryan pagou uma parcela e depois parou. Entre os negociantes do mercado paralelo corriam rumores de que os lucros obtidos por Daryan em suas transações com os irmãos Byrom beiravam os 3 milhões de dólares.

Esse escândalo certamente significava o fim das quase duas décadas de trapaças de Jack Warner com seus esquemas de vendas ilícitas de ingressos. Jaime e Enrique Byrom jamais sonhariam em fazer negócios com ele de novo... Será?

Outra Copa do Mundo, agora na África do Sul, e a organização estava toda lá – com um novo membro: Philippe, o sobrinho de Blatter, juntou-se à trupe. Oficialmente ele trabalhava como executivo-chefe de uma agência de marketing, a Infront, que era baseada em Zug e ocupava o mesmo conjunto de escritórios em que Jean-Marie Weber outrora organizava as remessas de propinas da ISL para a Sanud e a Sicuretta, as comissões para os meninos do Brasil. A Infront ganhou um presentinho do titio Sepp: os saborosos contratos dos direitos de marketing e de transmissão televisiva da Copa do Mundo na Alemanha.

Depois disso o sobrinho Philippe adquiriu 5% da MATCH – empresa cujos sócios majoritários são Jaime e Enrique Byrom, e que detém a exclusividade dos contratos de hospitalidade da Copa do Mundo: o alvo da MATCH são os grã-finos de carteiras recheadas do mundo corporativo. Você pode vê-los lá bem no alto de todos os estádios, desfrutando da melhor visão do campo de jogo, bebericando champanhe e beliscando canapés nos camarotes VIPs. Sepp cedeu 380 mil ingressos para a MATCH vender como parte integrante de seus pacotes de luxo.

Os irmãos Byrom escolheram agentes em todo o mundo para vender esses pacotes de luxo; sempre que podem, mantêm os negócios na família do futebol. Na Nigéria, o homem com o maço de ingressos caros é Samson, filho de Amos Adamu, membro do Comitê Executivo da Fifa. Quando ele supervisiona eventos esportivos de grande porte em seu país, o dinheiro pode evaporar. É contra a lei que funcionários públicos tenham contas bancárias no exterior, mas Amos tem uma, de número AEIBUS33, junto ao Banco American Express em Nova York. Certa vez ele tentou desviar uma subvenção do COI, mas foi impedido por outro dirigente, que bloqueou a transação.

A conversa fiada de marqueteiro ficou a cargo de Andreas Herren, porta-voz da Fifa – que depois de passar metade da vida barrando a mídia na Casa da Fifa, lá em cima na colina em Zurique, agora diz palavras suaves para os jornalistas em nome dos irmãos Byrom – e de Philippe, instalado em seu novo escritório na Zollikerstrasse, a alguns quarteirões da margem do lago.

Há muitos contratos suculentos para o fornecimento de serviços da Copa do Mundo, e os Byrom estão se dando bem. Depois da Copa do Mundo no México, em 1986, eles passaram a atuar como operadores de hospedagem, hospitalidade e *tours* para os visitantes na Copa do Mundo na Itália em 1990, e escaparam por um triz por terem dificuldade em arranjar ingressos para a final em Roma. Coincidentemente, a ISL gastou 100 mil francos suíços (cerca de 269 mil reais) em ingressos naquele torneio.

Em 1994, nos Estados Unidos, os irmãos Byrom tornaram-se fornecedores "oficiais" das acomodações para os torcedores e fãs de futebol e também no Congresso da Fifa. Mantiveram esse contrato e vão repetir a dose no Brasil e novamente na Rússia em 2018. Em 2002, eles obtiveram os direitos de comercialização dos ingressos da Copa do Mundo. Ao longo do caminho, abocanharam a Copa Ryder de golfe, o rúgbi europeu e o tênis francês.

Em 2003, Sepp entregou a eles o contrato para vender e distribuir os milhões de ingressos da Copa do Mundo de 2010 na África do Sul. Havia mais: Sepp também garantiu aos Byrom os ingressos e o privilégio de operar a agência oficial de hospedagem para a Copa do Mundo no Brasil em 2014, 11 anos depois.

Jaime e Enrique Byrom fazem negócios sob o nome comercial de Centro de Venda de Ingressos da Fifa (Fifa Ticket Office – FTO). A Fifa garante que os irmãos Byrom vão reprimir o mercado paralelo, policiando as águas geladas e escuras, evitando o vazamento de ingressos para o "mercado secundário", e impedindo a venda casada de pacotes de ingressos com quartos de hotel e passagens de avião.

Isso é importante porque essa atividade ilícita destruiria os agentes autorizados, agências de viagem que pagaram 30 mil dólares pelo acesso aos ingressos e depois tiveram de comprar um pacote no valor nominal de 80 mil dólares.

(Essa é a teoria, mas neste ano não vai funcionar. Há fartura de ingressos. À medida que o torneio se aproxima, os ingressos estão empilhados em um estoque, pois há pouca gente interessada em comprá-los. Logo serão despejados no mercado.)

A Fifa fala grosso, menciona punições e sanções, e diz que os Byrom desenvolverão "estratégias legais e operacionais para lidar com os prejuízos causados aos fãs do futebol pelo mercado paralelo". Isso é intrigante. Era exatamente o que os irmãos Byrom estavam fazendo com os Warner em 2006. Eles nem sonhariam em fazer isso de novo este ano, certo?

O escritório do Centro de Venda de Ingressos da Fifa fica em Cresta, subúrbio na área oeste do centro de Johannesburgo. No meio da tarde de 19 de março de 2010, um gerente de contas enviou uma mensagem por e-mail a dois clientes que estavam trabalhando juntos. Um deles era uma mulher do Caribe, a assistente pessoal de uma Pessoa Muito Importante do Comitê Executivo da Fifa. O outro era um homem de Oslo, um famoso agente de venda de ingressos no mercado paralelo. A mensagem era devastadora: "Se não recebermos o comprovante bancário do pagamento pendente até 23 de março de 2010, o(a) sr.(a) terá de levar em consideração que sua encomenda de ingressos será cancelada".

Em resposta à mensagem por e-mail, aqueles dois clientes não queriam mais os ingressos da Copa do Mundo que haviam encomendado meses antes. Era o começo do desastre nas vendas da Copa do Mundo na África do Sul. Os fãs estavam desistindo aos montes. Os agentes de vendas já tinham em mãos ingressos que não conseguiam vender. E não queriam mais.

Essa alarmante mensagem despachada pelo Centro de Venda de Ingressos da Fifa era confidencial, mas circulou entre os amigos de Jaime e Enrique Byrom. Uma cópia caiu nas mãos de duas funcionárias de Philippe na Infront, na Suíça. Será que ele diria ao titio o que estava acontecendo? Certamente o titio já sabia. Outros que receberam uma cópia da mensagem foram um velho dirigente da Fifa e seu assistente, também na Suíça. Por fim, uma cópia foi parar nas mãos de um homem que era figura importante para os negócios de

Jaime e Enrique em Manchester. Ele era o gerente de venda de ingressos em outra das empresas dos Byrom, a MATCH Event Services. Vamos chamá-lo de Senhor Tix. Voltaremos a encontrá-lo adiante.

A saga teve início em dezembro do ano anterior. A mulher caribenha enviou uma mensagem por e-mail para o homem em Oslo, que queria comprar ingressos. "Sem dúvida foi bom falar com você", ela disse. "Obrigado pela lista, verei o que posso fazer. Você pode me dar uma ideia da remuneração financeira? Além disso, você teria condições de adiantar os fundos necessários para pagar a Fifa e o Comitê Organizador Local pelos ingressos que estão sendo pedidos? Com relação aos números, tentaremos fazer o nosso melhor."

E tentaram mesmo. De um escritório em Trinidad foi despachado um pedido para os irmãos Byrom solicitando 310 ingressos com valor nominal de 84.240 euros. A maior parte era de ingressos da categoria 1, com preços entre 160 e 600 dólares. O pedido era complementado com uma encomenda de 38 ingressos para a final. Esses bilhetes renderiam um gordo lucro, arrancando dinheiro dos torcedores desesperados para ver a partida mais importante do mais importante dos torneios. O dinheiro tinha de ser enviado para um banco em Sotogrande, no sul da Espanha.

Em 20 de janeiro de 2010, a mulher caribenha enviou a seguinte mensagem por e-mail a Oslo: "Importante. Aqui está a primeira remessa de ingressos, você tem de pagar até amanhã! Eu os consegui faz duas horas. Haverá a cobrança de uma taxa de 10% sobre o preço". Eles estavam tendo problemas na obtenção do pedido completo, mas ela assegurou aos clientes: "Temos outras opções para a compra de ingressos, e já começamos a falar com as pessoas relevantes".

Contudo, isso não aconteceu. Semanas depois os negociantes de ingressos sabiam que as vendas para a Copa do Mundo eram um fiasco. Os torcedores e fãs de futebol não estavam dispostos a gastar todas as suas economias em ingressos. Em vez disso, preferiam comprar televisores de tela grande e assistir aos jogos em casa.

Sepp e seu *consiglieri* Jérôme Valcke estavam trombeteando altas vendas de ingressos. Isso não era verdade. Tratava-se dos estoques encalhados que as agências de viagem estavam vendendo a preços reduzidos para ganhar algum dinheiro, qualquer quantia de dinheiro, na tentativa de recuperar seu malfadado investimento. Blatter disse à Reuters que todos os ingressos para as semifinais e a final estavam esgotados. Isso era uma inverdade, e mesmo na véspera da partida final ainda era possível comprar ingressos com descontos.

Em 1º de março a mulher – a assistente pessoal – do Caribe enviou uma mensagem por e-mail para os seus parceiros em Oslo: "Onde está o dinheiro prometido pelos ingressos?". Ela acrescentou: "Espero que tenha sido pago, pois o sr. Warner ficaria bastante aborrecido, já que pareceria que ele havia encomendado os ingressos e não tinha como pagar".

Então **era** Jack Warner, nadando mais uma vez nas águas profundas do mercado, alimentando-se da parte não visível do *iceberg*. Passados 18 dias, Warner e seus associados de Oslo ainda não haviam feito o pagamento, e o ultimato "pague ou caia fora" – que circulava bastante – foi enviado em 19 de março do Centro de Venda de Ingressos da Fifa em Cresta para Trinidad e Oslo.

Quem tinha feito a encomenda? Não foi a empresa Simpaul, que havia sido banida dos negócios de compra e venda de ingressos da Copa do Mundo. Não tinha sido Warner em pessoa, nem sua assistente. Foi uma organização sediada no outro lado da rua, a Edward Street, em Port of Spain. Foi a União Caribenha de Futebol (Caribbean Football Union – CFU), cujo presidente era Jack Warner.

Ao longo dos anos os irmãos Byron declinaram de responder aos meus e-mails questionando o envolvimento deles com Warner e os revendedores.

Torgeir Krokfjord e Espen Sandi, os jornalistas do *Dagbladet* em Oslo que desencavaram os documentos provando que Warner estava mais uma vez envolvido nos esquemas ilícitos de vendas – e mais uma vez com os irmãos Byrom – conseguiram outro furo. Na surdina, um dos negociadores de Oslo que repassava informações para os jornalistas mirou a câmera de seu *smartphone* para dois outros membros do Comitê Executivo da Fifa discutindo com ele negócios relativos aos ingressos. Eram Nicolás Leoz e Ricardo Teixeira.

"Fiquei atordoado quando vi os preços dos ingressos na África do Sul", disse-me um torcedor. "O lugar mais barato para as partidas da fase de grupos custava 49 dólares na Alemanha, mas subiu para 88 dólares em 2010. Isso era inaceitável para a maioria dos fãs de futebol. Depois descobrimos que o ingresso mais barato para a final tinha aumentado de 169 para 440 dólares." E a coisa ficou pior. Em seus pacotes de hospitalidade, os Byrom estavam cobrando 755 dólares pelos voos domésticos entre as cidades sede da Copa do Mundo. As companhias aéreas de baixo custo, aquelas sem frescura, pediam apenas o valor entre 140 e 196 dólares.

A partir de fevereiro de 2010, Jaime e Enrique começaram a se livrar de boa parte do 1,9 milhão de diárias que haviam reservado em hotéis, tanto os quartos de luxo como os modestos. À medida que as vendas de ingressos despencavam, as câmaras municipais e as empresas de serviços públicos começaram a comprar bilhetes e distribuí-los entre os funcionários. Alunos das escolas públicas foram convocados para preencher os assentos quando o torneio começou. Os políticos sul-africanos não podiam passar vergonha depois de todos os seus discursos em que trombetearam que o país recebia de braços abertos o evento. As redes de televisão que pagaram milhões não ficariam felizes de exibir partidas em estádios semivazios.

Duas semanas antes do início do torneio, a imprensa divulgou que mais de 160 mil ingressos ainda não tinham sido vendidos. Na véspera do dia marcado para a bola rolar, os agentes autorizados a vender ingressos nos bares de Johannesburgo estimavam que 60% dos bilhetes tinham sido vendidos pelo preço total. Depois da competição o mundo ficou sabendo que 1,2 milhão de ingressos jamais foram comercializados, mas em seu *website* os Byrom informavam que 97,5% dos ingressos – 2.967.439 deles – tinham sido vendidos.

Um ano depois, em junho de 2011, os Byrom reconheceram que seus pacotes de hospitalidade haviam errado o alvo e por isso amargaram um prejuízo de astronômicos 50 milhões de dólares. O porta-voz dos Byrom negou veementemente que isso representava alguma espécie de desastre para a empresa, porque tinham feito um "investimento de longo prazo em seus projetos para 2010 e 2014". Assim, iniciaram o empreendimento "Brasil 2014" com 50 milhões de dólares a menos no bolso. É melhor aqueles camarotes VIP do Maracanã ficarem cheios!

Ao lado disso, as operações de Jaime e Enrique estão recebendo uma ajudinha de Sepp. A página 19 da prestação de contas dos Byrom para o ano fiscal terminado em março de 2012 revela um empréstimo de 6.210.128 euros, recursos provenientes da Fifa "para financiar a obrigação da MATCH Services GA de fornecer serviços de acomodação e hospedagem para a Copa do Mundo de 2014 no Brasil". Não se trata apenas de uma mãozinha de 6 milhões de euros. O empréstimo é livre de juros! Esse gesto amoroso, que parece um negócio "de pai para filho", não consta dos balancetes da Fifa.

Como a MATCH conseguiu se tornar a detentora exclusiva dos direitos internacionais do Programa de Hospitalidade da Copa do Mundo no Brasil? Houve uma licitação e o Comitê Executivo da Fifa cedeu o contrato aos irmãos Byrom em 2007. O vice-presidente Jack Warner controlava três dos 23 votos. Depois das transações de Warner com os Byrom em 2006 – e de seus planos secretos para fazer negócio com eles novamente em 2010 –, na sua opinião eles certamente pareciam os melhores candidatos. A cereja no bolo dos irmãos Byrom foi o fato de que também puseram as mãos no contrato para a Copa do Mundo de 2018.

Para Jaime e Enrique Byrom, a Fifa é como um presente eterno, que é recebido várias e várias vezes, em ato contínuo. Em novembro de 2010, o contrato com a MATCH foi estendido até 2023. A empresa "despontou como a candidata mais adequada após uma avaliação deste ramo do mercado realizada pela Fifa".

O anúncio formal talvez tenha surpreendido algumas pessoas. O texto oficial da entidade que dirige o futebol mundial continuava: "O acordo também fortalece ainda mais a luta da Fifa contra a venda não autorizada de ingressos. Graças a sua experiência e sua infraestrutura de monitoramento, a MATCH Hospitality terá condições de auxiliar a Fifa a reforçar os dispositivos que regulamentam a venda de pacotes de hospitalidade, prevenindo de maneira eficaz que vendedores não autorizados convençam clientes corporativos e pessoas físicas a comprarem tais pacotes diretamente deles".

A essa altura Jack Warner tinha sido obrigado a se demitir da Fifa. Um extorsionário a menos – ávido por ganhar dinheiro sujo com os negócios em torno da Copa do Mundo.

O relatório da investigação da CPI presidida por Álvaro Dias tem ao todo 951 páginas. Nem tudo ali são histórias há muito enterradas. Muitas das decisões que Teixeira tomou quando ainda estava no poder estão tendo um impacto tremendo na Copa do Mundo e em seus contratos. Comece lendo a página 21 do volume 2 e saboreie o relacionamento entre Teixeira e a Stella Barros Turismo (SBTR). O cabeçalho é "Despesas com a SBTR: Uma fiel parceria de lucros para a empresa e prejuízos para a CBF". Em três anos, entre 1998 e 2000, a CBF gastou a inacreditável quantia de 30 milhões de reais com a empresa.

O senador Álvaro Dias ficou descontente com algumas das informações que seus investigadores descobriram nos arquivos da CBF. A seu ver, a CBF não estava se beneficiando como deveria, em face da dinheirama que saía de Teixeira em direção a Wagner Abrahão, dono e principal sócio cotista da Stella Barros. Álvaro Dias queria saber por que a empresa aparentemente não concedia descontos à CBF, apesar do gigantesco volume de negócios. Ele acreditava que as companhias aéreas ofereciam em média descontos de 15%, e a CBF deveria ter economizado 2,325 milhões de reais.

Álvaro Dias se perguntou se o dinheiro estava sendo embolsado por alguém da Stella Barros – ou talvez alguém da CBF. Tudo muito intrigante, mas não havia provas. Infelizmente, as contas da CBF eram uma bagunça e o senador simplesmente não conseguiu descobrir tudo o que queria acerca do relacionamento entre a CBF e a SBTR.

Outra parceria comercial da CBF deixou Álvaro Dias preocupado. Ele notou que uma empresa prosperou vertiginosamente depois de começar a fazer negócios com Teixeira. Novamente o volume 2 do relatório, a partir da página 174, é uma leitura educativa. Álvaro Dias revela os lucrativos acordos por meio dos quais a CBF vendia contratos exclusivos de direitos mundiais de marketing e de transmissão por televisão dos jogos da Seleção Brasileira para a Traffic, pertencente a José Hawilla. Depois a Traffic adquiriu uma fatia do famoso contrato com a Nike e proporcionou a Hawilla o que Álvaro Dias chamou de lucro "espetacular". A Traffic, que era uma empresa modesta em 1989, saltou para o posto de quinta maior empresa de marketing esportivo no mundo, com um faturamento de 262 milhões de dólares em 2000.

A Copa do Mundo congraça velhos amigos. Em outubro de 2011 a MATCH dos irmãos Byrom anunciou seus parceiros na venda dos pacotes de hospitalidade para 2014. Em primeiro lugar estava o Grupo Traffic. No que parecia ser uma tentativa de matar de sono os jornalistas, o comunicado de imprensa declarava que o acordo "representa de longe o maior compromisso no ramo da hospitalidade nos esportes para um único território e é um marco de grande envergadura para o sucesso do Programa de Hospitalidade da Copa do Mundo da Fifa de 2014".

Não saberemos da veracidade dessa declaração até 12 de junho de 2014, dia em que a Copa do Mundo terá início em São Paulo. Será que os camarotes de luxo nas laterais dos estádios realmente estarão abarrotados de figurões e *playboys*? "A Copa do Mundo é a prova inequívoca da evolução e profissionalização do futebol brasileiro", disse José Hawilla. Algumas pessoas acham que o desempenho dentro de campo diz mais sobre o Brasil, mas Hawilla tem excelentes referências: Chuck Blazer, ex-membro do Comitê Executivo da Fifa, diz que por duas décadas havia trabalhado com Hawilla e ele "é um homem de extraordinário caráter. Eu diria que seu aperto de mão era melhor que a maioria dos contratos escritos".

O segundo parceiro comercial no negócio dos camarotes de luxo dos estádios é a Top Service Turismo, parte do Grupo Águia, pertencente à família Abrahão – essa empresa tinha absorvido a Stella Barros em 2004. O repórter Rodrigo Mattos revelou que Claudio, irmão de Wagner Abrahão, compartilhava a predileção da família por Ricardo, a tal ponto que dois anos antes o beneficiaria em um negócio imobiliário: em 2009, Claudio Abrahão vendeu a Teixeira uma maravilhosa cobertura de frente para a praia na Barra da Tijuca, zona sul do Rio de Janeiro, por 720 mil reais. Essa venda foi especialmente generosa porque, de acordo com a taxa de transmissão de bens imóveis paga, o apartamento valia três vezes mais: 1,995 milhão de reais. Ricardo é sortudo!

O Senhor Tix, o velho e tarimbado gerente de vendas de ingressos dos Byrom, que também recebeu uma cópia dos acordos secretos de Jack Warner em 2010, está ocupado cuidando das operações e da comercialização de ingressos no Brasil.

8
COMO BLATTER SE MANTÉM NO PODER

A compra de votos com o dinheiro da Fifa

Jack se tornou um homem multimilionário com o futebol. Para isso, ele mente para seus colegas do futebol, e em sua terra natal usa um contador que atua como seu auditor e que mente por ele. Durante mais de trinta anos Jack Warner se apoderou de dezenas de milhões de dólares da Fifa. Sepp Blatter sempre soube, mas pagaria qualquer quantia– e não do próprio bolso – ao subornar Warner para obter 35 votos cruciais nas eleições presidenciais da Fifa.

A maior parte desses votos era de dirigentes submissos de ilhas do Caribe sem futebol profissional, dependentes do dinheiro distribuído pela Fifa – em âmbito público – e de ingressos para os jogos da Copa do Mundo – em âmbito privado. A Concacaf, insignificante no cenário do futebol mundial – somente duas nações passaram para a segunda fase no torneio da África do Sul e depois foram eliminadas –, mas extremamente poderosa na política e na corrupção, é a confederação continental que controla o futebol no Caribe e na América Central e tornou-se a base do poder político de Warner.

Esses votos, junto aos mais de cinquenta da Europa, outros tantos da África e quase o mesmo total da Ásia, são fundamentais quando as vinte associações e federações nacionais de futebol são convocadas para eleger o presidente. Por isso, qualquer exigência de Warner tinha de ser atendida.

João Havelange ajudou Warner a pôr em funcionamento sua máquina de esquemas escusos na década de 1990, mas, quando os investigadores pediram a sua ajuda, em março de 2013, para verificar algumas das explicações de Warner, Havelange alegou que estava muito doente. Dois meses depois foi obrigado a renunciar ao cargo de Presidente de Honra da Fifa, momento em que finalmente seu nome foi envolvido no escândalo das propinas da ISL.

Seis semanas depois dessa humilhante despedida do mundo do futebol, em maio de 2013 Havelange estava milagrosamente recuperado e gozando de boa saúde, a ponto de saborear, na companhia de Sepp Blatter, um lauto almoço regado a duas garrafas de vinho em um restaurante do Rio, enquanto manifestações populares corriam soltas no entorno dos estádios do Brasil.

Contei a história da ascensão de Jack Warner por meio do futebol caribenho no livro *Jogo sujo**, mas, refreado por advogados londrinos, tive de dar muito crédito às defesas e explicações de Chuck Blazer, o norte-americano que era o parceiro de crimes de Warner nos Estados Unidos. No capítulo 9 revelarei a verdade sobre as aquisições de Blazer, de mãos dadas com Warner, e, novamente, com o conhecimento de Blatter.

Jack Warner, professor de história em Trinidad, mexeu os pauzinhos e conseguiu chegar ao topo do futebol caribenho – em 1983, essa manobra lhe garantiu uma cadeira no Comitê Executivo da Fifa. Aluno de Castor de Andrade, o chefão do crime organizado no Rio, Havelange reconheceu em Warner um talento promissor e confiável, e assim deu corda ao novato. Warner poderia ser o homem capaz de entregar de bandeja tudo aquilo de que Havelange e Blatter precisavam. Em 1989, uma necessidade premente de Havelange era a seguinte: a Seleção Norte-Americana de Futebol tinha de se classificar para a Copa do Mundo na Itália, agendada para 1990. A edição seguinte do torneio seria realizada nos Estados Unidos – um país onde o futebol ocupava lugar de pouco destaque no cenário esportivo – e era essencial atrair o interesse da mídia.

Warner tinha a chave. Ele controlava o futebol em Trinidad e Tobago. Para a alegria de seu país, a seleção nacional estava a um passo de se classificar para a Copa do Mundo no ano seguinte. Tudo o que os jogadores precisavam fazer era conseguir um empate na partida contra a Seleção dos Estados Unidos, jogo que seria realizada no estádio nacional de Trinidad e Tobago em 19 de novembro de 1989. O time era bom e tinha tudo não apenas para empatar, mas podia vencer a disputa com autoridade.

Warner viu aí a sua chance de merecer a gratidão eterna de Zurique. Ele fez tudo o que foi possível para dificultar a vida do próprio time, proporcionando à seleção nacional as piores instalações de treinamento que conseguiu arranjar. Houve mudança na equipe de arbitragem pouco antes do jogo. Warner precisava de caos no estádio – e ao mesmo tempo viu mais uma oportunidade de enriquecer de maneira ilícita. Mandou imprimir 45 mil ingressos para um estádio cuja capacidade era de apenas 28.500 torcedores.

No dia da partida, os atletas de Trinidad e Tobago tiveram de ser passados de mão em mão por cima da cabeça dos torcedores furiosos, que tinham ingressos para o jogo, mas não poderiam entrar no estádio superlotado. Até hoje os torcedores da ilha contestam as decisões dos árbitros, mas o que importava era que os norte-americanos marcaram um gol e o time de Trinidad e Tobago não

---

**Jogo sujo: O mundo secreto da Fifa.* São Paulo: Panda Books, 2011.

marcou nenhum. Os Estados Unidos foram para a Itália e o marketing de 1994 estava assegurado.

Em Nova York, Chuck Blazer, que já era um cartola do futebol, estava tão interessado e ávido quanto Warner para escalar a árvore da Fifa. Ignorando a derrota e o sofrimento de Trinidad e Tobago, os dois conspiraram em 1990 para assumir o controle da Concacaf. Warner tornou-se presidente da confederação e imediatamente nomeou Blazer seu secretário-geral. Era o início de duas décadas de falcatruas.

Como ele poderia pegar milhões de dólares da Fifa e da Concacaf e ter tanta certeza de que Zurique olharia para o outro lado, fingindo-se de morta? Warner refletiu sobre como dar o grande golpe e fez sua primeira jogada em março de 1995, pagando 1 milhão de dólares por um terreno em Tunapuna. E ele não ficou sem dinheiro por muito tempo. Três meses depois, anunciou que a Concacaf precisava de um Centro de Excelência – conhecido como CoE – para o treinamento dos jogadores da região da confederação, e a Fifa pagaria tudo.

Na surdina, em fevereiro de 1996 a empresa Renraw (Warner escrito ao contrário), de propriedade de sua família, foi incorporada. No mês seguinte a Renraw gastou 314.460 dólares na aquisição de um segundo terreno em Tunapuna. Warner estava construindo um império imobiliário – e sem gastar um centavo sequer. Um mês depois a Concacaf realizou seu congresso e Warner disse aos delegados que o propósito do CoE era "elevar os padrões do futebol em toda a Concacaf". João Havelange, o presidente da Fifa, estava presente, e as atas registram que ele parabenizou Warner "por sua visão na construção do Centro de Excelência em Trinidad".

O entusiasmo de Havelange era compreensível. Ele deixaria a presidência da Fifa em dois anos e precisava de Warner para garantir seus 35 votos no apoio a Blatter no Congresso da Fifa em Paris. Eles não ousariam perder o controle do futebol mundial, tampouco permitir que alguém de fora de seu círculo tivesse acesso aos arquivos da Fifa e descobrisse a verdade sobre o esquema comandado por Havelange. Seria uma luta árdua – o sueco Lennart Johansson, o candidato rival, era de uma honestidade preocupante e contaria com o apoio da Uefa. A Fifa despejou dinheiro nos novos empreendimentos de Warner. Ele era um homem que podia ser comprado – desde que se pagasse o preço certo.

O preço era alto, mas Havelange já abrira a torneira do dinheiro de Zurique. Em janeiro de 1996, a Fifa enviou 250 mil dólares para Trinidad. Duas semanas depois, despachou mais 1,7 milhão de dólares. O dinheiro estava jorrando aos borbotões, e em abril a Fifa fez uma remessa de 500 mil dólares e de outros 500 mil dólares em maio. E mais 500 mil dólares seguiram em junho, e a mesma quantia novamente em agosto. O ano de 1996 foi sensacional!

Em setembro, Warner registrou um novo empreendimento particular em Trinidad, o "Centro de Excelência Concacaf". Agora ele já poderia abrir contas bancárias em um nome suspeitosamente semelhante ao verdadeiro. Ele fez isso e sugou o dinheiro que era destinado ao desenvolvimento do CoE. Contudo, Warner queria mais.

Warner disse a Havelange que a Concacaf precisava de um empréstimo bancário para essa construção, e em 1997 a Fifa garantiu a cessão de 6 milhões de dólares do banco suíço UBS. Em abril o UBS, que abrigava as contas da Fifa, repassou os primeiros 2 milhões, outros 2 milhões seguiram-se em agosto, e mais 2 milhões em novembro. Como esse dinheiro foi devolvido à Fifa? Não foi. Em maio de 2003, a comissão de finanças da Fifa – da qual Warner era vice-presidente – concordou em dar baixa do empréstimo. E o futebol pagou, mais uma vez.

Ao término da primeira rodada dos trabalhos de construção, Warner organizou uma cerimônia de inauguração e deu ao centro um novo nome: Centro de Excelência Dr. Havelange. Isso ajudou a manter a mentira de que as instalações pertenciam ao futebol e não – secretamente – à família Warner.

No adro, Warner ergueu uma estrutura circular que tomou por modelo um templo grego, e entre os pilares havia um busto de Havelange, encimado por um globo e um gigantesco *banner* da Concacaf. Com o passar dos anos, e à medida que mais e mais dinheiro foi sendo desviado, o palácio prosperou. Hoje tem na parte frontal um "centro de *fitness*" com paredes de vidro, e a classe média da ilha paga para usar bicicletas de exercício, pesos e todos os adornos de uma cara academia de musculação e ginástica.

Na parte de trás do centro há um hotel, amplos salões para eventos corporativos, convenções, festas de casamento e shows, uma piscina que é alugada por escolas e times e o estádio de futebol Marvin Lee, cujo nome homenageia um futebolista local que morreu após uma terrível lesão em uma partida internacional.*

A Autoridade de Desenvolvimento Regional da Fifa aprovou uma subvenção de 600 mil dólares para a construção de um gramado artificial de nível internacional no estádio do Centro de Excelência. O gramado era perfeito para a

---

* Em um jogo disputado entre as seleções de Trinidad e Tobago e Estados Unidos válida pelo Mundial Sub-20, Marvin Lee – capitão de Trinidad – se chocou com o norte-americano Landon Donovan e sofreu lesões sérias na cabeça e no pescoço, o que afetou sua capacidade de locomoção. Donovan fraturou uma costela. Lee morreu dois anos depois. (N. T.)

prática do futebol em qualquer condição climática, e o estádio se tornou a casa do time profissional pertencente à família Warner, o Joe Public Futebol Clube. O nome da tal Autoridade de Desenvolvimento Regional da Fifa: Daryll, o segundo filho de Jack Warner.

Warner agarrava dinheiro com ambas as mãos, de todas as fontes possíveis. Mesmo enquanto estava construindo o CoE, ele fazia questão de usar seu gabinete da Concacaf em Trinidad como uma máquina de sugar dinheiro. Entre 1996 e 2003, os pagamentos que Warner recebia para administrar o Gabinete do Presidente variavam de 10 mil a 25 mil dólares por mês. De 2004 a 2011 os pagamentos aumentaram e ele passou a receber de 25 mil a 45 mil dólares mensais. Ao longo daqueles 15 anos Jack Warner faturou mais de 5,3 milhões de dólares para administrar um escritório em que ele também gerenciava suas atividades políticas e comerciais.

Então Warner rumou para a França a fim de assistir a coroação de Sepp Blatter e para a Copa do Mundo de 1998. Warner quis ficar o mais longe possível de seus colegas da Fifa e tomou providências para se instalar em Marselha. Acompanhado da esposa Maureen, registrou-se no hotel Sofitel. Mais tarde a polícia descobriu que, na manhã de 23 de junho, Warner foi até uma agência dos correios e despachou um pacote para Paris. Naquela noite, ele e a esposa viram a Noruega vencer o Brasil por 2 X 1.

Quando Jack e Maureen retornaram ao Sofitel, deram à gerência do hotel uma notícia bombástica: um ladrão tinha entrado no quarto do casal! Alguém havia roubado as joias de Maureen, avaliadas em torno de 35 mil dólares! Além disso, 30 mil dólares em dinheiro haviam sido tirados de dentro da mala de Jack, trancada a cadeado! Chamem a polícia!

A polícia fez o melhor que pôde, mas foi o crime perfeito. Não havia evidências forenses, nenhuma porta arrombada, nenhum cadeado quebrado, nenhuma impressão digital estranha. Warner tinha a única chave de sua mala. O único membro do Sofitel que tinha uma cópia do cartão magnético da fechadura eletrônica do quarto era um confiável subgerente com mais de vinte anos de casa. A polícia conversou com ele por algumas horas – e depois o liberou.

Jornalistas locais disseram que a polícia percebeu qual era a verdade do falso furto, mas, por razões políticas durante a Copa do Mundo, decidiu encerrar as investigações e não processar Jack.

Fiquei sabendo da história e mandei uma mensagem por e-mail a Jack com algumas perguntas. Por que ele e Maureen não pediram à administração do hotel que guardasse o dinheiro e as joias no cofre? Por que razão ele estava carregando tanto dinheiro vivo? Como o adquiriu? Ele fazia alguma ideia de como sua mala com o dinheiro foi aberta? Por que sua esposa tinha viajado para um torneio de futebol com tamanha quantidade de joias?

Warner não respondeu.

Era improvável que a seguradora do Sofitel pagasse a um hóspede que deixava 65 mil dólares em joias e dinheiro dando sopa no quarto. Warner sabia que havia alguém que pagaria a ele, apenas para deixá-lo feliz. Seis semanas após o "furto", a seguradora da Fifa ressarciu Warner. A empresa alemã fazia vultosos negócios com a entidade e teve a sensatez de indenizar um membro tão poderoso do Comitê Executivo.

Jack Warner retornou da França e se serviu de mais dinheiro da Fifa. Sua empresa Renraw comprou o terceiro e último terreno para o CoE por 392.775 dólares. Ele escreveu à Fifa dizendo que tinha custado 640 mil dólares. E a entidade que rege o futebol mundial mandou o dinheiro. Um quarto de milhão de dólares de lucro, com uma única e fraudulenta mensagem por e-mail!

Nos relatórios que encaminhava regularmente à Fifa, Warner listava o CoE como um bem da Concacaf. Warner informou ao comitê executivo da Concacaf que esses últimos terrenos haviam sido "recém-adquiridos" para a confederação. Era uma mentira. Nenhum dos dirigentes da cúpula da Concacaf ousou verificar os registros públicos de terras para descobrir a verdade.

Desde o início desse escandaloso crime Warner assegurava tanto à Fifa como à Concacaf que ambas as entidades eram as donas das terras. Todos os milhões de dólares investidos no futebol regional estavam, na verdade, sendo usados para erguer um enorme império de lazer em terras que pertenciam à família Warner, uma grande estrutura criada para os próprios Warner administrarem e obterem lucro.

A Fifa pagou pelas terras e pela construção. Tinham posto nas mãos de Warner um bem imóvel que ele poderia usar como garantia para pedir dinheiro emprestado. Em setembro de 1998 Jack contraiu um empréstimo de 475 mil dólares junto ao banco First Citizen de Trinidad. Fez com que seu contador Kenny Rampersad fosse o avalista da escritura de empréstimo. Em Trinidad, Rampersad teve de dizer a verdade ao banco: que a propriedade pertencia à Renwar e outra empresa de Warner. Além de atuar como avalista, Rampersad também era usado por Warner para preparar relatórios financeiros para a Concacaf. Ele contou uma história diferente em seu relatório referente ao mesmo período, alegando que a propriedade era um bem da Concacaf.

Warner contava a mesma mentira, repetidamente, em Zurique. Quando a Fifa perguntava para onde deveria mandar o dinheiro, Warner dizia: "Mandem para a conta em nome do Centro de Excelência Concacaf". Essa era de uma de suas contas particulares.

Ofereciam a Warner um sem-número de oportunidades para roubar, e ele aproveitava cada uma delas, ano após ano. Entre 2000 e 2011, a Concacaf forneceu ao CoE quase 5,6 milhões de dólares. Como isso era feito? De 2000 a 2003 a confederação enviou 1,26 milhão de dólares em 23 transferências bancárias separadas para uma conta bancária no First Citizen, controlada por Warner e registrada sob o nome "Centro de Excelência Dr. João Havelange". Geralmente os pagamentos eram da ordem de 50 mil dólares. A partir de abril de 2004, a Concacaf passou a depositar 50 mil dólares nessa conta todo mês. Em 2011, o último período desse desfalque grosseiro e indecente, o valor aumentou para 75 mil dólares mensais.

A Fifa fazia a sua parte. Além dos 15.950 milhões de dólares já pagos, Zurique despejou 10 milhões de dólares adicionais para a modernização do Centro de Excelência. Esse valor tinha de ser devolvido, por isso durante quatro anos Warner recusou os 2,5 milhões de dólares que a Fifa doava anualmente para o desenvolvimento do futebol regional. Esse dinheiro deveria ser distribuído entre os países da confederação.

Warner enviou ao diretor de finanças da Fifa uma carta, datada de 20 de dezembro de 2001, "autorizando" a Fifa a transferir as duas primeiras parcelas de 2,5 milhões de dólares "em assistência a essa confederação, referente aos anos de 2003 e 2004 [...] para as operações e desenvolvimento do **nosso** Centro de Excelência". Ele instruiu Zurique a enviar o dinheiro para uma conta no banco First Citizen, uma conta pessoal no nome, dessa vez completo, de "Austin Jack Warner".

Sepp Blatter estava preocupado na Copa do Mundo de 2002. Se ele pretendia continuar cobrando das redes de televisão de todo o mundo valores astronômicos pelo direito de exibição do torneio, precisava de estádios cheios. O problema era o povo coreano. Os patrióticos coreanos acompanhavam de perto todas as partidas da seleção nacional, mas será que estariam interessados em comprar ingressos depois que sua seleção fosse eliminada? Na Coreia o beisebol e o basquete eram tão populares quanto o futebol. Blatter recorreu aos árbitros para manter os estádios cheios.

Nas oitavas de final a Coreia encarou a Itália, sempre um adversário formidável. Mais formidável ainda, para os coreanos, foi o árbitro equatoriano Byron Moreno. Ele marcou um pênalti estranho a favor da Coreia com apenas quatro minutos de jogo – mas o goleiro o defendeu. Depois disso o jogo correu bem para a Azzurra, com um gol marcado por Christian Vieri ainda no primeiro tempo. Quando tudo caminhava para a eliminação, a Seleção Sul-coreana empatou aos 43 minutos da segunda etapa.

Pouco antes do final do primeiro tempo da prorrogação, o juiz equatoriano tornou-se o protagonista: o italiano Francesco Totti invadiu a área, foi derrubado e pediu pênalti. Os *replays* mostraram o pênalti claro. Moreno não teve dúvida: deu, por simulação, o segundo amarelo a Totti, expulsando-o do jogo. No segundo tempo, Damiano Tommasi recebeu, em condição legal, um passe na cara do goleiro Lee e correu para fazer o "gol de ouro". Em vão, já que a arbitragem assinalara impedimento, mais uma vez para a incredulidade dos fãs de futebol mundo afora. Faltando três minutos para o término da prorrogação, Ahn Jung-Hwan subiu mais que todos os zagueiros italianos e marcou de cabeça, na "morte súbita". O gol despachou a Itália e levou a Coreia a uma inédita disputa de quartas de final contra a Espanha. Quanta sorte, não?

O jogo entre Coreia e Espanha foi ainda mais escandaloso. O árbitro foi o egípcio Gamal Ghandour, auxiliado por Michael Ragoonath, bandeirinha de Trinidad indicado para atuar no torneio pelo confiável Jack Warner. Os espanhóis fizeram tudo para tirar o zero do placar – mas não conseguiram superar a arbitragem. Gamal Ghandour viu uma falta inexistente no lance em que a Espanha faria 1 X 0, ainda no segundo período do tempo normal. O jogo foi para a prorrogação. Fernando Morientes marcou o gol que levaria a Espanha às semifinais, mas Ragoonath ergueu a bandeira por entender que a bola cruzada ao atacante havia passado além da linha de fundo. O gol foi anulado e a Coreia ganhou tiro de meta. Os *replays* mostraram o erro feio.

No último minuto da prorrogação a Espanha ganhou um escanteio, mas, antes que tivesse chance de cobrar o tiro de canto, o juiz apitou e decretou o fim do jogo, mesmo que ainda faltasse um minuto. Na disputa de pênaltis, Ghandour e seus auxiliares fizeram vista grossa quando o goleiro coreano Lee se adiantou. A Coreia venceu e avançou para a semifinal.

Enojado, Edgardo Codesal – que apitou a final da Copa do Mundo de 1990 entre Alemanha e Argentina – pediu demissão da comissão de arbitragem. Mais tarde, Codesal declarou em entrevista à imprensa mexicana que Ragoonath sofreu pressão na partida entre Coreia e Espanha.

Codesal também criticou Warner por abraçar Kim-Dae Jung, o presidente coreano, logo após a vitória contra a Espanha. Mais tarde Warner declarou que estava "contente que a Coreia tenha vencido" e, em um raro momento de honestidade, admitiu que o resultado era "melhor para a TV". Ragoonath tinha de saber que, se desagradasse Warner, sua carreira estava acabada. Ele jamais voltaria a trabalhar em uma partida internacional. A Alemanha venceu a Coreia na semifinal.

Warner usou os milhões que tinha conseguido para financiar um dos dois principais partidos políticos de Trinidad, o Congresso Nacional Unido (United National Congress – UNC), o que lhe dava poder enorme em uma ilha pequenina. Contudo, ele odiava pertencer a um partido de oposição. As eleições estavam marcadas para o início de novembro de 2007 e Warner elaborou um golpe de mestre para granjear a aprovação popular. Acompanhado do líder do UNC, Baseo Panday, Warner viajaria até a África do Sul, onde teria uma audiência com Nelson Mandela e arrancaria do grande homem a bênção para que o UNC vencesse a eleição. Essa manobra deixaria atordoados os seus adversários em Trinidad. Certamente Mandela concordaria em acatar o pedido, depois que Warner o lembrasse de que tinha sido o responsável por garantir, junto ao Comitê Executivo da Fifa, os votos decisivos para que a África do Sul ficasse com a Copa do Mundo de 2010. Mandela lhes devia um favor.

Blatter também achava que sim, e a Fifa divulgou um confiante comunicado à imprensa informando que "no dia de hoje Jack Warner viajou para a África do Sul a fim de se encontrar pessoalmente com Nelson Mandela, bem como com executivos da primeira divisão do futebol do país, a Premier Soccer League". A impressão que se deu foi a de que Warner estava chefiando uma delegação oficial da Fifa.

Mandela, àquela altura com 86 anos de idade, era protegido por seus guarda-costas contra abutres como Warner. Assim que desembarcou, Warner foi avisado de que antes do encontro teria de assinar um termo de compromisso em que asseguraria que nada pediria a Mandela e tomando ciência de que a reunião não poderia, em hipótese alguma, ter algum teor político. Ele hesitou – como Mandela poderia dizer "não" ao grande Jack Warner? Sua arrogância foi fatal. Warner não teve permissão sequer para chegar perto de Mandela.

A porta-voz de Mandela disse aos jornalistas: "Supúnhamos que a delegação fosse parte de um grupo de trabalho da Fifa. O senhor Warner não se reuniu com o senhor Mandela, uma vez que não concordou com a instrução de que o senhor Mandela não poderia endossar uma campanha eleitoral ou uma candidatura". Panday aceitou assinar o termo de compromisso e desfrutou de alguns momentos de cortesia, em que tirou fotografias com Mandela. Depois também foi embora, sem a bênção para o UNC.

Sob a manchete "Dirigente da Fifa forja visita oficial a Mandela", o jornal sul-africano *Sunday Times* divulgou que Warner ficou "vermelho de raiva [...] depois de ter sido enxotado por Mandela". Em Trinidad a imprensa também se divertiu à custa da frustração do arrogante Warner. "Falta uma semana para as eleições, e não quero que coisa alguma desvie a minha atenção", ele declarou em uma breve entrevista por telefone. O UNC perdeu a eleição.

Em 2013, quando Mandela morreu, o normal seria Warner viajar em desabalada carreira até a África do Sul para posar ao lado dos grandes figurões e líderes mundiais. Em vez disso, ele ficou em casa em Trinidad. Acreditava-se que, se Warner saísse da ilha, poderia ser preso no exterior por envolvimento em fraude e suborno.

Warner jamais perdeu a oportunidade de usar seu poder na Fifa para fazer com que os países assolados por culturas de corrupção e "propinodutos" rastejassem até ele. Ajudava muito se esses países fossem ricos em petróleo.

Blatter presenteou Warner com a potencialmente lucrativa posição de presidente da comissão da Fifa incumbida de organizar o Campeonato Mundial Sub-17. Warner conhecia Amos Adamu, o inacreditavelmente corrupto diretor-geral da Comissão Nacional de Esportes da Nigéria. (Mais tarde Adamu passou a fazer parte do Comitê Executivo da Fifa, do qual foi expulso em 2010.)

Não surpreende que Warner tenha escolhido a Nigéria para sediar o Campeonato Mundial Sub-17 de 2009. O Comitê Organizador Local apresentou ao governo um orçamento inchado de 35,5 bilhões de nairas (cerca de 506 milhões de reais). Era cobiça demais, e, sob a ameaça de retirada da candidatura, o orçamento foi baixado em três quartos, passou a ser de 9 bilhões de nairas (aproximadamente 128 milhões de reais).

Não demorou muito para que Warner pusesse em ação o habitual esquema de desvio da Fifa. Eles esperam um pouco e depois atacam o país-sede fustigando-o com críticas por ser lento demais na preparação para o evento, na esperança de forçar o governo a injetar mais gordura no já inchado orçamento, dinheiro extra a ser dividido entre as empreiteiras e os dirigentes da Fifa.

A pressão aumentou no início de 2009. Primeiramente Warner mostrou a brutalidade de sua natureza: "Sempre tive fé na Nigéria, mas no momento essa fé não está presente", ele disse a jornalistas nigerianos. "Não posso voltar até a Fifa e dizer 'Sim, a Nigéria está pronta', porque ainda falta muita coisa a ser feita antes de chegarmos a esse estágio. Se a Nigéria não se organizar a fim de colocar as coisas no lugar, não sediará o evento."

Essa declaração não impressionou os nigerianos, e um dia depois Warner tentou um arroubo emocional. "Eu amo a Nigéria até mais que muitos nigerianos. Estou fazendo um apelo aos nigerianos para que trabalhem na preparação das instalações com a mesma fé que eu deposito no país. Acredito que vocês são capazes de fazer isso. Por favor, não me decepcionem."

Um dos principais jornais nigerianos, o *Guardian*, não estava disposto a tolerar essa baboseira gananciosa de Warner. Alguns dias depois o jornal publicou um editorial severo.

"É absurdo que esse vice-presidente da Fifa, o sr. Jack Warner, se manifeste com tamanha veemência sobre o papel da Nigéria como sede desse evento da Fifa, e que se dirija à Nigéria em termos condescendentes e gratuitos que sugerem que sua equipe de organização desconhece o fato de que o torneio não é prioridade do país nesse momento de nossa economia política e social.

"Além dos custos proibitivos, ele deve ter consciência de que esse evento foi impingido à Nigéria por meio de toda sorte de meios perniciosos e, aliás, os objetivos desse torneio de jovens jogadores são absolutamente espúrios e irrelevantes para a Nigéria agora e no futuro próximo.

"A Nigéria se viu diante de um ludibrioso *fait accompli* depois de ter sido chantageada por funcionários públicos agindo em interesse próprio, em flagrante contravenção de todas as normas de procedimento do serviço público e em conivência com a Fifa, ávidos para convencer o país a sediar o torneio por bem ou por mal."

O editorial do *Guardian* prosseguia, argumentando que havia maneiras melhores de gastar o orçamento. O dinheiro poderia ser investido, por exemplo, na "restauração do gasoduto do país, para assegurar aos nigerianos melhor fornecimento de energia [...] ou na compra de computadores para a informatização das escolas de ensino médio da Nigéria.

"A verdade nua e crua é que a Nigéria deveria se afastar do Campeonato Mundial Sub-17 da Fifa. O sr. Warner não deveria enganar a Nigéria, induzindo-a a gastar seus escassos recursos de modo a se adequar às prioridades da organização da Fifa, poupando essa entidade de chantagear a Nigéria nestes tempos tão difíceis".

Os brasileiros, políticos, torcedores e fãs de futebol, bem que poderiam ter guardado na memória esse editorial.

Nassau, Bahamas, 4 de junho de 2009. Warner ficou furibundo. Seu feudo protegido com uma couraça de ferro, a União Caribenha de Futebol, parte da Concacaf, estava sendo desafiado. Peter Jenkins, dirigente do futebol das ilhas St. Kitts e Nevis, cuja população era de 53.584 habitantes, teve a audácia de se candidatar à eleição para a escolha do delegado da União Caribenha de Futebol na Concacaf, concorrendo contra o homem que ocupava o cargo, o "capitão" Horace Burrell, da Jamaica.

A única contribuição notável de Burrell ao futebol mundial se dera em 1996, no Congresso da Fifa em Zurique. Quando o delegado do Haiti foi impedido de comparecer, Burrell contou com a cumplicidade de Warner e de seu séquito da região da Concacaf e burlou todas as regras de votação ao sentar a própria namorada, Vincy Jalal, na cadeira vazia para votar em nome do Haiti, seguindo instruções de Warner.

Peter Jenkins argumentou que os países pequenos como o dele deveriam ter voz na Concacaf. Warner alegou que essa opinião era "divisionista e inaceitável". É claro que o poder de Warner na Fifa se baseava em sua coleção de pequenas federações de minúsculas ilhas, a maioria delas sem futebol profissional, mas cujos votos tinham o mesmo peso das grandes nações futebolísticas da América Latina, da Europa e da África.

Warner não toleraria eleições na Concacaf. Ele pressionou os delegados a não apoiarem Jenkins. Encarnando seu Stálin interior, Warner disse: "Sou bastante crítico quanto ao fato de o futebol caribenho estar dividido por conta de um candidato, o que é inédito, e é exatamente contra isso que lutamos tanto ao longo dos anos". Jenkins estava infringindo as "convenções políticas" da confederação.

Burrell era um dos amigos e dos sócios mais próximos de Warner no Caribe, e frequentemente era indicado para ocupar posições prestigiosas na Fifa. Se ele fosse desafiado, rachaduras ficariam visíveis no alicerce do poder absoluto de Warner. A reação de Jack foi implacável. Ordenou que Jenkins fosse expulso de todos os cargos ligados ao futebol que ele ocupava em sua terra natal, e também dos órgãos regionais. "Instruí as secretarias-gerais, tanto da União Caribenha de Futebol como da Concacaf, a destituí-lo imediatamente", ele escreveu a Jenkins.

Burrell acrescentou que se sentiu "desrespeitado" por Jenkins. Outro dos puxa-sacos de Warner, Colin Klass, da Guiana, disse que também questionava as intenções de Jenkins. "Tenho sérias preocupações, uma vez que sei que Peter tem consciência do sistema que nós temos e optou por ignorá-lo por conta de motivos aparentemente pessoais, e devo dizer que tudo aquilo que ele está sentindo na pele é o preço a pagar por suas ações." Klass foi banido do futebol na esteira da série de escândalos da Concacaf iniciada em 2011.

A mão de ferro de Warner caiu com estrondo em cima de duas federações nacionais, Antígua e Granada, que de início deram seu apoio a Peter Jenkins. "As duas associações serão notificadas e deverão apresentar por escrito as razões pelas quais não deveriam ser alvo de medidas disciplinares por conta de suas tentativas de desestabilizar o futebol caribenho e a solidariedade caribenha no âmbito da União Caribenha de Futebol", disse Warner. "Se as explicações não forem satisfatórias, medidas disciplinares serão instauradas contra esses dois países."

Um dos apoiadores de Jenkins apontou que a Fifa doava 10 milhões de dólares a cada quatro anos para o desenvolvimento do futebol no Caribe, mas "as ilhas Leeward, as ilhas Windward e as Antilhas Holandesas jamais receberam um centavo". Jenkins teve a coragem, ainda que fatal, de tomar a iniciativa de uma campanha sobre o desaparecimento das subvenções da Fifa. Burrell, Klass, Sunil Gulati (dos Estados Unidos) e a estrela em ascensão das Ilhas Cayman, Jeffrey Webb, ficaram em silêncio.

Ainda se passariam quatro anos para que investigadores independentes revelassem que todo o dinheiro, ano após ano, tinha sido surrupiado por Warner por meio das contas bancárias de seu falso Centro de Excelência.

Para alguns membros do Comitê Executivo da Fifa, a Copa do Mundo é a época mais empolgante de todas. Não por causa do futebol - era uma competição disputada a cada quatro anos entre países que levavam a cabo campanhas endinheiradas para ganhar o direito de sediar o evento, e alguns desses países poderiam ser induzidos a pagar propinas. Há provas de que em todas as campanhas houve pagamento de suborno, desde a ferrenha batalha travada entre Japão e Coreia para realizar o torneio de 2002. A coisa é mais complicada que simplesmente descobrir quem vendeu o voto para o vencedor. Muitos perdedores foram trapaceados. Não há evidências de que a África do Sul pagou para realizar a Copa do Mundo de 2010, mas abundam provas de que alguns rivais pagaram. Eles foram enganados, mas provavelmente não podem exigir seu dinheiro de volta.

Se o Catar pagou propinas para sediar a Copa do Mundo de 2022 – e ainda não há provas concretas disso –, um hábil manipulador como Warner, que para todos os efeitos tinha de declarar publicamente seu voto a favor dos Estados Unidos, país-membro da Concacaf, ainda assim teria visto uma oportunidade. O mais provável é que ele tenha feito circular em Doha a ideia de que a última dificuldade de que o Catar precisava era de inimigos na Fifa. Suborná-los poderia ser tão caro quanto comprar votos. Warner, que controlava três votos decisivos, poderia criar um problemão nos bastidores. Com o pavoroso histórico de corrupção de Warner, eles teriam de encontrar uma solução.

Warner e Blazer julgavam que era essencial encontrar-se pessoalmente com o presidente Putin em Moscou antes da eleição das sedes em dezembro de 2010. Pare para pensar nisto: Putin queria o prestígio de sediar o evento em 2018 e, fato igualmente importante, a indústria civil queria mais contratos. As Olimpíadas de Inverno de 2014, em Sochi, tinham sido uma festança da corrupção. Agora os oligarcas queriam o farto banquete dos novos estádios de futebol. As minhas fontes na indústria da construção civil russa informaram-me de que as grandes construtoras e empreiteiras pagariam o que fosse preciso para ganhar da concorrência o direito de realizar a Copa do Mundo. Alguns milhões de dólares adiantados seriam absorvidos assim que os contratos fossem inflados.

O único concorrente a apresentar denúncias de suborno na disputa pelo direito de sediar as Copas do Mundo de 2018 e 2022 foi David Triesman, que chefiava a candidatura inglesa. Triesman depôs na Casa dos Comuns do Parlamento Britânico, em um inquérito da Comissão do Departamento de Cultura, Mídia e Esporte do governo. Foi um show formidável! (Triesman não nasceu em uma família aristocrática. Ex-comunista, foi alçado por Tony Blair à Câmara dos Lordes para atuar como porta-voz do Partido Trabalhista.)

Em troca de seu voto, Jack Warner queria um cheque pessoal no valor de 2,5 milhões de libras para "construir um centro de educação em Trinidad". Warner nunca parava de pedir dinheiro. Mais tarde, pediu a Triesman a espantosa e inacreditável quantia de 500 mil libras para comprar os direitos de transmissão televisiva da Copa do Mundo no Haiti, nação que foi assolada por um terremoto, remessa de dinheiro que mais uma vez passaria por ele. Warner respondeu que as acusações não passavam de "um punhado de bobagens", e acrescentou: "Estou na Fifa há 29 anos, e isso deixará muita gente perplexa, não tenho dúvida".

Triesman continuou: o paraguaio Nicolás Leoz queria um título de cavaleiro – *sir* Nicolás. Mais tarde, um de seus aliciadores de Assunção cochichou que havia algo capaz de ajudar bastante os ingleses a ganhar o voto de Leoz: a Copa da Inglaterra (The Football Association Cup – FA Cup) ser renomeada Copa Sir Nicolás Leoz. Teixeira disse a Triesman: "Venha e me diga o que você tem para mim". Worawi Makudi, da federação da Tailândia, queria os direitos televisivos de um amistoso entre a seleção da Inglaterra e a seleção tailandesa. Makudi negou a acusação.

Naquele dia o entretenimento foi sombrio. O estrategista de marketing esportivo e guru de megaeventos Mike Lee, cujo trabalho de gerenciamento de imagem foi um dos trunfos para que o Rio de Janeiro conquistasse o direito de sediar os Jogos Olímpicos de 2016 – entre seus feitos de marketing estavam as Olimpíadas de Londres em 2012, e ele também ajudou a levar os Jogos Olímpicos de Inverno para Pyeongchang em 2018 –, depôs sobre a "narrativa" necessária para ganhar votos. Sua façanha mais recente foi conquistar a Copa do Mundo de 2022 para o Catar.

O discurso autocongratulatório de Lee foi interrompido pelo político conservador Damian Collins, que informou ao sr. Lee que no dia anterior a equipe de repórteres do *Sunday Times* entregara à comissão parlamentar um dossiê contendo acusações assombrosas sobre como o Catar realmente havia vencido.

Os repórteres tinham falado longamente (como eu mesmo e outros jornalistas) com uma fonte da equipe responsável pela candidatura do Catar. Essa informante tinha estado em um quarto de hotel de Luanda no início de 2010, época em que os representantes do Catar negociaram propinas de 1,5 milhão de dólares pelos votos de Issa Hayatou, Amos Adamu e Jacques Anouma, da Costa do Marfim. A equipe de candidatura do Catar divulgou um comunicado negando as "graves e infundadas acusações", que "continuarão sem provas porque são falsas". Hayatou e Anouma também repudiaram as acusações.

O dinheiro que Warner pegou do Comitê Australiano de Candidatura à sede da Copa do Mundo de 2022 é uma maracutaia sem igual. Se os investigadores do outro lado do mundo não tivessem encontrado, por acaso, a fraude de meio milhão de dólares, o golpe continuaria um segredo sujo conhecido somente por Jack Warner, seu testa de ferro, alguns australianos corados de vergonha e seu chefe bilionário. Em agosto de 2010, uma delegação australiana desembarcou em Trinidad, desesperada em busca do voto de Warner e dos dois outros cartolas da Concacaf que ele controlava na Fifa.

Warner levou-os a para ver um complexo de edifícios e instalações esportivas em Macoya, na estrada entre Port of Spain e o aeroporto. Era seu Centro de Excelência, mas os australianos caíram no conto do vigário e acreditaram que o lugar pertencia à Concacaf. De um dos lados ficava o estádio de futebol Marvin Lee. Warner disse aos visitantes que a arena precisava de "modernização".

Um mês depois a Federação Australiana de Futebol (Football Federation Australia – FFA) enviou a Warner um cheque no memorável valor de 462 mil dólares. Quando os custos da viagem e do entretenimento da comitiva australiana foram somados à conta, a brincadeira ficou em pouco menos de meio milhão de dólares norte-americanos. O que aconteceu com o dinheiro doado pelos australianos para a "modernização" do estádio? Warner desviou-o para uma de suas falsas contas da Concacaf no Banco Republic National em Trinidad. As checagens empreendidas pelos investigadores não foram capazes de encontrar registros dos 462.200 dólares nas contas verdadeiras da Concacaf. A conclusão foi a de que Warner era culpado de "fraude e apropriação indevida".

A FFA parecia tão constrangida que ocultou o pagamento dos 462.200 dólares. Jamais divulgou um comunicado à imprensa alardeando o fato de que ajudara o futebol caribenho, e o dinheiro não constou do relatório que a Federação encaminhou ao governo discriminando de que maneira havia utilizado a subvenção de 40 milhões de dólares para custear a candidatura. Não houve menção alguma no relatório financeiro da FFA daquele ano. Um porta-voz alegou que o dinheiro enviado a Warner foi "alocado do orçamento da FFA destinado ao desenvolvimento do futebol internacional e não fazia parte da verba fornecida pelo governo para financiar a candidatura da Austrália como sede da Copa do Mundo".

Quem meteu a Austrália nessa confusão? As conexões no mundo da Fifa são extraordinárias. No centro das manipulações estava o suíço-húngaro Peter Hargitay. Os australianos o contrataram para trabalhar na candidatura do país porque ele dizia ser íntimo de Blatter, para quem supostamente atuava como "gerente de crises". Hargitay jamais havia trabalhado na promoção de uma candidatura e não tinha histórico de sucesso, mas foi apoiado pelo bilionário australiano Frank Lowry, presidente da FFA, sob recomendação de Les Murray, membro do Comitê de Ética da Fifa e personalidade da televisão em Sydney. Todos os três eram refugiados húngaros.

Aparentemente pouco importava que Hargitay também recebesse dinheiro para fazer as vezes de consultor e propagandista do agora desacreditado Mohamed Bin Hammam, do Catar, cuja campanha contra a Austrália pelo direito de sediar a Copa do Mundo de 2022 foi bem-sucedida. Hargitay convenceu seus clientes australianos a custear uma temporada de treinos de uma equipe de jogadores Sub-20 de Trinidad em um centro de treinamento em Chipre. Ainda há um fato crucial: Hargitay também recebia dinheiro para trabalhar como consultor de Jack Warner na época em que o pagamento de 462 mil dólares foi arrancado da FFA.

9
O BARRIGÃO DEVORA A FIFA

O *Guia Michelin* de Blazer descreve o mundo

Chuck se empanturrava nos restaurantes mais caros do mundo. O futebol pagava. No final de 2012, a nova turma da Concacaf alijou-o do cargo e Chuck foi proibido de continuar pagando uma dinheirama a si mesmo. A torneira de onde jorrava dinheiro estava se fechando. Contudo, eles se esqueceram de avisar o banco a tempo. Chuck rapidamente instruiu o banco a transferir para uma de suas contas a quantia de 1,4 milhão de dólares, dinheiro dos cofres do futebol. Dias depois Chuck entrou em contato com seu banco nas Ilhas Cayman. A transferência tinha sido feita? Quando recebeu a resposta afirmativa, o dinheiro estava são e salvo em sua conta, Chuck teve a seguinte reação: "Urra! Viva!".

Basta ver Charles Gordon Blazer uma única vez e você nunca mais o esquecerá. Os braços e as pernas dele são rotundos, sua cabeça é apenas um pouco maior que a média. Nos últimos anos ele passou a cultivar uma hirsuta barba branca do tipo Papai Noel.

Por que ele posta sem parar em seu blog – incluindo fotografias – sobre todas as coisas que pessoas comuns como você e eu jamais faremos? Ficamos sabendo dos encontros de Chuck com primeiros-ministros e presidentes, beldades, bilionários e astros do futebol. Por que essa incessante citação de nomes de gente famosa, é para dar ideia de que ele é íntimo delas? Por que Chuck tem necessidade de mostrar imagens de si mesmo enchendo a cara de vinhos chiques nos restaurantes mais grã-finos do mundo? Por que ele precisa desesperadamente implorar ao mundo que preste atenção nele? O que há por trás dessa carência?

Durante mais de uma década fiquei de olho nele; gradualmente fui colhendo informações sobre suas ações e por fim descobri seu *modus operandi*. Fiz um pedido para uma fonte de confiança em 2011 e recebi a prova de que Chuck havia se apropriado de pelo menos 20 milhões de dólares do futebol, e provavelmente muito mais.

Agora creio que entendo o motivo da existência do Barrigão. Chuck Blazer sempre soube que um dia a Receita Federal e o FBI o pegariam. Todos os dias aquela refeição era potencialmente a última que ele fazia antes que os carrascos viessem buscá-lo. Por isso ele se refestelava com tudo de mais caro, mais grandioso e mais suntuoso que as melhores cozinhas do mundo podiam lhe oferecer. E talvez, apenas talvez, se o levassem para o cadafalso, seu peso poderia romper a corda e ele escaparia ileso. Seu parceiro e comparsa Jack Warner era um permanente "artista da escapologia", então por que Chuck também não se safaria?

Em meados da década de 1990, a Concacaf mudou sua sede para um conjunto de escritórios no 17º andar da Trump Tower na Quinta Avenida, em Nova York. Ao adquirir um imóvel em um dos melhores endereços da cidade, Chuck também foi para lá de mala e cuia: ele se aninhou no 49º andar e mandou construir um escritório em seu luxuoso apartamento.

Mel Brennan, que arranjou um emprego na Concacaf porque adorava futebol, lembra-se da primeira vez em que foi convocado lá para cima. "Todo mundo no escritório era instruído por Chuck a deixar permanentemente abertos os programas de mensagens instantâneas, porque assim ele podia despachar ordens para suas 'abelhas-operárias' sem ter de falar com funcionário nenhum." Quando foi chamado, Brennan esperava encontrar seu patrão na mesma estica que ele costumava exibir em jogos da Copa do Mundo e outros torneios, em reuniões de negócios e dos comitês da Fifa, ocasiões em que usava ternos feitos sob medida da mais alta qualidade. Alfaiataria de primeira, com todos os detalhes personalizados.

"Naquela manhã Chuck saiu de seu escritório vestindo apenas cueca samba-canção e camiseta regata. Deu suas ordens e voltou para a escuridão de seu escritório, sentou-se na cadeira, sua progidiosa pança aparentemente sentada em cima dele, as pernas esparramadas sobre a mesa, suas gavetas multicoloridas iluminadas pela luz dura de suas telas de computador."

Mel Brennan descobriu mais: "Estranhamente, a primeira coisa que aquele homem me disse sobre si mesmo era que queria escrever um livro que teria o título *Quarenta anos de mulheres com pés frios*, um relato pormenorizado de quatro décadas de esforços femininos para aconchegar os dedos dos pés gelados sob as dobras sedutoramente quentinhas de sua enorme pança.

"Nove dias depois de eu assumir as funções de Diretor de Projetos Especiais, ele me convidou para jantar. 'Sabe para onde estamos indo?', Chuck me perguntou em tom conspirador. 'Para a Scores. Talvez seja uma longa noite." Scores? A famosa e cara boate de *striptease*?

Mel agarrou seu telefone e ligou para casa. "Você precisa pedir autorização para a sua mulher?", perguntou Chuck aos berros, rindo. "Preciso avisá-la de que talvez seja uma longa noite, como você disse", respondeu Mel, cauteloso.

"Seja mais uma vez bem-vindo, senhor Blazer", anunciou o leão de chácara. Um setor especial da Scores havia sido reservado para um grupo da Concacaf. Comeram filé-mignon e receberam massagem nos ombros. Em um canto da casa noturna instalaram um pequeno televisor, que exibia uma partida de futebol.

Na hora de ir embora, Blazer pagou a conta. O modo que ele fez isso foi outro choque para Brennan. O American Express de Blazer era preto! Mel jamais tinha visto um como aquele, pouquíssimas pessoas já viram. São conhecidos como cartões AmEx Centurion – nem se dê o trabalho de solicitar um desses cartões, são os mais exclusivos do mundo. A única maneira de conseguir um deles é por convite. A própria AmEx é quem escolhe a dedo os clientes com direito a esse privilégio. O dono de um Centurion possui em média 16,3 milhões de dólares em bens e uma renda anual de 1,3 milhão de dólares.

Blazer mantinha uma fileira de cartões ativos em nome da Concacaf: toda vez que esses cartões eram usados, alimentavam o Centurion de Blazer, que assim se beneficiava com o acúmulo de uma gigantesca quantia de pontos. Entre 2004 e 2011, a Concacaf pagou quase 30 milhões de dólares em faturas de cartões de crédito de Blazer. Ele alegou que somente 3 milhões de dólares eram despesas pessoais, mas investigadores externos não concordaram com essa explicação, porque inexistiam provas documentais. E mesmo esses 3 milhões foram pagos pelo futebol por meio de outra manobra astuta de Blazer.

Na surdina, entre 1990 e 2012, ano em que se demitiu do cargo, Chuck Blazer desviou mais de 20 milhões de dólares para suas contas bancárias nas Ilhas Cayman e nas Bahamas. Ao se tornar presidente da Concacaf, em 1990, Jack Warner escolheu Blazer para ser seu secretário-geral. Contrariando todos os padrões da boa governança, o primeiro indício dos desvios que eles planejavam fazer surgiu no momento em que Warner também nomeou Blazer seu tesoureiro. Ele prestava contas apenas a si mesmo e nenhum outro dirigente tinha autorização para saber a verdade acerca das finanças da Concacaf.

Blazer redigiu um contrato segundo o qual uma empresa privada de sua propriedade assumia o compromisso de prestar serviços ao secretário-geral da Concacaf. Os pontos principais do acordo eram um pagamento mensal e uma comissão – estranhamente chamada de "adicional para despesas gerais" – de 10% sobre a receita oriunda da venda de patrocínios e direitos de televisão.

O dinheiro dos pagamentos de "comissões" e "gratificações mensais" era enviado para contas em paraísos fiscais: no Banco Barclays, em Grand Cayman, e no Banco First Caribbean International, nas Bahamas. Essas contas supostamente pertenciam à empresas às quais a Concacaf devia dinheiro. A bem da verdade, eram empresas de fachada, que jamais forneceram à Concacaf nenhum outro serviço que não fosse o de lavar dinheiro para Chuck Blazer.

O contrato inicial de Blazer expirou em 1998 e jamais foi renovado. Isso veio a calhar para ele: Warner jamais parou de mandar quantias colossais para suas contas em paraísos fiscais, e isso reduzia a probabilidade de auditores da Receita Federal dos Estados Unidos descobrirem que esse cidadão norte-americano, que administrava um negócio em Nova York, estava enviando pagamentos secretos para si mesmo em contas bancárias *offshore*.

Blazer também mantinha uma conta junto à agência do Merryl Lynch nas Ilhas Cayman. Essa conta ele usava principalmente para guardar os lucros obtidos com vendas ilegais de ingressos da Copa do Mundo.

Uma vez que nenhum outro dirigente podia escrutinar suas ações, Blazer expandiu seus 10% para cobrir as vendas de ingressos para partidas, reservas de suítes de luxo, estacionamento e realização de eventos – em alguns anos chegou a tirar mais de 2 milhões de dólares. Mesmo assim, quem examinasse as contas da Concacaf – e pouca gente tinha permissão para fazer isso – não encontraria menção alguma às compensações do secretário-geral. Somente uma linha identificada como "Comissões" – e nenhuma explicação de quem as recebia.

Às vezes, para desviar a atenção, Blazer dividia as somas. Em outubro de 2008 separou em três partes um pagamento no valor de 150 mil dólares para uma de suas empresas de fachada, e no mesmo dia mandou três cheques de 50 mil dólares cada um. Em outra ocasião, no mesmo dia enviou dois pagamentos diferentes de 50 mil dólares para uma de suas empresas-fantasma.

Todo ano ele alargava o valor de suas "comissões a pagar" e "contas a pagar" nos balancetes da Concacaf e deduzia o valor do aluguel da Trump Tower, as despesas de manutenção e outras despesas. O gordo saldo ia para suas empresas fictícias nos paraísos fiscais. Não há evidências de que alguma vez na vida Blazer tenha enfiado a mão no bolso para pagar o que quer que fosse.

Em anos recentes, o aluguel mensal do luxuoso apartamento de Blazer na Trump Tower era de 18 mil dólares – um terço desse valor era pago diretamente pela Concacaf e os dois terços restantes eram deduzidos das "contas a pagar". Blazer morava de graça.

Blazer viu a chance de imitar Warner e conseguir uma subvenção da Fifa. Em dezembro de 2005, a comissão de finanças da Fifa – da qual Warner era o vice-presidente – autorizou um pagamento de 3 milhões de dólares à Concacaf, dinheiro a ser empregado na construção de um estúdio de televisão. O pagamento foi aprovado e pago por meio da empresa de marketing e TV da Fifa, controlada por Jérôme Valcke. Mais tarde o pagamento foi esquadrinhado e aprovado por Jeffrey Webb, o mandachuva do futebol nas Ilhas Cayman e membro da comissão de auditoria interna da Fifa.

Blazer examinou o pagamento e pegou 10% – uma comissão de 300 mil dólares! Ele pintou, bordou e escapou sem ser punido – e dá para imaginar a quantidade de outras falcatruas que ele aplicou na Fifa com suas despesas e diárias ao longo de 17 anos atuando como membro do Comitê Executivo da entidade.

Blazer e Warner quase deram com os burros n'água na primavera de 2002, época em que realizaram um congresso da Concacaf no Hotel Lowes Beach, em Miami. Fui até lá, mas não tive permissão para entrar. Ao contrário de todos os outros congressos de confederações e da Fifa, a imprensa foi barrada. Acidentalmente me vi dentro de um elevador lotado com Warner e, na frente de vinte turistas norte-americanos, pedi que ele explicasse por que razão opunha-se à liberdade de imprensa. Ele ficou com muita raiva, mas não abriu a boca.

Seu grande problema naquele fim de semana foi um desafio lançado pela Federação Mexicana de Futebol (Federación Mexicana de Fútbol Asociación), que queria substituí-lo por Edgardo Codesal, árbitro da Copa do Mundo de 1990. E os mexicanos queriam também que Blazer explicasse alguns itens estranhos em seu relatório financeiro. Um delegado mexicano se levantou e leu em voz alta sete perguntas. Uma delas pedia esclarecimentos sobre a quantia de 1,195 milhão de dólares em "Comissões" listada sob o item "Marketing" no relatório financeiro.

Blazer respondeu que o valor "correspondia a uma decisão do Comitê Executivo tomada em 1990, de modo a oferecer compensação para o secretário-geral por meio de comissões sobre as receitas e para marketing e patrocínio", e que esse e outros gastos eram "consistentes com orçamentos aprovados por este congresso".

Sua resposta foi expurgada das atas do congresso. Todas as reuniões da Concacaf eram registradas em fitas de áudio. Os investigadores encontraram uma fita cassete em cuja caixa havia uma etiqueta indicando que se tratava da gravação daquele congresso. A fita estava em branco.

Em 2006, Chuck criou um blog para exibir os seus troféus. O blog era chamado Viagens com Chuck Blazer e seus amigos e trazia Nelson Mandela encurralado dentro de um pequeno jatinho fretado pelo Barrigão e sua namorada cheia de dentes, ambos sempre encarando as lentes da câmera.

Centenas de outras vítimas tiveram de abraçar Chuck ou Mary Lynn, ou ambos. Os profissionais – como Bill e Hillary Clinton – sabiam como mostrar seu congelado "Eu não sei quem é esta pessoa, mas estou muito contente em vê-la." Para mostrar sua importância, Chuck escaneou e carregava consigo uma cópia de sua credencial da convenção do Partido Republicano com a inscrição "McCain – Amigos e Convidados da Família".

Às vezes a câmera de Mary Lynn devia até mesmo ficar superaquecida. O ex-futebolista inglês Bobby Charlton foi clicado duas vezes por ela. Mary Lynn foi a fotógrafa oficial quando Chuck forçou a barra e abriu caminho para entrar no mundo enevoado de Muhammad Ali e errou a grafia do nome do ex-boxeador no blog. Os abutres da câmera caíram em cima de Desmond Tutu, que estava sentado em uma poltrona baixa, e Chuck quase o fez desaparecer com o Barrigão enquanto Mary Lynn iluminava a cena com seus dentes. Chuck descreveu-o como "bispo", ignorando o fato de que o grande homem é arcebispo desde 1986. Acompanhados pelo neto do Barrigão, eles encurralaram o primeiro-ministro britânico Gordon Brown, que claramente não fazia a menor ideia de quem o estava sequestrando.

Idade e enfermidade não eram barreiras para os dois. Fay Wray, a estrela da clássica versão de *King Kong* de 1933, encara a câmera com olhar carrancudo e parece dizer: "Quem é este gordo desprezível pairando com uma ameaça na minha frente? E quem é essa mulher ajoelhada aos meus pés e agarrando a minha mão para que eu não possa me desvencilhar dela?". Chuck também não soube escrever corretamente o nome da atriz.

Vladimir Putin foi um páreo e tanto para o Barrigão, manipulando-o a ponto de transformar o blog Amigos em uma exibição de fotos em que o presidente russo dá demonstrações de macheza. Além disso, Chuck fez de seu site um canal de publicidade alardeando os prazeres proporcionados pela Aeroflot, a companhia estatal de aviação russa. "Hoje em dia não faço muitos comentários sobre empresas aéreas. Não há muita coisa boa para dizer sobre a maioria delas. Há alguns anos, enquanto ia para Moscou em preparação para a Copa do Mundo Feminina Sub-20, descobri que a melhor comida era, surpreendentemente, servida pela Aeroflot, a empresa aérea nacional da Rússia", entusiasmou-se o Barrigão. "Fico feliz em dizer que não me decepcionei e que tudo, desde as entradas até a sopa, a salada, as opções de pratos principais e a sobremesa rivalizavam com as melhores empresas aéreas do mundo, e superavam muitas delas."

Quando o Barrigão desembarcou na capital russa, "Mary Lynn e eu demos uma escapadinha até o Café Vogue, outro lugar estiloso e bacana de Moscou, e lá nos deparamos com um menu igualmente refinado. Apesar da distração das supermodelos na mesa adjacente, gostamos muito de revisitar essa descoberta de 2006. O GQ também é um clube noturno chique cujo restaurante funciona dia e noite".

O papa João Paulo II teve o privilégio de ser fotografado com Chuck em uma audiência no final de 2000. Blazer fez uma mesura e curvou a cabeça em troca de um aperto de mão. O pontífice recomendou a Blatter que usasse seu "imenso poder" para promover valores morais e a solidariedade. Blatter meneou solenemente a cabeça.

O Barrigão sempre curtiu a vida numa boa, por mais que o mundo lá fora padecesse. "Recebi uma ligação de meu amigo e colega Ricardo Teixeira, que estava na cidade com sua esposa e as filhas Antônia e Joana. Lá na Spring Street, no meio do Soho, era difícil dizer que os mercados do mundo estavam de joelhos, com perdas de 20% nos últimos dias", escreveu Chuck em seu blog.

A coisa fica pior. "Ricardo é o presidente mais trabalhador de qualquer associação de futebol que eu já vi... Ele é tremendamente dedicado à sua federação... Ele tem muitos motivos para se sentir orgulhoso, e com razão."

Você não precisa comprar o *Guia Michelin* para comer em Nova York. O Barrigão já testou, comprovou e escreveu sobre todos os restaurantes. O melhor lugar para comer bifes Porterhouse é o Wolfgang's. Você se serve de "um ótimo jantar no The Dutch, um badalado restaurante na Sullivan Street, 131, no Soho".

"No Elaine's, que fica na Segunda Avenida, entre as ruas 88 e 89, havia alguns antepastos novos, como almôndega de vitela e pistache. Para mim, uma costeleta de vitela inteira foi cortada e transformada em uma formidável costeleta de vitela à parmegiana. Delicioso." O Barrigão é cliente habitual do Terrace e do Scarlatto. "Quase todos os dirigentes do futebol, de Havelange a George Weah, já foram jantar comigo no restaurante Campagnola na Primeira Avenida, entre as ruas 73 e 74, no Upper East Side, em Nova York."

Está a fim de um petisco, um lanchinho, uma refeição leve? O Barrigão também já foi lá para conferir. "O Barney Greengrass serve o melhor salmão defumado, ovos e cebolas com arenque e molho de nata e panquecas de batata. Estava uma delícia." Jack Warner está na cidade: "Um excelente jantar ontem à noite no BLT Market". O comitê russo de candidatura às Copas do Mundo de 2018 e 2022 estava na cidade para cortejar o Barrigão: "A escolha deles foi extraordinária: o restaurante de primeira linha L'Atelier, de Joël Robuchon, no Hotel Four Season's. Simplesmente soberbo".

A visita de uma delegação inglesa propicia mais uma desculpa para o Barrigão ficar ainda mais gordo. O lorde David Treisman e David Dien levam Chuck para comer no Oak Room, no Hotel Plaza, na fronteira sul do Central Park.

O Barrigão quer que seus leitores saibam que ele considera absolutamente normal um estilo de vida que eles jamais conhecerão – a menos que sejam garçons ou porteiros. Às vezes ele mal consegue se conter de tanta alegria. "Um dia após a reunião do nosso Comitê Executivo, quando a paz e a tranquilidade retornaram à cidade de Nova York, um dos membros, Guillermo Cañedo, e sua esposa Adriana juntaram-se a nós para uma refeição especial no Eleven Madison Park.

"Já fazia três semanas que tentávamos uma reserva lá, mas por sorte conseguimos uma mesa para o último serviço, às 21:45 horas. O que se seguiu será por muito tempo lembrado como uma das melhores experiências gastronômicas da década. Foi ótimo estabelecer um novo relacionamento com um restaurante norte-americano especial, para ampliar o leque de opções de lugares excepcionais onde levar convidados em visita a Nova York."

O Barrigão não rega com água as suas montanhas de comida. "Michel Platini sabe que um dos meus vinhos favoritos é o Château Figeac, um encorpado Saint--Emilion da região francesa de Bordeaux. Uma vez estávamos sentamos em um adorável bistrô em Nova York, o Le Charlot (rua 69, entre as avenidas Madison e Park), e abrimos uma garrafa de boa safra que eu guardava para ocasiões especiais.

"Por outro lado, há a minha longeva relação com os vinhos italianos da Toscana, em particular o Masseto Ornellaia. Entre o Figeac e o Masseto eu realmente me dilacero para fazer uma escolha."

O Barrigão nos fornece informações reveladoras sobre o estilo de vida que ele compartilhava com os outros membros do Comitê Executivo da Fifa. Sobre a Copa do Mundo de 2006: "Serviram-nos um magnífico jantar após os coquetéis no Bayerischer Hof em Munique. O jantar aconteceu em um agradável salão privativo no segundo andar, com um harpista muito talentoso tocando uma suave música de fundo.

"Tendo soado o toque para os coquetéis às 19 horas, e com a honra de contar com a presença de João Havelange, o Presidente de Honra da Fifa, acompanhado da esposa Anna Maria, celebramos seu aniversário de noventa anos cantando o tradicional 'Parabéns a você.'"

O Barrigão seguiu devorando toda a Alemanha. "Seria preciso esperar semanas para conseguir uma reserva nos bons restaurantes da cidade, mas tivemos sorte e encontraram um lugar para nós no Lorenz Adlon, um incrível restaurante francês no segundo andar do hotel Premier Kempinski. A janela oferecia uma vista panorâmica do Portão de Brandemburgo.

"Devo admitir que a comida superava a vista. Em primeiro lugar havia dois menus degustação. O sazonal, de cinco pratos, e outro com sete. Se isso não agradasse o seu gosto, havia duas páginas inteiras de pratos *à la carte*. Não optamos pelos menus degustação, mas decidimos comer um antepasto tradicional e uma entrada principal. Escolher o vinho foi difícil, pois havia muitos rótulos à disposição, mas consegui encontrar um de que todo mundo gostava e bebemos três garrafas enquanto saboreávamos uma refeição realmente espetacular. Mary Lynn e eu devoramos o suflê de chocolate."

Depois disso o Barrigão foi para Colônia. "O jantar foi extraordinário, com uma opção de peixe em um delicado molho branco ou ragu de vitelo com molho escuro de vinho tinto." Em Munique o Barrigão começou com exercícios de aquecimento em uma cervejaria. "Beber cerveja em Munique tem algo de mágico até mesmo para quem, como eu, não é um bebedor habitual de cerveja. Oh, as salsichas estavam muito boas também... e os delicados *pretzels*... inclusive um rabanete branco cortado em espirais em cima das quais você jogava uma pitada de sal... hummmmmmmmm... *pretzels* salgados, rabanetes salgados, salsichas salgadas."

Depois o Barrigão partiu para "uma adorável pousada na área rural de Starnbeg, localizada às margens de um lago de mesmo nome. A comida era ótima. Bávara, repleta de sabor e calorias. Realmente deliciosa. Só para se ter uma ideia, os antepastos que pedimos são chamados de 'forespeis', cuja tradução literal é 'preliminares'."

O Barrigão recorda com carinho os "gemidos de satisfação após os quatro pratos, incluindo salsichas típicas Nürnberger e chucrute; uma massa que posso descrever como um cruzamento de *Fettuccine all'Alfredo* e macarrão com queijo da Kraft; e também um prato regional com os mais deliciosos e enormes raviólis.

"Por fim, postas de peixe local servidas com panquecas de batata não impediram Norbert [o anfitrião do Barrigão] de retornar ao menu para pedir pratos principais. Eu não sabia ao certo onde ia caber... Mas, como vocês podem ver, consultando as nossas garçonetes, Norbert encontrou mais alguns pratos que nos mostraram que não se pode comer comida bávara todo dia... Bem, pelo menos eu não posso. Mas foi ótimo.

"Mary Lynn era bem-educada demais para recusar, por isso Norbert pediu para ela um peixe cozido deliciosamente fresco e generosamente salpicado de amêndoas por cima, que foi servido com três grandes batatas cozidas guarnecidas com cebolinha picada e uma porção à parte de legumes no vapor. Naturalmente Mary Lynn, que ainda pode usar vestidos que caberiam em uma adolescente, come comida saudável.

"Após os meus protestos, Norbert disse que pediria apenas mais alguns 'acompanhamentos' de Brotzeit. Eu deveria ter desconfiado da centelha de divertimento que vi nos olhos de Norbert quando um prato de frios, queijos e patês pousou sobre a mesa, acompanhado de fatias de pão preto alemão.

"Por fim, Norbert anunciou: 'Nenhuma refeição alemã está completa sem as sobremesas!!!'" Mary Lynn ergueu o braço em sinal de protesto, mas em vão. Norbert pediu creme bávaro. Blazer sabia que Norbert estava certo, por isso disse: "Eu quero um *strudel* de ameixa com creme de baunilha".

"Eu sei que Norbert pediu alguma coisa para si, mas assim que a minha sobremesa chegou eu estava em uma espécie de estado de choque de açúcar e não me recordo do que ele pediu. Achei que o café me manteria acordado no caminho de volta à Munique, mas, infelizmente, a gula e a satisfação tomaram conta do meu corpo e mergulhei em um soninho bem-aventurado até que estacionamos em frente ao Bayerischer Hof."

O futebol não precisava gastar seu dinheiro em apartamentos de luxo na Paradise Island, nas Bahamas, mas gastou, porque além de ter o seu aluguel pago, Chuck quis uma casa no Caribe. Ninguém verificava o que ele fazia com o dinheiro da Concacaf. Então a Concacaf fez um depósito de 910 mil dólares por dois apartamentos. A papelada ficou empacada. No fim das contas Blazer acabou se tornando o dono de duas unidades no terceiro andar das torres residenciais The Reef – uma das construções mais feias do Caribe. Assim que os imóveis foram adquiridos, ele transferiu a propriedade para outra de suas empresas de fachada, que por sua vez pertencia a duas outras empresas-fantasma em Nassau.

Uma casa de férias nas Bahamas não bastava. Blazer queria mais casas no sol, e mais verbas da Concacaf foram usadas para comprar dois apartamentos no Mondrian South Beach Hotel Residences, em Miami. O Mondrian é um hotel residencial de luxo à beira-mar. Nele há um restaurante chique. Os apartamentos – de um dormitório, com um estúdio adjacente – foram comprados por 810 mil dólares.

Era um problema transportar o Barrigão de um lado para o outro em Nova York. Os táxis eram pequenos demais e alugar vans levava tempo. Blazer encomendou um modelo do Hummer, ao custo de 48.554 dólares, e mais seiscentos dólares mensais para guardar o bestial minitanque em uma garagem perto da Trump Tower. O Barrigão e Mary Lynn eram os condutores segurados e habilitados para dirigir o veículo, mas o carro raramente era usado ou levado até Miami, e assim ficava a maior parte do tempo estacionado.

E havia a casa no campo. Chuck queria agradar Mary Lynn, celebrar seu relacionamento e exibir a própria riqueza. O estado natal de Mary Lynn era a Carolina do Norte, e seus avós tinham deixado uma elegante – mas deteriorada – casa de fazenda na rota 64, nos arredores da cidadezinha de Lenoir, ao sopé dos montes Apalaches. Chuck ficou muito interessado em financiar a reforma da casa que estava caindo aos pedaços. Seria um projeto e tanto.

Haveria uma enorme e espaçosa fachada com portas duplas que se abririam para salões de jantar, salas de estar, sala de TV e filmes, sala de café da manhã e uma cozinha. Escada acima, seis quartos, cada um com seu próprio banheiro. Na parte de trás, um terraço com uma piscina ao ar livre com Jacuzzi. Um vizinho, feliz de ver a Lone Oak Farm [Fazenda do Carvalho Solitário] sendo restaurada, ficou boquiaberto ao saber que Chuck queria instalar um "quarto do pânico" secreto e tomar exaustivas medidas de segurança. Chuck comprou um quadriciclo e zanzava em disparada pela área, e foi fotografado junto a perplexos fazendeiros e silvicultores locais.

Chuck cuidava bem de seus filhos. Jason, fisioterapeuta, recebia 7 mil dólares mensais como Diretor do Departamento Médico da Concacaf. Papai lhe arranjava importantes viagens ao exterior; em Zurique, Jason representava a Concacaf em eventos da Fifa; na região da Concacaf e na América Latina, Jason entregava troféus. A filha de Chuck, Marci Blazer, advogada corporativa, foi indicada para ocupar uma cadeira no Comitê Legal da Fifa.

10
COMO O BARRIGÃO ESMAGOU WARNER

E depois foi pego por um jornalista "imprestável"

"Parabéns, Jack, Maureen, toda a minha família de Trinidad que amo há tantos anos", Chuck escreveu em seu blog depois que a seleção de Trinidad e Tobago conseguiu segurar um empate contra a Suécia em 10 de junho de 2006, na Copa do Mundo na Alemanha. O amor por Warner e sua esposa duraria mais cinco anos. Depois disso o Barrigão se atirou das alturas em cima de Warner e, com um medonho ruído de esmagamento, extirpou-o do futebol.

Warner tinha ficado confiante demais. Ele sabia que Blatter odiava os incessantes escândalos envolvendo o nome dele e os ingressos da Copa do Mundo, e que adoraria expulsá-lo da Fifa, mas certamente não ousaria fazer isso. E para Blatter já era tarde demais. Jack estava virando a casaca. O homem do Catar queria os 35 votos que ele controlava e tinha inacreditáveis quantias de dinheiro para comprá-los. Jack já havia pegado tudo o que podia do CoE e era hora de encontrar uma nova fonte inesgotável de riqueza.

Mohamed Bin Hammam tinha fornecido o dinheiro para comprar os votos que elegeram Blatter em 1998 e novamente em 2002. Mo acreditava que tinham chegado a um acordo tácito: depois de cumprir mais um mandato na presidência da Fifa, Sepp sairia de cena e entregaria o trono imperial do futebol. Blatter, no entanto, se recusava a tirar o time de campo – por isso ele tinha de ser tirado na marra. Assim, Mo manipulou Blatter para nomeá-lo chefe do Projeto Goal, um orçamento colossal para a distribuição de verbas a todas as associações e federações nacionais. Mo tinha passado anos e anos pagando propinas para comprar o esporte na Ásia e na África. Se os votos da Concacaf pudessem ser adquiridos, Blatter não se arriscaria a entrar em uma luta e encarar a humilhação da derrota. Um atestado médico seria providenciado, Sepp se aposentaria e iria para os Alpes suíços, sem a necessidade de uma eleição. Mo seria coroado em outra cerimônia régia da Fifa.

Warner convocou uma reunião com os 25 membros da União Caribenha de Futebol. Eles obedeceriam às ordens de Warner na eleição presidencial, e os outros nove membros da Concacaf – incluindo Estados Unidos e Canadá – também teriam de fazê-lo. Mo pagou à Simpaul – a agência de viagens pertencente à família de Jack – o custo para levar os dirigentes de suas respectivas ilhas até o local da reunião, o Hotel Hyatt Regency em Port of Spain, em 10 de maio de 2011. Depois que Mo discursou, cada delegação recebeu um gordo envelope marrom contendo 40 mil dólares em dinheiro, "para gastar como bem quisessem".

Por mais de vinte anos Jack e Chuck tinham lutado ombro a ombro contra o mundo, ambos protegendo um ao outro. Isso deixara de acontecer. Chuck deduziu quais eram os motivos da visita de Mo a Trinidad e sabia que haveria a oferta de envelopes recheados. Conversou com os colegas e parceiros mais próximos que estariam presentes na reunião. Um plano foi elaborado. Eles fotografaram os envelopes de dinheiro e as fotos foram enviadas para a Trump Tower. Havia também um vídeo, filmado sub-repticiamente com a câmera de um celular. Depois de reunir provas suficientes, o Barrigão entregou tudo nas mãos de um advogado, para que este colhesse depoimentos e elaborasse uma queixa-crime. Antes do final de maio Chuck Blazer tinha apresentado uma denúncia à Fifa, na qual acusava Jack Warner de corrupção.

Semanas antes eu tinha encontrado Mohamed Bin Hammam, então convidado do congresso da Uefa em Paris. Acompanhado de uma equipe de filmagem da BBC, perguntei-lhe acerca das acusações de corrupção na Fifa. Mo respondeu "Nós não somos suficientemente transparentes", como se isso fosse resposta. Perguntei sobre Warner, mal-afamado por conta de sua corrupção. Mo respondeu: "A sua causa não é a minha causa. A sua informação não é a minha informação. Nós temos fontes diferentes de..."

Eu o interrompi: "Então Jack está limpo?".

Essa era uma pergunta que ele não iria responder. "Até onde eu sei, todas as pessoas do Comitê Executivo fizeram um trabalho muito bom, temos de dar-lhes apoio até estabelecermos regras e regulamentos, dizer às pessoas claramente o que é o preto e o que é o branco, e depois temos de exigir que essas pessoas se responsabilizem, prestem contas e deem satisfações."

20 de junho de 2011, Zurique. Jack se foi! Durante algumas semanas ele fez um pouco de barulho, mas a quantidade de provas era enorme. Ao ter conseguido o que queria, Blatter era esperto demais para chutar cachorro morto. Sua declaração de "pesar" pela renúncia de Warner foi calculada para não inflamar Jack e instigá-lo a revelar seu vasto conhecimento acerca da corrupção do próprio Sepp. Vice-presidente da comissão de finanças da Fifa, Warner era uma das poucas pessoas no mundo que sabiam o quanto Blatter pagava a si mesmo em salários, despesas e bonificações.

Os beijinhos de adeus de Blatter começavam assim: "O sr. Warner está deixando a Fifa por decisão própria após quase trinta anos de serviços, tendo escolhido se concentrar no seu importante trabalho em prol do povo e do governo de Trinidad e Tobago como ministro de Estado e presidente do Congresso Nacional Unido, o principal partido do governo de coalizão do seu país".

Esse repugnante comunicado à imprensa afirmava que Warner tinha "servido" ao futebol. Blatter sabia dos esquemas ilícitos de venda de ingressos da Copa do Mundo, e por certo Havelange lhe dissera que o Centro de Excelência era um negócio multimilionário perpetrado por Warner, e que esse megócio garantiria eternamente votos decisivos para João e Sepp. O constrangedor tributo a Warner continuava:

"O Comitê Executivo da Fifa, o presidente da Fifa e a diretoria da Fifa agradecem os serviços prestados pelo sr. Warner ao futebol caribenho, da Concacaf e internacional, durante os muitos anos devotados ao futebol em nível regional e internacional. Além disso, desejam-lhe tudo de bom no futuro."

E depois disso Blatter foi longe demais.

"Como consequência da renúncia do próprio sr. Warner, todos os processos do Comitê de Ética contra ele estão encerrados, e o princípio de presunção da inocência é mantido."

Inocência? O mundo caiu na risada – e se enfureceu contra Blatter por deixar Warner escapar ileso. Ele não daria a mínima. Por que o faria? Eles tinham se livrado do embaraçoso Jack Warner. O fato mais importante para a sobrevivência de Sepp era o seguinte: o homem do Catar, que certamente o derrotaria nas eleições para a presidência da Fifa, também havia saído de cena: retirou sua candidatura e foi banido do futebol.

O Barrigão tinha vencido.

Os Estados Unidos tinham um novo herói! "Chuck Blazer é espirituoso, sociável e um delator", disse a Associated Press (AP). Ele era um cavaleiro branco! "A personalidade e a acessibilidade de Blazer fazem dele um dos membros mais populares da Fifa", gorgolejou o jornalista da AP. Havia mais: "O único estadunidense no poderoso Comitê Executivo da Fifa passou trinta anos promovendo o futebol, e antes disso já mostrou que vai intervir quando julgar que o esporte está sendo defraudado".

A AP comentava que Blazer morava na Trump Tower, mas não perguntava como o cartola conseguia pagar o altíssimo aluguel. Incontestado, Blazer podia elogiar a si mesmo: "Quanto às realizações da Fifa, fico muito satisfeito quando olho para trás; nos meus 16 anos de Fifa as nossas realizações foram muito positivas".

Não havia referência alguma ao Barrigão. Boa parte da homenagem da AP havia sido tirada de um perfil de Blazer publicado um ano antes em uma revista norte-americana sobre negócios esportivos. Naquele momento Chuck e Blazer ainda eram uma dupla. Chuck tinha repudiado as denúncias contra Warner. Os milhares de ingressos extras vendidos na partida entre a seleção de Trinidad e Tobago e a dos Estados Unidos em 1989? O Barrigão rechaçou a acusação com a seguinte declaração: "Isso aí fez muito barulho na imprensa, mas tinha muito pouca credibilidade".

Chuck redefiniu a verdade sobre o escândalo de 2006, momento em que Warner foi flagrado abastecendo o mercado negro de ingressos. Não havia escândalo nenhum. Era "o resultado de mudanças na política de venda e distribuição de ingressos da Fifa. Toda a natureza do fornecimento de ingressos estava instável naquela época", disse Blazer. "Ele enfrentou a questão e fez correções na prática comercial. Parece pior do que foi de fato. Foi uma reprimenda e não uma expulsão."

A imprensa norte-americana tinha um novo herói, e os fatos não se intrometeriam no caminho para atrapalhar a sua alvissareira história. O jornal *The New York Times* olhou para o blog do Barrigão e anunciou: "Em suas muitas viagens a serviço do futebol, Chuck Blazer leva consigo torcedores e fãs do esporte". A serviço? Ai, meu Deus!

A opinião dos dirigentes do futebol norte-americano não era muito melhor. "No futebol dos Estados Unidos nós lideramos pelo exemplo, e a maioria das pessoas afirma que somos uma organização bastante moral e ética", afirmou o dr. S. Robert Contiguglia, presidente da Federação de Futebol dos Estados Unidos, antes do novo escândalo. "Nós apoiamos, sim, Jack Warner e Chuck Blazer para a eleição de Jack e apoiamos [Sepp] Blatter por suas contribuições ao esporte. Temos com ele uma relação de trabalho muito boa". E acrescentou: "Blatter é um ícone do humanitarismo".

Pior ainda foi o vice-presidente da Concacaf Alan Rothenberg, famoso por pagar a si mesmo um bônus de 7 milhões de dólares por ajudar a organizar a Copa do Mundo nos Estados Unidos em 1994. Em 2002, quando pela primeira vez senti cheiro de corrupção na Concacaf, mandei uma mensagem por e-mail a Rothenberg, na esperança de uma oportunidade para conversar. Ele respondeu: "Não tenho interesse em falar com um capanga tendencioso. Se o senhor tivesse um pingo de imparcialidade, reconheceria a incrível contribuição para o enorme crescimento do futebol dentro e fora de campo, em âmbito mundial, por parte de Sepp Blatter, como presidente da Fifa e antes disso como secretário-geral, e, em nível regional, pelo presidente da Concacaf, Jack Warner, e seu secretário-geral Chuck Blazer".

A resposta rude demonstrava o poder de Warner, Blazer e Blatter sobre esse multimilionário advogado norte-americano. Rothenberg tinha a esperança de entrar para o Comitê Executivo da Fifa em 1995, mas Warner escanteou-o e em seu lugar instalou seu parceiro de maracutaias, Blazer. Rothenberg esperneou, lavou roupa suja em público? Não, ele caiu de joelhos.

"Você é imprestável como jornalista!", vociferou Chuck Blazer em uma mensagem que me enviou por e-mail depois da apressada renúncia de Warner. Dois meses depois – em outubro de 2011 –, Blazer anunciou que estava deixando o cargo de secretário-geral da Concacaf. Estava seguindo os passos de Warner e saindo do mundo do futebol.

Foi assim que a coisa aconteceu. Eu tinha ficado surpreso com a cobertura acrítica da imprensa norte-americana. Por que aqueles jornalistas lerdos não percebiam que, se Jack era um pilantra, o Barrigão também devia ser? Durante duas décadas eles haviam sido unha e carne, irmãos no saque ao futebol.

Era hora de ir atrás de pistas. Fazia anos que eu tinha conhecimento de boatos dando conta de que o Barrigão desviava para si mesmo 10% das receitas de TV e marketing da Concacaf, mas havia tantas outras histórias de corrupção para investigar. Agora era hora de descobrir como toda essa gordura tinha entrado no Barrigão. Eu sabia que Chuck e Jack mantinham em sigilo os relatórios financeiros da Concacaf. Somente um círculo restrito de dirigentes complacentes tinha acesso a cópias.

Mandei uma mensagem por e-mail a um contato. Será que ele poderia me ajudar? Dias depois eu tinha na tela do meu computador um punhado de relatórios da Concacaf. O Barrigão era mais ganancioso – e mais escorregadio – do que eu pensava. Comecei examinando os mais recentes, de 2010.

Li que as contas tinham passado por auditoria. Chuck dizia isso na página 38. Na página 41, o contador de Trinidad, Kenny Rampersad, apresentava o que ele alegava ser um "Relatório de Auditoria Independente". Isso não era verdade. Rampersad não era auditor e não deveria reivindicar para si esse título. O Barrigão e Warner sabiam que ele não era, mas nenhum dos submissos cartolas eleitos da Concacaf jamais ousaria checar e constatar que Kenny não passava de mero contador.

O esquema estava na página 50. Na metade superior da página lia-se o cabeçalho "Administrativo e Geral". Na listagem de "Material de Escritório e Suprimentos, Despesas com Automóveis e Manutenção de Propriedade" estavam os salários e benefícios dos funcionários, totalizando 1.077.944 dólares. O mais lógico seria presumir que o pacote de pagamentos de Chuck estava ali. Errado. No entanto, ninguém tinha como saber.

A metade inferior da página trazia o tópico "Marketing, Vendas e Relações Públicas". Enterrado no meio de "Impressões" (21.373 dólares) e "Presentes, Prêmios e Brindes" (21.670 dólares) constavam as "Comissões e Remunerações". Ali estava. Nenhuma indicação de quem as tinha recebido. Para 2010 o montante totalizava espantosos 1.919.671 dólares. No ano anterior as coisas tinham sido ainda melhores: 2.622.714 dólares. Ao longo de um período de cinco anos, o anônimo Blazer pagou a si mesmo 9,6 milhões de dólares em comissões, além de sua "remuneração" como secretário-geral.

Outra fonte me forneceu documentos que mostravam que Blazer mexia os pauzinhos para que suas comissões fossem diretamente para contas *offshore* nas Ilhas Cayman e nas Bahamas. Era pouco provável que a Receita Federal soubesse que Blazer estava recebendo esse dinheiro. Mandei uma mensagem por e-mail a ele pedindo que me explicasse essa inovadora maneira de receber a sua remuneração e solicitando que me respondesse dentro do razoável prazo de fechamento jornalístico que propus. A resposta tardou a chegar e eu soube imediatamente que ele sabia que estava encrencado. Por quê? A resposta era prolixa demais, duas páginas de frases longas e bem-educadas.

Blazer não tinha outra opção a não ser confirmar os 10%. Contudo, ele alegou que isso era "condizente com os padrões do ramo de atividade". E não explicitou que padrões eram esses. Tudo balela. Havia mais dessa porcaria malcheirosa. Como Chuck responderia à minha pergunta sobre o fato de que havia omitido a informação de que era ele que estava recebendo essas comissões?

Blazer usa a linguagem como arma para confundir e ofuscar. Você já viu esse tipo de gente antes. É uma estratégia de jogo, em que o trapaceiro parte da premissa de que, ao usar palavras que o interlocutor nunca ouviu, conseguirá intimidá-lo. Então eis aqui um exemplo de ronco vindo lá das profundezas do Barrigão. Ele respondeu que tudo "foi reportado em sua totalidade aos membros da Concacaf, de forma coerente com o nível de granularidade de outros itens nos relatórios financeiros".

"Nível de granularidade"? Granular, granulado, grânulos – mas o que o Barrigão estava tagarelando? Traduzindo para uma linguagem normal, Blazer estava falando que não era importante dizer aos seus empregadores que ele os vinha desviando milhões de dólares por ano. Blazer confirmou que empregava seu filho Jason como médico da Concacaf, por um salário mensal de 7 mil dólares, mas o Barrigão estava começando a ter tremores. Blazer estava ficando exaltado e lançou um ataque de insultos: "A sua pergunta sobre o meu filho é inapropriada", ele escreveu. "Sou uma pessoa pública e reconheço que é de esperar o assédio por parte de pessoas como você, cuja intenção é vender livros e jornais e que não possui a menor consideração pela verdade".

Publiquei no meu blog a história, sob a manchete "Chuckie sortudo! Por baixo do pano, Blazer leva 10% dos contratos de patrocínio".

Havia outra história berrando para ser investigada. Em seu blog o Barrigão tinha publicado uma sequência de fotos de um antigo Mercedes do qual era dono e que estava sendo reformado em Zurique. O Barrigão posou em Zurique com esse lindo carro e, antes de postar a foto, borrou o número da placa.

Ele se esqueceu de que a placa podia ser vista em outra foto de Mary Lynn com o carro às margens do lago Zurique. Verifiquei o número da placa – ZH 627 187 – junto ao departamento de registros do cantão de Zurique e descobri que oficialmente o proprietário do veículo era a Fifa e que o automóvel estava guardado na garagem subterrânea da Federação! Era óbvio que Blazer estava escondendo das autoridades fiscais norte-americanas esse item de seu patrimônio. Um porta-voz da Fifa me segredou que a entidade cobrava uma taxa de Blazer para manter o carro estacionado em suas instalações.

O último "grande arroto" do Barrigão – "Você é imprestável como jornalista!" – foi disparado da Trump Tower às 16h57min21 do dia 17 de julho de 2011. O relógio estava tiquetaqueando e a cada minuto se aproximava a hora em que Blazer e sua família de exploradores do futebol dariam seu último suspiro.

Warner e o Barrigão foram jogados na lata do lixo da história do futebol. Blatter prometeu que o Caribe teria uma nova liderança, limpa e honesta. Depois analisou os membros do velho grupo Warner-Blazer e selecionou aqueles que ele considerava dignos de confiança para a função. Aparentemente, a qualidade que ele mais procurava era a incapacidade de olhar para trás e descobrir quem é que havia deixado a "Dupla Mortal" escapar impune depois de décadas de ladroagem. Sua escolha para assumir a presidência da Concacaf foi Jeffrey Webb, o mandachuva do futebol nas Ilhas Cayman, homem que já havia demonstrado sua confiabilidade nos dez anos em que atuara como membro da comissão de auditoria interna da Fifa.

Webb foi eleito pela Concacaf no Congresso da Fifa em Paris, em maio de 2012. Como seu vice-presidente foi eleito um antigo aliado de Warner, o "capitão" Horace Burrell, da Jamaica. Havia duas cadeiras do Comitê Executivo da Fifa a preencher. Webb ficou com uma e o nova-iorquino Sunil Gulati, longevo aliado de Blatter, com a outra.

Escarafunchando meus arquivos, encontrei uma mensagem pessoal enviada por Webb para o e-mail de Warner, com cópia para Blatter. Na época Blatter estava enfrentando a oposição de Issa Hayatou, chefão da Confederação Africana de Futebol, que contava com o apoio de alguns membros da Uefa. A equipe eleitoral de Hayatou viajou ao Caribe em busca de votos.

Em 4 de abril de 2002, Webb prestou contas sobre a visita. Estava muito orgulhoso da sabatina a que submeteu a delegação. Como Warner, Webb exigia a redução do número de vagas de seleções europeias na Copa do Mundo. Para marketing e televisão isso era o suicídio comercial do torneio, mas se Warner conseguisse arranjar mais uma vaguinha para a Concacaf, haveria mais dinheiro para desviar.

Webb, como Warner, estava ávido para encontrar alguma maneira – qualquer que fosse – de arrancar mais dinheiro da Fifa. Por que a verba do Projeto Goal não poderia ser de 1 milhão de dólares em vez do atual teto máximo de 400 mil dólares? Como e em que Webb pretendia gastar esse dinheiro em algumas das menores ilhas do Caribe é um mistério. Traves incrustadas de ouro nos gols em Anguilla, cuja população é de 16 mil habitantes? De que a população de 5 mil habitantes de Montserrat precisava? Ou talvez a terra natal de Webb, Cayman, população de 53 mil habitantes?

Com o assunto "Time de Issa nas Ilhas Cayman", Webb enviou uma mensagem para o e-mail de Warner: "Caro Presidente [...] Depois de perceber que a reunião não estava tomando o rumo que eles esperavam, o grau de conhecimento que eu possuía acerca de certos tópicos, e a minha inabalável lealdade a Jack, certas acusações foram feitas sobre o presidente da Fifa e o Presidente da Concacaf", reportou Webb. "Então eu disse que, a menos que alguém tivesse sido condenado por alguma coisa, eu não estava interessado em ouvir, e a reunião chegou ao fim."

Warner ficou em êxtase. No dia seguinte respondeu à mensagem de Webb: "Você foi ótimo, Jeff. Simplesmente ótimo. Estou orgulhoso de você. Mantenha a fé".

No mesmo ano, 2002, Jeffrey Webb firmou uma parceria comercial com o "capitão" Burrell. O jamaicano era dono da Captain's Bakery and Grill, rede de padarias e restaurantes de grelhados, e queria expandir os negócios nas Ilhas Cayman. Foi um casamento de dois cartolas do futebol na famosa praia de 11 quilômetros de Cayman. Depois rumaram para o Congresso da Fifa, em Seul, onde Jeff tomou sua posição no corpo de baile de Blatter. "Meu minúsculo país não é conhecido pelo futebol, mas por suas finanças", ele anunciou. "A Ilhas Cayman têm mais de 600 bilhões de dólares em depósitos. Somos o quinto centro financeiro do mundo." Era difícil ver a relevância disso para o futebol, e Webb parecia ser a única pessoa do recinto que ignorava o fato de que um enorme naco do dinheiro era sujo, roubado ou produto de evasão fiscal.

Foi necessário adiar o anúncio da nova escalação da Concacaf por causa dos escândalos Warner-Barrigão. Na série de punições distribuídas pelo Comitê de Ética da Fifa, depois das propinas de Trinidad, o "capitão" foi suspenso por seis meses por se recusar a cooperar com os investigadores independentes. Burrell disse que a punição era "severa e dolorosa para mim, pessoalmente, mas não vou recorrer da decisão". Infelizmente, Burrell teve de abrir mão de sua cadeira no comitê disciplinar da Fifa, cargo que ele havia mantido a despeito da escandalosa ação de pôr sua namorada para votar no lugar do delegado ausente do Haiti no Congresso da Fifa em 1998.

Ele foi aceito novamente depois de três meses, e sua suspensão foi instantaneamente esquecida. Três semanas mais tarde, em fevereiro de 2012, Blatter nomeou Burrell para integrar seu Comitê Organizador Local dos torneios de futebol nos Jogos Olímpicos. Em junho de 2012, a nova cúpula da Concacaf formou um Comitê de Integridade para investigar as rapinagens de Warner e Blazer. Esse comitê era presidido pelo ex-presidente do Supremo Tribunal de Barbados, sir David Simmons. A ele se juntaram o juiz norte-americano Ricardo Urbina e um auditor aposentado da Price Waterhouse, Ernesto Hempe. Eles contrataram um escritório de advocacia de Nova York para conduzir investigações e entrevistar testemunhas. Warner e Blazer recusaram-se a cooperar. Warner alegou que destruiu toda a sua papelada no dia em que saiu da Fifa.

O relatório de 144 páginas foi divulgado em 18 de abril de 2013, no congresso da Concacaf na Cidade do Panamá. Um parágrafo resume as descobertas: "Fica evidente que Warner e Blazer tinham consciência do risco potencial de conduta imprópria que tanto um como o outro apresentavam, e ambos tinham plenas condições de exigir prestação de contas um do outro; mas nenhum dos dois o fez [...] de modo a preservar a liberdade irrestrita para agir em nome de interesses próprios".

Warner tinha cometido fraude contra a Fifa e a Concacaf na verba para a construção do Centro de Excelência. Pegara quase 30 milhões de dólares. Tinha cometido fraude e se apropriara indevidamente do dinheiro que os australianos doaram para a modernização do estádio do CoE. Warner e Blazer tinham violado o Código de Ética da Fifa.

Blazer tinha desviado verbas da Concacaf para financiar seu estilo de vida e não foi capaz de administrar os recursos da confederação. Deixou de fazer e entregar a declaração de renda nos Estados Unidos e a Concacaf corria o risco de sofrer penalidades cíveis e até mesmo criminais. Simmons deu a entender que Blazer evitava contato com as autoridades fiscais norte-americanas para assim ficar fora do raio de ação de seu radar e não ter de pagar imposto de renda. Da mesma maneira, Jack não tentou renegociar seu contrato com a Concacaf porque, assim que os membros descobrissem o quanto estava indo para suas contas *offshore*, ele teria de dar adeus aos seus 10%.

Ano após ano Blazer tinha alardeado que as contas da Concacaf eram "auditadas" por Kenny Rampersad. Os investigadores de Simmons logo descobriram que isso era mentira. Não havia amostragens de transações, nenhuma compilação de contratos, nenhuma revisão de extratos bancários ou registro de transferências bancárias e nenhum procedimento de avaliação de riscos. Rampersad não era um auditor experiente, tampouco um perito contador juramentado. Era um impostor.

Rampersad estava longe de ser independente – como devem ser os auditores. Era o contador de Warner e estava envolvido em suas aquisições de terrenos para o CoE. Além disso, havia assinado e corroborado as alegações de Warner e de Blazer de que os terrenos pertenciam à Concacaf. Ele tinha flagrantes conflitos de interesses como "auditor" da Concacaf, da União Caribenha de Futebol, do CoE e das empresas privadas de Warner em Trinidad. Ele também atuara como contador de Blazer quando Chuck comprou – com dinheiro da Concacaf – apartamentos no Reef da Paradise Island.

Em todos os relatórios anuais Blazer afirmava com todas as letras que as contas eram auditadas. Suas declarações no congresso da Concacaf na Alemanha, às vésperas da Copa do Mundo de 2006, foram excepcionalmente nojentas. Ele postou em seu blog: "Nossa Confederação agora ostenta um histórico quase perfeito no que tange ao cumprimento das exigências de auditoria da Fifa [...] Isso demonstra o comprometimento e o empenho por parte de Warner com o padrão de transparência e sua obediência com relação às normas da gestão responsável das verbas concedidas pela Fifa".

Até aqui, tudo mal. Faltava no relatório de Simmons um dedo qualquer que apontasse para a Concacaf propriamente dita. Seria de esperar que, ao longo dos anos, alguns dirigentes eleitos leriam as contas e fariam as perguntas sobre quem estava recebendo as robustas comissões, certo?

Jeffrey Webb era e é executivo de um grande banco das Ilhas Cayman. Não poderia ter feito as perguntas que tinham de ser feitas? Seu sócio no negócio de restaurantes, o "capitão" Burrell, jurava ser um esperto homem de negócios. Ele não viu nada errado? E havia também Sunil Gulati, professor de economia na Universidade de Columbia, em Nova York. Por que não perguntou sobre as comissões? Na mesma semana em que Simmons publicou o relatório, Sunil declarou que "nos mais altos escalões [da Fifa] há um sincero esforço de reformar e mudar a organização".

Mandei uma mensagem para os e-mails de Webb e Gulati indagando como um banqueiro e um professor de economia podiam não ter visto as comissões. Eles nunca se perguntaram quanto o Barrigão recebia? Como ele conseguia bancar a Trump Tower, o Hummer, a grotesca comilança, os banquetes? Eles jamais responderam.

Blatter deu as caras na Cidade do Panamá em abril de 2013 para o congresso da Concacaf e fez o melhor que pôde para desviar a atenção do fato de que Fifa havia sido incompetente e não detectara as gordas somas de dinheiro roubadas ao longo de um período de vinte anos. Se o departamento financeiro tivesse feito uma rápida verificação no registro de imóveis em Trinidad, teria descoberto que o CoE pertencia a Warner, e não ao futebol (Caribbean Football Union – CFU). Talvez tenham feito isso.

Jeff e Sunil estão aproveitando a mamata da Fifa, alçados ao Comitê Executivo e embolsando pelo menos 250 mil dólares por ano – além do acesso aos ingressos da Copa do Mundo. Sunil vai lutar por mais transparência – talvez. Ele diz que está disposto a revelar os pagamentos e o dinheiro para as despesas que recebe da Fifa – contanto que não fique de mãos atadas por um acordo de confidencialidade.

No dia em que Simmons publicou o relatório, Blatter escreveu em seu Twitter: "Início do congresso da CFU hoje. Uma nova era para CFU & Concacaf com um carismático líder. Podem desempenhar papel fundamental no futebol mundial". No dia seguinte, tuitou de novo: "Hoje Jeff Webb demonstrou grande liderança e visão, indicando o futuro brilhante para a Concacaf". Webb ficou tão comovido por esses elogios que agora descreve a si mesmo no site da Concacaf como "um líder nato e carismático". Obedientemente, muitos jornalistas repetiram essa definição, sem questioná-la.

Um mês depois, em agosto de 2013, ouviu-se um som de choramingo em Trinidad. Era o advogado de Warner: "O bom nome e a reputação do meu cliente foram e continuam sendo maculados". E com isso deu entrada oficial a um aviso de intenção de processar Simmons.

Essa tolice talvez tenha sido motivada pelo fato de que a publicação do relatório de Simmons forçara Warner a renunciar aos cargos no governo de Trinidad, e ele estava enfrentando uma eleição suplementar para tentar voltar ao parlamento. Nos dois anos anteriores, o Congresso Nacional Unido tinha dado a ele duas pastas no governo. O primeiro cargo fez o Caribe inteiro rir de incredulidade. Warner foi nomeado ministro de Obras, com o poder de alocar contratos. A segunda função fez Trinidad gemer. Warner foi nomeado ministro da Segurança Nacional, no controle da polícia e do exército. A polícia de Trinidad jamais investigou a fundo de que maneira Mohamed Bin Hammam entrou no país trazendo clandestinamente 1 milhão de dólares em dinheiro – seu jatinho particular não teve problemas no aeroporto nacional. As autoridades policiais jamais mostraram interesse em investigar o papel de Kenny Rampersad nas fraudes do CoE.

Diante das provas mostradas por Simmons, a Fifa deveria processar Warner – e o Barrigão – pedindo que devolvam os milhões que eles desviaram. O problema é que a Dupla Mortal tem uma defesa perfeita: "Vocês sempre souberam – e jamais interferiram. Isso não era roubo. Era Sepp Blatter comprando lealdade".

Era uma típica estrutura de máfia. Blatter e Havelange pegavam dinheiro dos lucros da Copa do Mundo para dar a Warner. Ele fornecia os votos que os mantinham no poder para pegar mais dinheiro. Mais abaixo na cadeia alimentar, Warner cuidava dos paus-mandados das ilhas, nomeando-os para comitês da Fifa, o que significava longas viagens, bons hotéis, duzentos dólares por dia para cobrir despesas – tudo pago por Blatter – e um punhado de ingressos da Copa do Mundo para vender no mercado negro. Começamos a entender por que Blatter sempre foi reeleito! Ele é um ótimo presidente!

11
O JOGO DE DUAS METADES DE HILDBRAND

Investigando o Mestre das Propinas e o Homem da Mala

Aos 94 anos de idade, Havelange se recusou a admitir sua culpa, se recusou a pedir desculpas por seu quarto de século desviando milhões do futebol mundial, se recusou a devolver os milhões. Castor de Andrade jamais pediu desculpas. Por que deveria? E que belo acordo Havelange obteve junto às autoridades suíças. Seus crimes seriam mantidos em segredo, tudo o que ele tinha a fazer era devolver meio milhão de francos suíços (cerca de 1,3 milhão de reais) – uma ninharia. Ele tinha mentido descaradamente sobre o tamanho de seu patrimônio – e aqueles investigadores intrometidos da Suíça não tinham condições de enfrentá-lo. Impotentes, teriam de chafurdar no lamaçal burocrático da justiça carioca e brasileira. Os advogados de Zurique tinham feito um belo trabalho, lutando com todas as forças, palmo a palmo. E Blatter, que tinha os próprios segredos para esconder, fez com que a Fifa arcasse com todas as despesas legais.

Não se preocupe com as dezenas de milhões extorquidos da ISL, deixe para lá as contas bancárias sigilosas com enormes buracos negros quando ele era o poderoso chefão do futebol brasileiro durante a ditadura militar: a Fifa fez de João Havelange um homem muito rico. Ele tinha sangrado os cofres da Fifa, gastando fortunas com suas despesas astronômicas e pagamentos misteriosos, tinha recebido presentes fabulosos dos xeques bilionários do Golfo, donos de gás e petróleo, e meio milhão de francos suíços era uma insignificância em sua vasta riqueza.

Ricardo devolveu um pouco mais – talvez 20% do que havia surrupiado da Fifa via ISL –, mas ainda tinha o dinheiro da Nike para brincar. Blatter e aqueles caros advogados suíços também haviam prometido que o acordo legal com os promotores de Zug seria mantido em sigilo para sempre. Ricardo ainda era o chefão da CBF e continuava ocupando uma cadeira no Comitê Executivo da Fifa. Novas possibilidades de corrupção estavam se abrindo em torno da Copa do Mundo. Lula tinha sido moleza e Dilma não ousava confrontá-lo. Ela o desprezava – mas o poder estava nas mãos dele, não dela.

Era tudo culpa de Blatter. Ele tinha entrado em pânico quando a ISL foi à bancarrota em 2001, falida por conta das propinas que os brasileiros tinham exigido. Aqueles criadores de caso da Uefa, uns choramingões, viram um novo campo de batalha a ser aberto. Tinham perdido a eleição em 1998, cortesia das propinas distribuídas por Blatter e Havelange, com financiamento dos endinheirados homens do Golfo.

Naquele momento, Lennart Johansson e os europeus estavam exigindo ação acerca dos prejuízos da Fifa. Preocupado com a eleição seguinte, marcada para dali a 12 meses em Seul, Blatter se rendeu e reclamou com as autoridades policiais de Zug. Até mesmo Issa Hayatou estava apoiando os europeus. Hayatou! Ele tinha se apropriado do dinheiro da ISL, mas com o apoio dos europeus poderia destronar Blatter e ficar com o cargo máximo do futebol em 2002.

É claro que os europeus esperavam que uma investigação policial provasse a tese em que eles acreditavam: que os brasileiros, com Blatter como seu intermediário em Zug, tinham embolsado milhões em propinas em troca de contratos. Em maio de 2001, Blatter relutantemente formalizou uma denúncia junto aos investigadores de crimes econômicos em Zug.

Depois veio a calmaria. A história empacou. Zug parecia estar demorando a agir. A princípio isso era uma boa notícia. Talvez a denúncia tivesse sido arquivada. Os ladrões da Fifa começaram a relaxar. Foi um erro.

Adiante, 17 meses depois, os pilantras tomaram conhecimento de um novo nome, que os torturaria com o passar dos anos. As autoridades de Zug convocaram Thomas Hildbrand para cavar fundo o escândalo da ISL. Competentíssimo magistrado investigador de fraudes, ele prendeu Jean-Marie Weber e diversos outros ex-diretores da ISL, que ficaram detidos durante vários dias para interrogatórios. Seus escritórios foram revistados. Os poderosos da Fifa não sabiam ao certo qual era o propósito de Hildbrand – eram eles o alvo do investigador ou Hildbrand estava no encalço dos executivos da ISL que pagaram as propinas?

Enquanto isso, o Tribunal de Falência de Zug havia nomeado Thomas Bauer, da empresa de auditoria Ernst & Young, para liquidar os bens que conseguisse encontrar na massa falida da ISL. Bauer estava fazendo o que alguns de nós, jornalistas, tínhamos feito durante uma década. Estava esmiuçando memorandos e extratos bancários da ISL, e inevitavelmente acabou descobrindo pagamentos muito curiosos e esquisitos. Ele queria reaver os proventos da fraude, para poder dividi-los entre os credores da empresa.

Bauer tinha uma obrigação junto aos credores: manter os custos da recuperação tão baixos quanto possível. Seria muito caro – e arriscado – enfrentar os bem relacionados Havelange e Teixeira, que tinham amigos nos tribunais brasileiros. Ele não teve de fazer isso. Na Suíça, logo à mão, estava Jean-Marie Weber. Os documentos secretos da ISL mostravam que Weber tinha atuado como o homem das entregas, o intermediário que levava os cheques ao portador para cada um dos integrantes da Fifa e para outras pessoas, que despachavam milhões de dólares para empresas de fachada em Liechtenstein.

Bauer foi à corte de Zug e entrou com uma ação judicial contra Weber – que de repente contratou os serviços de um dos advogados mais caros do país. Sim, era Peter Nobel, o mesmo advogado de Blatter. Isso era um sólido indício de que Blatter tinha muito a temer com as investigações sobre as propinas dos contratos. A Fifa pagou os honorários do advogado? Em março de 2004, em vez de arriscar uma audiência pública no tribunal, Weber e Nobel negociaram a devolução das propinas e reduziram o valor para 2,5 milhões de francos suíços (aproximadamente 6,7 milhões de reais). Isso bastaria para pôr um ponto-final nas investigações?

Em junho de 2004, Blatter fez nova tentativa de barrar as investigações. Em segredo, escreveu às autoridades de Zug dizendo que a Fifa havia retirado a queixa contra a ISL – e adeus. Por isso Hildbrand estava livre para procurar outro emprego!

Tarde demais. Hildbrand já sabia muito para simplesmente abortar as investigações, que se prolongaram por anos a fio, porque ele estava caçando indivíduos e contas bancárias de todo mundo e levava meses para negociar acordos e obter permissão em jurisdições estrangeiras para ter acesso a registros bancários.

Os poderosos da Fifa não perceberam que Hildbrand estava jogando um jogo de duas metades. Ele concluiu a primeira metade em março de 2005 e enviou seu dossiê aos promotores de Zug, recomendando a instauração de processo contra seis dos principais diretores da ISL pelo crime simples de continuar a fazer negócios quando a empresa já estava insolvente, o que acarretou prejuízos ainda maiores aos credores. As provas que ele reuniu iam bem mais longe – mas isso vão veio a público. Blatter e Havelange devem ter pensado que a história tinha chegado ao fim. Ufa! Escapamos.

Batidas à porta. "Quem é?" "Olá, sou o magistrado investigador Thomas Hildbrand e tenho um mandado de busca para vasculhar a sede da Fifa. Abra a porta, por favor." Em 3 de novembro de 2005, a Fifa descobriu que Hildbrand estava começando a segunda investigação. As autoridades de Zug tinham concordado que aquela era a hora de ajustar a mira para a corrupção da Fifa. Hildbrand revirou os escritórios e apreendeu documentos.

A coisa era séria. Policiais dentro dos escritórios de Blatter. Sepp procurou, a torto e a direito, alguma maneira, qualquer que fosse, de tirar Hildbrand do caso. Ele tinha o homem perfeito para esse trabalho, o suíço-húngaro Peter Hargitay, que elaborou uma estratégia e plantou a notícia para David Owen, editor de esportes do prestigioso jornal *Financial Times*. A matéria foi publicada em 10 de dezembro de 2005, cinco semanas após a batida na Fifa.

De acordo com a história "exclusiva", uma irmã já falecida de Hildbrand tinha sido casada com um primo de Blatter. O caso se tornou objeto de uma queixa formal apresentada aos juízes de Zug, sob a alegação de que "Todas essas circunstâncias não parecem condizer com a imparcialidade por parte do magistrado investigador Hildbrand no que tange à investigação do sr. Blatter e da Fifa". O texto da denúncia acrescentava: "O pleiteante acredita que [o sr. Hildbrand] tentou por todos os meios disponíveis produzir acusações criminais contra o sr. Blatter". Hildbrand salientou que não tinha relação ou parentesco com o sr. Blatter. O tribunal de Zug chutou essa história para a lata de lixo. Nunca mais se ouviu falar dela. Hildbrand continuou no caso.

Teixeira levou um choque em 2006. Hildbrand apareceu no minúsculo Principado de Andorra para entrevistar testemunhas envolvidas no gerenciamento das contas secretas de Teixeira. Ele vinha transferindo dinheiro de Liechteinstein para uma conta em Andorra, um pequeno país no alto dos Pireneus. A cidade grande mais próxima era Barcelona, onde seu amigo e sócio Sandro Rosell, ex-alto executivo e intermediador de contratos da Nike, administrava o Barcelona FC.* Um cidadão andorrano sacava o dinheiro em espécie e levava para outro banco. Mais tarde a grana era enviada a Teixeira.

Em 16 de janeiro de 2007 Hildbrand viajou até Erlangen, na Baváma, para entrevistar Brigitte Baenkler, irmã de Horst Dassler. Estava curioso a respeito de uma visita secreta feita dois anos antes por Sepp Blatter e Jean-Marie Weber – o Mestre das Propinas e o Homem da Mala. Parece que Weber não tinha dinheiro para pagar a demanda do liquidante Thomas Bauer, da Ernst & Young: 2,5 milhões de francos suíços (cerca de 6,7 milhões de reais).

---

* Em 23 de janeiro de 2014, Sandro Rosell renunciou ao cargo de presidente do Barcelona FC, depois de críticas envolvendo a transferência do jogador brasileiro Neymar para o clube catalão. (N. T.)

Por isso, disse-me uma fonte próxima da história, Blatter tinha autorizado o pagamento com dinheiro das contas da Fifa e agora estavam procurando alguém para tapar o buraco. Aparentemente eles disseram a Brigitte que, na condição de antiga dona de ações da ISL, ela estava vulnerável a demandas de dinheiro por parte dos credores da empresa. Se Brigitte pagasse à Fifa os 2,5 milhões de francos suíços, eles tomariam providências para que ela nunca mais fosse importunada. Brigitte se recusou a pagar, e Sepp e Weber voltaram para Zurique de mãos vazias.

12
WEBER É INTOCÁVEL E NÃO PODE SER DEMITIDO!

Por que Blatter e Havelange precisam dele?

Terça-feira, 11 de março de 2008, Zug. Aí vêm eles, elegantemente trajados com seus ternos de executivos, fingindo que é mais um dia rotineiro de trabalho no escritório. Caminham a passos rápidos, fugindo do bando de chacais que, com suas câmeras de televisão e cadernos de anotações, bloqueiam o túnel de vidro e tijolos que leva à porta do tribunal. Os engravatados meneiam a cabeça para os rostos conhecidos: "Desculpe, não posso parar para conversar, não devo me atrasar".

Sete anos antes as coisas eram muito diferentes com esses diretores executivos. Os Seis Grandes da ISL nos davam entrevistas, sorriam para as câmeras, bancavam os *vol-au-vents* e outras iguarias, brandiam comunicados de imprensa anunciando os novos contratos da Fifa. Novos Clientes! Novos Esportes! Dominação global no marketing esportivo!

Nós, os chacais, temos consciência de que não sabemos tudo. Nossa esperança é ter acesso a mais fatos no tribunal. Partimos do pressuposto de que virão à tona informações adicionais ao nosso conhecimento. Nenhum de nós está esperando a ensurdecedora e acachapante explosão que se alastra em nossa direção.

O promotor da pequena cidade suíça de Zug está pedindo até quatro anos e meio de prisão. Os seis executivos sabiam que sua International Sports and Leisure estava quebrada e não tinha condições de honrar suas dívidas, mas mesmo assim continuou tomando crédito junto a corporações e bancos crédulos, que jamais verificaram a frágil situação em que a empresa se encontrava. Quando a ISL foi à bancarrota na primavera de 2001, devia mais de 300 milhões de dólares, a segunda maior falência na história da Suíça.

O maior e melhor contrato da ISL foi dos direitos de marketing e transmissão televisiva das Copas do Mundo de 2002 e 2006. Com a ajuda de substanciais empréstimos bancários, eles tinham desembolsado 1,8 bilhão para comprar da Fifa esses direitos – mas poderiam vender por muito mais e, ao longo do caminho, servir-se de comissões de 25%. Como esse negócio fabulosamente esperto podia dar errado? Para onde foi o dinheiro? Ainda naquele dia apareceriam algumas pistas.

A primeira surpresa é a sala retangular do tribunal. O lugar poderia se passar por uma sala de reuniões para caixeiros-viajantes em um hotel de beira de estrada sem frescuras. Na melhor das hipóteses é uma construção sueca barata, de qualidade inferior, projetada pelo mesmo sujeito que pilotou a betoneira. Não há pódio nem plataforma, estamos todos no mesmo nível. O piso é um composto duro e resistente. A juíza Ziegler, de 41 anos de idade, preside a sessão. Ela é uma loira alta, esbelta e bastante bonita, usa um terninho preto e ronrona para mim em um dos intervalos para o café: "Meu nome é Carole, e se escreve como em francês". Flanqueada por dois colegas juízes, homens de meia-idade, ela está sentada a uma mesa encostada à parede.

De frente para os juízes há fileiras de mesas e cadeiras – ali estão sentados os Seis Grandes, espremidos com seus advogados em mesas ao longo de toda a extensão do recinto. Nos fundos estão sentados os jornalistas suíços, alemães, franceses – e eu, de uma ilha ao largo. À nossa frente há cerca de uma dúzia de parentes tensos e um jovem atento, de terno, que identificaremos mais tarde.

Eles têm muitos motivos para se preocupar. O promotor quer que cumpram pena de prisão de até quatro anos e meio por apropriação indébita, peculato, fraude, falência fraudulenta e falsificação de documentos. São escândalos suficientes para encher nossos blocos de anotações e *notebooks*. Nós queremos mais; estamos ali por causa das propinas, e não por entediantes balancetes bancários. Tenhamos um pouco de paciência.

Na extrema direita do elenco da ISL jogava Daniel Beauvois, cinquenta e poucos anos, morando novamente em Bruxelas. Com seus cabelos grisalhos penteados para trás e sua barba aparada, ele é o único que parece ser criativo. Daniel teve sorte. Foi trabalhar como diretor administrativo da ISL para cuidar das operações ligadas à televisão muito depois que os esquemas de propinas começaram a entrar em ação. Ainda assim poderia tomar café da manhã bancado pelo governo suíço porque era um dos diretores, e todos os seis estavam sendo acusados de reter 45 milhões de libras que deviam ter sido pagos à Fifa. À Fifa! Até que enfim *herr* Blatter e sua organização tinham seus nomes mencionados nos registros de uma sessão de tribunal. São 11:02 horas da terça-feira 11 de março, depois de duas horas de análise de provas.

A peça de acusação formal afirma que a maior parte do dinheiro vinha da Rede Globo de Televisão. A emissora brasileira pagara um adiantamento pelos direitos da Copa do Mundo, e 75% desse valor deveria ter sido encaminhado à

Fifa. Os Seis Grandes da ISL ficaram com o dinheiro porque a empresa estava na pindaíba. Depois a ISL faliu e, supostamente, a coisa se tornou um crime.

Durante uma pausa para o café, monsieur Beauvois me diz que a acusação era uma "besteirada de merda"; o dinheiro era sem sombra de dúvida um empréstimo, não tinha nada que ver com a Fifa. Essa decisão cabia à linda Carole e seus dois colegas. Enquanto ouve atentamente ela balança a cabeça – que encima seu longo e elegante pescoço –, estica as pernas e cruza os tornozelos. Um por um, os seis advogados de defesa apresentam seus argumentos.

Sentado ao lado de Beauvois está o homem-que-não-sabia-de-nada-e-que--ganhou-o-emprego-de-presidente-da-ISL-porque-se-casou-com-a-irmã-do--chefe. Christoph Malms, formado em Harvard e com anos de experiência na consultoria McKinsey, 18 anos antes havia achado que era uma boa ideia unir--se por matrimônio a um dos membros da família de Horst Dassler. Quando se separou de Sigrid, ele ficou com um punhado de ações e esse cargo, que mais que tudo era decorativo, sem de fato poder desfrutar de poder. A família Dassler também era dona da Adidas, mas após a morte precoce de Horst, em 1987, vendeu a empresa por uma ninharia para um francês que era político, dono de equipes esportivas e, mais tarde, presidiário.

Herr Malms, cabelos castanho-escuros, rosto moreno, estatura mediana e, obviamente, terno escuro, inclina-se para falar ao microfone, deixando à mostra um pequeno círculo de calvície se delineando no alto da cabeça. Ele não consegue agradar. Responde com sinceridade a todas as perguntas, mas não tem todas as respostas. Espera-se que o veredicto seja anunciado em julho, mais ou menos por ocasião de seu aniversário de 53 anos.

Ao lado de Malms, e próximo ao centro da sala do tribunal, está o ex--diretor de finanças da ISL, Hans-Jurg Schmid. Ele é vigorosamente interrogado por um dos juízes sentados ao lado de Carole. É o estilo de Zug. Não há um promotor público de língua afiada que faz o acusado em pedacinhos. O juiz Marc Siegwart não usa peruca nem toga, apenas um terno, e seu rosto emoldurado por uma barba à la Van Dyke se contorce à medida que a fala desconexa do réu vai ficando cada vez mais inverossímil. Quando Marc se exaspera, seus olhos se arregalam e ficam mais arredondados por trás das lentes dos óculos.

No dia seguinte veremos Marc em seu estado mais letal – mas naquele momento, conforme avançamos e vamos chegando mais perto das 18 horas, o encerramento da sessão, ele está apenas se aquecendo e questiona os Seis Grandes acerca de outros 15 milhões de francos, a parte da acusação que diz respeito à apropriação indébita. Mais uma vez – era um empréstimo ou um pagamento parcial relativo aos direitos de televisão? O dinheiro veio da japonesa Dentsu, a maior agência de publicidade do mundo, que também havia comprado da ISL os direitos da Copa do Mundo para revender na Ásia.

Enquanto a ISL patinava em 2000, a Dentsu mandou dinheiro do Oriente para o Ocidente. Dias depois uma fatia dessa grana saiu de uma conta *offshore* da ISL e voltou para o Oriente, feito um ioiô, seguindo a mesma rota. Embora os credores bradassem exigindo a devolução de seu dinheiro, 4 milhões de francos suíços foram para uma conta da Gilmark Holdings, supostamente baseada em Hong Kong. O juiz Siegwart obviamente sabia mais do que aparentava quando percorreu as mesas dos réus, perguntando aos Seis Grandes, um por um, o que poderiam dizer sobre a Gilmark. Eles se disseram incapazes de ajudá-lo.

(Dez dias se passaram e Jean-François Tanda, um repórter investigativo de Zurique – com algumas das melhores fontes do ramo – revelou que o dinheiro foi para um executivo sênior da Dentsu, certo sr. Gilmark Hara Yuki Takahashi. Tanda tentou em contato, e eu também, mas a gigantesca agência de publicidade em Tóquio não se mostrou nem um pouco solícita.)

A Dentsu fazia negócios com a Fifa havia mais de duas décadas. E ainda faz. Embora a ISL tenha evaporado, seus reluzentes conjuntos de escritórios brancos, localizados a cem metros do tribunal, servem agora de sede para a agência de marketing Infront. Juntamente com a Dentsu, a Infront abocanhou uma enorme fatia dos direitos de televisão da próxima Copa do Mundo. O nome do executivo-chefe da Infront soa familiar: Philippe Blatter. Sobre o que tio e sobrinho conversam quando não estão fechando acordos para negociar os direitos de futebol mais cobiçados do mundo?

A juíza Carole encerra a sessão no tribunal às 17:59 horas.

Peter Hargitay, o briguento marqueteiro pessoal de Blatter, passou os últimos dias telefonando para jornalistas de toda a Europa assegurando que o presidente da Fifa está "tranquilo" com relação às audiências de Zug. Nem vale a pena aparecer por lá. Nada interessante acontecerá no tribunal. Pura perda de tempo.

Um jornal londrino reproduziu a informação. Eles não viram Blatter na TV suíça na noite seguinte, depois que essa etapa do julgamento chegou ao fim. Pálido e exausto, o estresse fez o rosto de Blatter se enrugar quando um repórter lançou perguntas sobre a corrupção. Blatter sabia exatamente o que estava acontecendo, porque o jovem anônimo que tomava notas no tribunal de Zug era na verdade um advogado iniciante a mando do escritório de advocacia contratado por Blatter em Zurique.

Quarta-feira, 12 de março de 2008. Com o jornalista alemão Thomas Kistner ao volante, percorremos a toda a velocidade as margens do lago, passando pelos campos de pastagem e picos nevados entre Zurique e Zug. Aquele tem que ser o dia das *schmiergeld* – gíria alemã para "propinas". Na tarde do dia anterior tivemos um gostinho da culinária japonesa, agora esperamos algo mais global. Estamos loucos para ouvir alguns nomes.

Tivemos acesso ao indiciamento formal: as tabelas da Seção 12 listavam uma dezena de contas bancárias em paraísos fiscais que receberam em torno de 36 milhões de francos suíços (cerca de 97 milhões de reais) durante os últimos 15 meses de vida da ISL. O clima na sala do tribunal foi ficando mais tenso à medida que o juiz Siegwart lembrou aos Seis Grandes – que a cada minuto pareciam mais encabulados – o modo que eles tinham mandado o dinheiro para fora da Suíça, rumo às contas secretas em Liechtenstein e no Caribe. Depois a propina ia parar nas mãos dos corruptos. Na época o pagamento de propinas não era ilegal na Suíça. (Agora é.) Siegwart alegou que os Seis Grandes sabiam que a empresa estava condenada e que o dinheiro deveria ter servido para a quitação de dívidas vencidas.

Então por que o dinheiro era encaminhado para essas contas? *Herr* Malms pigarreia. Pelo menos a patética admissão de que eles não eram os melhores executivos do planeta, de que jamais foram os Mestres do Universo dos Negócios, de que na verdade não passavam de um punhado de graxeiros, cuja única função era lubrificar a máquina. Qualquer pessoa com uma mala de dinheiro podia ter sido diretor da ISL. Pagar propinas era uma "parte habitual" dos negócios da empresa, ele explicou.

"Disseram-me que a empresa nem sequer existiria se não fizesse esses pagamentos", declarou Malms. Ele descobrira a verdade depois que começou a trabalhar na ISL e perguntou para onde ia o dinheiro. "Não sei quem eram os destinatários finais, mas sempre ouvi dizer que eram conhecidos líderes do mundo da política esportiva."

(Malms sabe mais, mas ainda se passarão mais vinte dias até que ele carimbe os nomes dos dois peixes graúdos do futebol.)

O suborno era uma prática habitual no ramo do marketing esportivo e da política esportiva, como ele admitiu. "Era o estilo do negócio. Se não pagássemos, teríamos sido obrigados a fechar as portas da nossa empresa." É o que acontece quando se faz negócios com a cleptocracia da Fifa.

"De fato", intrometeu-se na conversa o diretor de finanças Schmid. "É exatamente como você ter de pagar o salário a uma pessoa. Se não pagar, ela não vai trabalhar para você. Se não tivéssemos feito aqueles pagamentos, as outras partes não teriam assinado os contratos."

(Em vinte dias eles confirmarão quem eram as outras partes. É claro que alguns de nós já sabemos, mas é muito útil ter essas confirmações de corrupção feitas ali, para que possamos divulgá-las sob a proteção do privilégio do tribunal.)

"Mas, sinceramente, por favor, acreditem em mim", disse *herr* Malms no tribunal. Ele pretendia dar um basta à podridão. Aqueles 36 milhões seriam a última propina. Ele jamais explicou por que razão tinha a expectativa de que os artistas da extorsão poriam um ponto-final nas exigências que faziam à empresa, mas aquilo tinha de parar, ele explicou, porque a ISL estava planejando lançar ações no mercado, e desse modo eles não conseguiriam mais escamotear propinas em seus livros contábeis.

Então eles revelaram que as técnicas de clandestinidade que punham em movimento todo o dinheiro de propinas *offshore* – exatamente como os traficantes de drogas, ladrões corporativos e ditadores assassinos escondem seu dinheiro sujo – foram concebidas por um de seus mais velhos e experientes – e ainda muito ativo – advogados de Zurique, que nós, os jornalistas sentados no fundo da sala do tribunal, sabíamos que também representava a Fifa.

Esse esquema fraudulento depois foi aprovado pelos auditores da KPMG – nós, a turma do fundão, nos lembrávamos de que a KPMG também representava a Fifa. Que mundinho pequeno esses homens ricos habitam. E eles tinham amigos em altos cargos importantes e estratégicos. Quem dava o beijo da vida ao ardil eram as autoridades fiscais federais da Suíça.

As contas *offshore* tinham alguns nomes bonitinhos: Nunca, Sunbow, Taora, e agora... Sicuretta. Jean-Marie Weber também distribuía a bolada em tradicionais malas de dinheiro – às vezes mais de 500 mil libras a cada remessa – e não dizia quem era o recebedor das propinas. Tudo que ele admitia era que o dinheiro servia para a "aquisição de direitos".

Em um comentário informal feito para os investigadores, e citado no indiciamento ricamente detalhado, o advogado Guido Renggli, que gerenciava a conta da Sicuretta e distribuía os quinhões do dinheiro, lembrou-se de ter sido levado a Paris por Jean-Marie para encontrar-se pessoalmente com o recém-eleito presidente Blatter. O sr. Renggli jamais revelou por que o sr. Blatter ficou tão contente de vê-lo. Só podemos especular.

"Tudo bem", disse o juiz Siegwart, "eu quero saber quem recebeu o dinheiro." Cinco dos Seis Grandes insistiram que não faziam ideia. Como nós da bancada de jornalistas, eles sabiam os nomes de todos os figurões que tomavam as grandes decisões no mundo dos esportes – não existem muitos desses mandachuvas – e tinham almoçado e farreado com eles – mas não sabiam quem tinha ficado com o dinheiro. Não faziam a menor ideia. E pediram que acreditássemos nessa fantasia.

O homem que distribuía a mercadoria, Jean-Marie Weber, é o quarto fantoche no time sentado à nossa frente, e Jean-Marie sabe tudo. Outrora ele fora assistente de Horst Dassler e assumiu a função de entregar as propinas depois que Dassler morreu. A descrição de seu cargo na ISL era "cultivar relacionamentos". E para onde quer que ele fosse, sempre carregava consigo duas maletas pretas – abarrotadas de acordos secretos e de dinheiro para pagar propinas.

Durante anos o corpanzil de Jean-Marie e sua cabeleira prateada bufante se destacaram, imponentes, em todas as reuniões da Fifa e todos os congressos de outros esportes abastados. Hoje ele parece exageradamente magro. Sua voz está fina e aguda e repentinamente ele cortou os cabelos bem curtos. Será que tem a esperança de evitar o barbeiro da cadeia?

O juiz Siegwart pergunta a Jean-Marie Weber: "Quem recebeu o dinheiro?". E Weber começa a entoar o mantra que ouviremos ser repetido à exaustão pelo restante da manhã. "Seguindo a recomendação do meu advogado, nada tenho a declarar. Meu advogado tratará dessas questões." Em outros momentos, ele apenas diz "Esses pagamentos eram confidenciais e eu devo respeitar essa confidencialidade".

Siegwart está ficando irritado. Esses palhaços estão de brincadeira. Ele se fixa em uma propina de valor modesto, apenas 250 mil dólares. A acusação diz que o suborno foi pago em 2000 para certo sr. Abdul Muttaleb, do Kuwait, que à época era diretor-geral do Conselho Olímpico da Ásia (Olympic Council of Asia – OCA). E sim, a ISL obteve um contrato com o OCA. Em 2004, o programa *Panorama*, da BBC, flagrou Muttaleb discutindo de que modo seria possível pagar propinas aos seus amigos do Comitê Olímpico Internacional. Fim das polpudas gorjetas para Abdul.

"Por que vocês pagaram tanto dinheiro a essa pessoa do Kuwait?", exige saber o juiz. "Aqui, temos de mostrar a nossas empresas e auditores fiscais documentos para comprovar toda refeição que fizermos com nossos sócios e parceiros comerciais – e vocês entregam de mão beijada 250 mil dólares sem nenhum recibo, nenhuma documentação, nenhum contrato, nenhum memorando, nenhuma carta?"

O contador juramentado Schmid declara: "Não pedíamos nenhum recibo daquelas pessoas".

O próximo a se ver exposto à ignomínia é Nicolás Leoz, membro do Comitê Executivo da Fifa. Ele não está no tribunal, está em casa, no distante Paraguai; não desviou muito, mas é o primeiro a ter o nome citado. Quem vazou para um jornal londrino a informação de que Leoz embolsou 130 mil dólares da ISL foi Blatter, no outono de 2006. Controle de danos, quando esse julgamento parecia iminente.

(Dias depois Blatter estava em Assunção e, descaradamente, apoiou Leoz, desafiando os investigadores a apresentarem evidências concretas de qualquer delito. Blatter teria essa evidência no relatório dos promotores, guardado na gaveta de sua mesa em Zurique. Um mês depois, Sepp diria aos repórteres: "Não há necessidade de reafirmar minha confiança em Leoz".)

Chega. Para Siegwart já era o bastante. Do meio das pastas sobre sua mesa ele tira uma granada, arranca o pino e joga o artefato no chão da sala do tribunal.

Quando nossos ouvidos param de zumbir, nós nos damos conta do que ele acabou de dizer: ele tem provas de que na década anterior a ISL pagou – segure-se bem firme na cadeira – a assombrosa soma de 100 milhões de dólares em propinas. Não é de admirar que a ISL tenha ido à falência, para nunca mais voltar.

O juiz Siegwart tenta mais uma vez arrancar nomes. Malms diz que nada sabe, mas anuncia, espantosamente, que um punhado de jornalistas sabe! *Sim!* Jean-François Tanda, de Zurique, Jens Weinreich, de Berlim, Thomas Kistner, de Munique, e eu nos entreolhamos, com um risinho estampado no rosto. No entanto, Jean-Marie insiste em não dar nome aos bois. Os outros repetem seu mantra: somente Jean-Marie sabe.

A audiência termina às 11:20 horas. Os advogados estarão de volta no dia 31 de março para submeter sua argumentação, e a previsão é de que os veredictos saiam em três meses. Fomos embora para pensar nas implicações mais amplas da prova.

Em 1995, o poderoso Grupo IMG prometeu à Fifa que cobriria qualquer oferta de qualquer concorrente pelos direitos de marketing e de transmissão televisiva da Copa do Mundo. O preço inicial era de 1 bilhão de dólares e não havia teto. Foram rudemente enxotados e escreveram uma carta furiosa a Blatter, então secretário-geral da Fifa, alegando que "[...] fica patente o tratamento diferenciado dado a outras partes, tais como a ISL" e que a licitação era um "exercício meramente cosmético". A ISL ganhou os direitos.

Segunda-feira, 31 de março de 2008. De volta ao tribunal, é hora de a defesa atacar o caso da promotoria. A audiência dura boa parte da semana.

A segunda granada foi atirada na sala do tribunal por *herr* Werner Würgler, o advogado de Christoph Malms. Se por um lado seu cliente realmente, de fato, honestamente, não tinha provas de quem havia ficado com as propinas, ele tinha recebido duas tremendas pistas. *Herr* Würgler afirmou que o presidente Sepp Blatter tinha procurado Malms e disse em termos nada vagos que, se a ISL quisesse continuar fazendo negócios com a Fifa, Jean-Marie Weber tinha de manter o seu emprego naquela empresa. Caso contrário, "A coisa ficaria ruim para a ISL".

Assegurar que Weber fosse mantido em seu cargo na ISL parecia uma prioridade para os presidentes da Fifa porque, de acordo com o discurso de *herr* Würgler aos juízes, durante a Copa do Mundo na França, em 1998, o presidente Havelange tinha feito a mesma exigência.

Blatter e Havelange. O que mais você precisa saber sobre a corrupção na Fifa? Os dois maiores figurões implicados no maior esquema de corrupção nos esportes.

Würgler acrescentou que, "por causa desses ultimatos feitos pelos dois presidentes da Fifa, para o Grupo ISL tornou-se economicamente impossível afastar-se do sistema de pagamento de comissões". (Comissões? Nós pensávamos que eram propinas. Chamar as propinas de comissões fazia com que os caras da ISL se sentissem melhor consigo mesmos, com sua consciência. E ficou claro como cristal que Blatter estava tão envolvido quanto Havelange.)

Würgler ainda não tinha terminado com Blatter. O advogado apresentou um argumento sofisticado: qualquer um na Fifa que soubesse das propinas – e quem as estava recebendo – poderia exercer grande poder sobre os colegas dirigentes. E caso os juízes ainda não tivessem entendido o cerne da questão: a ISL tinha se tornado uma fonte particular de dinheiro para a Fifa – praticamente o banco privado da entidade.

O juiz Marc Siegwart ofereceu a Jean-Marie uma última chance de desembuchar os nomes: "Não", ele respondeu, "nada a declarar". Contudo, seus lábios estavam secos e ele perdeu peso desde o início do julgamento – qualquer ventania mais forte poderia quebrar seu corpo em pedacinhos.

Quando relidos, os argumentos finais da defesa de repente faziam sentido. A culpa pelo colapso da ISL foi da Fifa, alegaram os Seis Grandes. As propinas sugaram a força vital da empresa. A súbita decisão da Fifa de tirar o corpo fora do pacote de resgate outrora combinado enterrou a ISL.

E Daniel Beauvois tinha uma explicação: "Se nós fracassamos, não foi por conta de inabilidade, mas porque nossos principais parceiros comerciais fizeram tudo o que estava ao seu alcance para se assegurar de que não sobrevivêssemos, permitindo que outra empresa, encabeçada pela Fifa, assumisse as nossas operações".

Beauvois estava apontando para a empresa de marketing da própria Fifa, criada em 2001 e tendo Blatter como presidente, enquanto a ISL afundava sob os clamores do pagamento de dívidas.

Era isso! Soaram os sinos, a ficha caiu. Anos antes eu tinha viajado até o outro lado do mundo para ouvir, fascinado, o relato de um homem que conhecia intimamente a ISL explicando como e por que a era das propinas da ISL tinha chegado ao seu final natural.

"Sempre havia o risco de ser pego", ele explicou. "Depois os cartolas que comandavam as federações esportivas começaram a assumir eles mesmos o marketing, no modelo doméstico ou *in-house*. Dessa maneira, em vez de se arriscar pegando propinas de forasteiros, eles pagavam a si mesmos bonificações com dinheiro da própria federação pelo trabalho feito pelos caras do seu departamento de marketing, e ninguém podia encostar um dedo neles."

Era isso! A explicação para o pânico de Blatter em março de 2003, momento em que publiquei uma matéria revelando que ele pagara a si mesmo um bônus secreto de seis dígitos. Ele imediatamente anunciou que me processaria, e desde então fui banido de todas as instalações, de todos os eventos e de todas as coletivas de imprensa da Fifa. Se eu chegar perto da sede da Fifa com uma equipe de televisão, Blatter põe guardas na porta para me manter longe. Ele não me processou.

Por acaso eu tinha encontrado as propinas "internas"? Blatter não revela as contas do marketing da Fifa e não revela quanto dinheiro ele arranca da Federação.

É deprimente que nenhum dirigente da Fifa, nenhum líder do futebol, nenhuma federação ou associação nacional saiba quanto Sepp paga a si mesmo. Alguns não ousam perguntar. Outros não dão a mínima, contanto que recebam de Blatter a sua grana por debaixo do pano.

Quando a primeira etapa do julgamento terminou, em meados de março, os membros do Comitê Executivo da Fifa começaram a desembarcar em Zurique para sua primeira reunião do ano. Naquela semana, uma trágica emergência se abateu sobre Nicolás Leoz – que precisou de uma cirurgia inicialmente não especificada – e ele não pôde comparecer. A cirurgia foi brilhante, porque seu implante na coluna vertebral foi tão bem-sucedido que dias depois ele já estava participando de reuniões oficiais do futebol na América Latina.

Em sua coletiva de imprensa após os encontros do Comitê Executivo, Blatter esquivou-se das perguntas alegando que não seria possível fazer comentários até a divulgação do veredicto. Isso é besteira. Nada o impedia de comentar as evidências documentais de que Leoz recebeu dinheiro e de que o dinheiro ia para a empresa de Havelange e Teixeira – além da eletrizante declaração de Malms de que tanto Blatter como Havelange forçaram a ISL a manter Weber no cargo para garantir que as propinas fossem entregues na hora certa.

Cinco dos Seis Grandes foram absolvidos. Jean-Marie Weber foi condenado por ter ficado com 90 mil francos suíços (cerca de 242 mil reais) em dinheiro vivo, embora todos nós acreditássemos que o dinheiro tinha sido enfiado em uma sacola marrom para ir parar nas mãos de um dirigente da Fifa.

Agora Blatter estava seriamente encrencado. Ele tinha sido citado no tribunal pelo executivo-chefe da ISL, e seu nome aparecia ao lado de Havelange com a clara implicação de que ambos sabiam das robustas propinas que haviam sido reveladas na corte. E havia também Nicolás Leoz. Deveria haver uma investigação. Quem poderia fazer isso?

Entra em cena o lorde Sebastian Coe, um deus olímpico britânico. Coe tinha sido nomeado por Blatter em 2006 para presidir o novo Comitê de Ética da Fifa, imediatamente depois que revelei em âmbito internacional a história de que Jack Warner, o vice-presidente da Fifa de Trinidad, tinha negociado no mercado negro mais de 5 mil ingressos para a Copa do Mundo na Alemanha em 2006.

No mesmo instante Coe deixou bem claro que policiaria a Fifa e poria a casa em ordem. Suas ações não seriam retroativas; ele não investigaria deslizes cometidos no passado, nada que tivesse acontecido antes de sua nomeação. Em uma única frase ele absolveu e tornou intocáveis todos os corruptos da Fifa, todos os que tiravam proveitos pessoais de suas funções, todos os que aceitavam presentes, propinas e benefícios financeiros, todos os que fraudavam despesas. Décadas de crimes contra os esportes passariam em brancas nuvens.

Durante muitos anos Coe esperava ser admitido no Comitê Olímpico Internacional. Blatter já era membro do COI e tinha de ser cortejado. Se Coe ofendesse Blatter, o poderoso chefão do futebol poderia reunir um bloco de votos para mantê-lo fora. Enquanto o restante do mundo dos esportes ia ficando cada vez mais enojado com Blatter, Coe o protegia.

No final de 2007, o programa *Panorama*, da BBC, quis perguntar a Coe por que ele não estava fazendo coisa alguma para investigar os escândalos da Fifa. Coe se recusou a nos conceder uma entrevista. Nosso editor concordou que deveríamos ir atrás de Coe. Descobrimos que no dia seguinte ele estaria em um remoto vilarejo no norte da Escócia. Pegamos um voo noturno de Londres para Edimburgo, cruzamos de carro as montanhas e logo após o amanhecer chegamos ao distante povoado de Grantown on Spey, onde Coe faria uma aparição pública no centro esportivo local.

Montamos a câmera no tripé bem longe da porta da frente e ajustamos uma lente de longo alcance. Um grupo de vereadores e dirigentes esportivos locais, trajando seus melhores *kilts* escoceses, perfilou-se para formar um comitê de boas-vindas. Coe desceu do carro e começou a apertar mãos, enquanto ia passando em revista a fileira de puxa-sacos.

Foi a cena mais engraçada que já filmei na vida. Eu me enfiei entre os *kilts* e educadamente pedi a Coe que me concedesse uma entrevista – mas ele, fingindo-se de cego, fez que não me viu. Coe se recusou a admitir que eu estava tão próximo dele a ponto de tocá-lo. Não tomou conhecimento nem do microfone preso no meu paletó nem da minha equipe de televisão.

Os dirigentes e políticos escoceses imitaram Coe e fingiram que eu era invisível. Milhões de telespectadores caíram na risada quando o programa foi exibido, e a reputação de Coe como policial da Fifa se reduziu a cinzas.

No final do julgamento de Zug, lorde Coe deveria ter exigido os documentos do caso. Lorde Coe poderia ter interrogado Blatter e Havelange acerca de suas exigências de que Jean-Marie fosse mantido no cargo. Coe poderia ter expulsado os bandidos da Fifa. A Copa do Mundo no Brasil e os Jogos Olímpicos no Rio de Janeiro teriam se beneficiado. No entanto, isso não aparecia como prioridade em seu programa de ação.

13
COMO OS PODEROSOS DA FIFA ESCAPARAM IMPUNES

Em segredo, eles confessam

Zug, 21 de setembro de 2009. Na surdina, o presidente da Fifa Sepp Blatter engoliu o orgulho, saiu de seu luxuoso escritório acima de Zurique e, instalado em seu Mercedes preto com motorista, viajou até o austero gabinete de Christian Aebi, o procurador-geral em Zug.

Provavelmente o chofer de Blatter teve a sabedoria de não deixar que o presidente visse, nem que fosse de relance, o edifício adjacente, a sede do tribunal do cantão, em cuja sala, no ano anterior, os Seis Grandes executivos da ISL tinham encenado a própria versão do Teatro do Absurdo da Fifa. Blatter não precisava ser lembrado de que o advogado de Christoph Malms revelara o ultimo feito por Sepp e Havelange: Jean-Marie Weber, o Homem da Mala, deveria ser mantido no seu cargo na ISL – caso contrário, a empresa perderia os contratos da Fifa.

À espera de Blatter em Zug estava Thomas Hildbrand, o magistrado investigador. A última e única vez que Blatter se encontrara com ele havia sido quatro anos antes, em 2005, ocasião em que Hildbrand comandou a inesperada batida na Casa da Fifa. Ao lado de Blatter estava o advogado de Dieter Gessler, pago pela Fifa, mas que aparentemente também representava Sepp.

O procurador-geral Aebi mostrou e explicou a Blatter e Gessler a evidência da fraude perpetrada pelos dois brasileiros e a benevolente estrutura organizacional da Fifa, que facilitava tremendamente a vida dos larápios. Blatter deve ter se dado conta de que todas as suas mentiras, evasivas e tergiversações dos anos anteriores não tinham intimidado os investigadores; quando muito, serviram apenas para endurecer a postura dos agentes da lei, que com o passar dos anos foram descobrindo que os pronunciamentos públicos de Blatter sobre sua "missão para com o mundo" era uma cortina de fumaça que escondia o saque à riqueza da Fifa.

Agora Havelange e Teixeira tinham sido indiciados formalmente – tudo mantido em sigilo, é claro – e as investigações avançavam a passo de tartaruga, mas inexoravelmente para o fim. Contudo, todos os participantes da trapaça pareciam confiantes de que escapariam impunes.

Jean-Marie Weber, o Homem da Mala, ainda era bem-vindo no COI e em agosto de 2009 tinha sido convidado para ir a Berlim e participar do congresso conjunto do COI e da Associação Internacional de Federações de Atletismo. Lamine Diack, presidente do atletismo internacional, tinha sido um dos nomes na lista de propinas de Weber. O encontro em Berlim deve ter sido como nos bons e velhos tempos – camaradagem e luxo, tudo pago pelo esporte.

(Anos atrás um executivo da ISL – um dos honestos – disse-me que Diack e seu antecessor, o italiano Primo Nebiolo, foram subornados pela ISL nas décadas de 1980 e 1990 porque os direitos de marketing e televisão dos campeonatos de atletismo eram muito lucrativos.)

Confraternizando com Weber no Hotel Intercontinental Berlin estava a turminha do COI: Urs Lacotte, diretor-geral; Christophe Dubi, diretor de esportes; Christophe de Kepper, diretor administrativo – íntimo e confidente do presidente Jacques Rogge –; e Gilbert Felli, longevo diretor executivo dos Jogos Olímpicos. Fazendo seu melhor para manter os jornalistas longe de Weber estava Michael Kontos, o relações-públicas da Hill & Knowlton, que durante uma década mourejou para limpar a maculada imagem do COI.

Havelange manteve distância enquanto seu caro advogado suíço tentava protegê-lo. Havelange não se arriscava a pôr os pés na Suíça e ser preso – como Weber tinha sido em 2002. No início de 2009, ele telefonou para parceiros e amigos da Fifa para lhes dizer que ficaria em casa, no Rio, onde se sentia seguro.

Esforços hercúleos foram empreendidos para burlar a lei suíça de modo que os brasileiros pudessem ficar com o dinheiro roubado da Fifa. Quem lutou por eles? O advogado da Fifa! Foi *herr* Gessler quem argumentou que não existia lei alguma proibindo o pagamento de propinas. Hildbrand rechaçou esse arrazoado, apontando para o fato de que os dois brasileiros estavam sendo acusados de fraude, não de suborno. O crime estava roubando da Fifa. Todos os três homens tinham traído a Fifa e o futebol mundial.

O advogado Gessler não desistiu. Ele estava sendo pago pela Fifa para reaver o dinheiro, porém, à parte, o presidente Blatter o instruía a fazer o contrário, lutar para impedir que Teixeira e Havelange devolvessem o dinheiro. Desesperadamente, Gessler argumentou que se os poderosos da Fifa tivessem sido alvo de ação jurídica na América do Sul ou na África, e não na Suíça, a devolução do dinheiro não poderia ser exigida, tampouco o dinheiro recuperado, porque nesses países a propina era um estilo de vida e parte integrante do salário das pessoas. Hildbrand ignorou essa tolice. Talvez o presidente Blatter explique às associações e federações nacionais de futebol – e às pessoas – desses dois continentes os motivos pelos quais a Fifa os considera salafrários.

Hildbrand declarou Havelange e seu sucessor Blatter culpados de "gestão desleal". Por fim, chegou-se a um acordo. Graças à peculiaridade da legislação suíça, os dois acusados poderiam devolver parte do dinheiro, a Fifa cobriria as custas legais da promotoria e o caso seria encerrado. Contudo, a Fifa tinha de admitir a gestão desleal, e Teixeira e Havelange deveriam admitir a traição do futebol mundial. Os brasileiros também deveriam admitir que fraudaram a Fifa e obtiveram ganhos financeiros mediante trapaça. Sob a condição de que o veredicto fosse mantido em segredo para sempre, eles concordaram em ressarcir parte do dinheiro.

Ainda havia detalhes a serem esmiuçados. No início de fevereiro de 2010, Havelange apresentou uma declaração de renda e patrimônio. Era a mais diáfana fantasia. Será que ele havia torrado os 45 milhões de dólares que havia se apropriado da ISL? Por intermédio de seu advogado, Havelange alegou que seus bens – todos registrados em seu nome e no de sua esposa – totalizavam somente 5,2 milhões de francos suíços (aproximadamente 14 milhões de reais).

A Fifa pagou mais um bom dinheiro a um professor anônimo que lhes deu a opinião que eles queriam: a Fifa não perdeu dinheiro nenhum porque "Não há indicações de que ofertas melhores tenham sido feitas por outras agências de marketing esportivo". Blatter deve ter se esquecido da oferta inicial da IMG em 2002: 1 bilhão de dólares pelos direitos de marketing e transmissão televisiva da Copa do Mundo, além da promessa de cobrir qualquer outra oferta. Parece improvável que Aebi e Hildbrand tenham dado atenção a essa bobagem.

Blatter concordou que a Fifa pagasse os 91.970 francos suíços (cerca de 247 mil reais) para cobrir os custos da investigação. O futebol perdeu, mais uma vez. O caso foi encerrado em 11 de maio de 2010.

14
BLATTER DÁ SUA PALAVRA DE HONRA, MAS CRUZA OS DEDOS ATRÁS DAS COSTAS

Diz ele que quer publicar o relatório condenatório

24 de junho de 2010. A hora não poderia ter sido melhor nem mais oportuna. Não acredito que os promotores de Zug conspiraram com a Fifa para divulgar o comunicado exatamente no momento em que a primeira fase da Copa do Mundo na África chegava ao fim e os torcedores e fãs de futebol só tinham olhos para as seleções que avançavam para as oitavas de final – e nas que voltariam para casa. No entanto, foi muito útil. Os jornalistas de todo o mundo que escreviam sobre futebol estavam ocupados.

Blatter saiu-se com uma nota complacente: "O Presidente da Fifa foi eximido de qualquer infração criminal nos procedimentos. Uma vez que a investigação e o caso estão definitivamente encerrados, a Fifa não voltará a fazer comentários sobre o tema". Pelo visto, eles tinham escapado impunes de seus crimes.

Poucos meses depois, no mesmo ano, em algum lugar na Europa Central conversei com um policial. Deliberadamente, para dar corda ao meu interlocutor, mostrei-lhe a declaração de Blatter. "O Presidente da Fifa foi eximido de qualquer infração criminal nos procedimentos". Deu certo. O policial – que tinha conhecimento da investigação – explodiu: "Isso não é verdade!", ele exclamou. Conversamos por horas a fio. Perguntei: "Como faço para pôr as mãos no relatório confidencial da investigação, trancafiado em Zug?". "Eles não podem e não vão vazar o relatório para você", ele disse, "mas há outro jeito".

Ouvi com atenção. "Você tem de convencer um tribunal de que é de interesse público revelar o relatório." Caía o crepúsculo quando regressei ao quarto de hotel para escrever anotações da reunião secreta no meu laptop. O policial me deu um nome e me desejou boa sorte.

No dia seguinte liguei para o meu amigo Jean-François Tanda em Zurique. Antes de se tornar um dos melhores repórteres investigativos que conheço, Tanda formou-se em direito. "Há um caso precedente na Suíça. Já estou de olho nele. Um ex-militar de alta patente pagou compensação para uma mulher que o acusou de assédio." Os jornais de Zurique foram aos tribunais e por fim os juízes chegaram ao consenso de que o público tinha o direito de saber, e o nome do militar foi publicado juntamente com a prova e a quantidade de dinheiro que ele pagara para encerrar o caso.

Eu estava trabalhando em uma nova edição do programa *Panorama*, que a BBC levaria ao ar em novembro de 2010, dias antes de a Fifa anunciar para que países dariam as Copas do Mundo de 2018 e 2022. Eu tinha adquirido informações sensacionais – e um documento. Contudo, não estávamos sozinhos na caçada à corrupção na Fifa.

"Copa do Mundo: Votos à Venda!" Essa foi a manchete do jornal londrino *Sunday Times* em 17 de outubro de 2010. Repórteres se passaram por um grupo de lobistas atuando em nome de um consórcio de empresas que queriam levar a Copa do Mundo para os Estados Unidos. Secretamente, filmaram o nigeriano Amos Adamu, membro do Comitê Executivo da Fifa, oferecendo o seu voto em troca de 500 mil libras.

(Treze meses depois o *Sunday Times* publicou documentos revelando que a equipe de candidatura do Catar tinha firmado o compromisso de pagar 1 milhão de dólares ao filho de Amos Adamu, Samson, para bancar um jantar nababesco e uma suntuosa festança na África do Sul durante a Copa do Mundo. O jantar foi realizado, mas os catarianos alegaram que pensaram bem, mudaram de ideia e se recusaram a pagar.)

A equipe do *Sunday Times Insight* também dedurou outro membro do Comitê Executivo da Fifa, Reynald Temarii, do Taiti, que pediu 1,5 milhão de libras para custear o projeto de uma academia de musculação. Isso esgarçava as elásticas regras de candidatura da Fifa.

Na surdina, os jornalistas gravaram horas de conversa com inteligentes e bem informados dirigentes da Fifa, que discorreram sobre propinas antigas. Eles citaram o nome de um membro do Comitê Executivo como "o maior criminoso da face da Terra", que lucrava com as candidaturas dos países a sede da Copa do Mundo. "Posso imaginar que o montante total que ele recebeu em dinheiro e outras vantagens seria de, no mínimo, meio milhão." Outro estava feliz em vender seu voto. "Podemos ir ao Rio e falar com ele em um terraço, sem problema. Abertamente, abertamente", disse um cartola do futebol. Já outro dos 23 membros do Comitê Executivo preferia mulheres a dinheiro. Muitas mulheres.

O ex-membro do Comitê Executivo, Amadou Diakite, do Mali, revelou que um dos países candidatos a sede da Copa do Mundo de 2022 estava oferecendo 1,2 milhão de dólares (750 mil libras) para custear "projetos pessoais" dos cartolas.

Nos anos seguintes, testemunhamos as sórdidas tentativas de Blatter de desviar a atenção, dissimular, disfarçar, ocultar, encobrir e mascarar a corrupção na própria diretoria. Eram ações de um chefão, zombando de todos os padrões razoáveis de comportamento, protegendo seus leais *capos*, sem jamais criticá-los quando eram flagrados com a boca na botija. Com acesso exclusivo a fontes e documentos confidenciais, posso revelar como Blatter distorceu fatos e mentiu para impedir o mundo de descobrir a verdade sobre a podridão da Fifa.

A reação imediata de Blatter à evidência que o *Sunday Times* divulgou foi anunciar que tinha proibido os membros do Comitê Executivo de falar com a imprensa. Depois, partiu para o ataque. "Não creio que haja algo de errado com os procedimentos da eleição de escolha das sedes da Copa do Mundo. Nossa expectativa é a de que o processo seja conduzido de maneira moral e ética, com base no bom senso e no que foi apresentado pelas comissões de candidatura."

Será que Blatter estava delirando? Não, quanto maior a mentira, melhor. E Blatter tinha mais outras. "Uma vez que um pequeno grupo decide onde será realizada a Copa do Mundo, também é possível identificar as pessoas responsáveis pela escolha da sede da Copa do Mundo – o Comitê Executivo –, porque são as mesmas pessoas responsáveis por fazer o processo funcionar."

Para começo de conversa, isso não era verdade. Foi uma votação secreta, por isso não é possível "identificar as pessoas responsáveis pela escolha da sede da Copa do Mundo". Em segundo lugar, não seriam "as mesmas pessoas responsáveis por fazer o processo funcionar". Em terceiro lugar, poucos dos idosos membros do Comitê Executivo estariam vivos, muito menos no poder, quando fosse preciso arcar com a responsabilidade de ter levado a Copa do Mundo para o estado policialesco de Putin e a estrutura feudal do Catar.

Na esperança de escamotear as revelações de pagamento de propinas, o Comitê de Ética demorou apenas um mês para suspender Adamu por três anos e Temarii por um – por infringir as regras sobre confidencialidade e lealdade. Claudio Sulser, dono de uma cadeira no Comitê de Ética, atacou a mídia, criticando o *Sunday Times* como "sensacionalista". Eles não estavam a fim de sentir remorso. Blatter tinha consciência de que havia outro escândalo prestes a explodir sobre a Fifa. Não sabia qual era. E Havelange estava confiante demais.

22 de novembro de 2010, Soccerex, Rio de Janeiro. Seis meses depois de confessar em depoimento sigiloso ter se apropriado fraudulentamente do dinheiro da Fifa, João Havelange foi o convidado de honra da convenção global de futebol Soccerex no Rio. Ele tinha um anúncio especial a fazer – todo mun-

do, por favor, preste atenção: "Ricardo Teixeira seria um ótimo presidente da Fifa. Ricardo já mostrou ser um ótimo administrador na CBF. Fala bem inglês e francês e é um homem de formação no sistema financeiro. Por tudo isso, digo, ele está muito bem preparado. Isso me daria uma grande alegria".

Que descaramento. A quadrilha em torno de João e Ricardo sempre havia lamentado o fato de ter perdido o controle da Fifa em 1998. Teixeira poderia ter sido indicado como candidato naquele ano. Ele e seu ex-sogro tinham dinheiro suficiente para subornar delegados no Congresso da Fifa em Paris. Então por que Havelange não forçou Blatter a tirar o time de campo? A resposta mais provável é que Blatter queria desesperadamente o cargo, sabia muito sobre a sujeira de Havelange e poderia dar com a língua nos dentes. Talvez tenham feito um acordo. Será que Blatter prometeu a Teixeira, como fez com Mohamed Bin Hammam, que sairia de cena depois de dois mandatos de quatro anos?

19 de novembro de 2010. "Hoje à noite – Corrupção no coração do futebol mundial." Essas foram as minhas primeiras palavras para introduzir o mais recente episódio do *Panorama*, o programa investigativo da BBC exibido em horário nobre. Continuei: "Revelações sobre os três altos e veteranos dirigentes da Fifa ligados a uma extraordinária lista de pagamentos secretos totalizando cerca de 100 milhões de dólares". Então eu fazia a pergunta que depois eu mesmo ouviria – repetida à exaustão – em todos os bares ou reuniões a que fui no Brasil: "Senhor Teixeira, o senhor recebia as suas propinas por meio da empresa Sanud?".

Dois dias antes da transmissão do programa *Os segredos sujos da Fifa* tive uma crise de estafa e fui levado às pressas para o hospital – 24 horas depois eu estava de pé, a tempo de gravar os comentários da filmagem.

Enquanto concluíamos esse complexo filme, a BBC sofria intensa pressão política – e por parte da mídia – para abortar o programa, cuja exibição estava marcada para três dias antes da reunião do Comitê Executivo da Fifa que escolheria as sedes das Copas do Mundo de 2018 e 2022. O primeiro-ministro disse que a nossa determinação para levar o programa ao ar era "frustrante". Os tabloides desmiolados berravam a plenos pulmões que aquilo que nós mostrássemos no programa – e não tínhamos falado coisa alguma sobre a lista dos 100 milhões em propinas – arruinaria as esperanças da Inglaterra de sediar a Copa do Mundo de 2018.

Os jornalistas da imprensa direitista odiavam a BBC e sua independência editorial. Ficaram quietos depois que a Inglaterra teve apenas dois votos e começou a ficar claro que os ingleses haviam perdido a disputa, mesmo tendo uma candidatura excelente, por se recusarem a pagar propinas. Seis meses depois fui aplaudido por fãs do futebol inglês e fiz as vezes de orador em sua reunião anual.

Um dia se passou e o porta-voz de Issa Hayatou, baseado no Cairo, alegou que os 100 mil francos (cerca de 270 mil reais) que descobri e revelei não eram propina da ISL, mas sim doação para celebrar o quadragésimo aniversário da entidade que ele presidia. Faltou explicar por que razão o dinheiro tinha sido pago pessoalmente a Hayatou – e em espécie.

Habitualmente morno, Jacques Rogge, presidente do Comitê Olímpico Internacional, tomou a iniciativa e anunciou uma investigação para apurar o fato de que nomes de três membros do COI apareciam na lista de propinas: Havelange, o presidente da Confederação Africana de Futebol, Issa Hayatou, e Lamine Diack, o presidente da Associação Internacional de Federações de Atletismo. "Na minha humilde opinião, as investigações não vão se estender por meses", declarou Rogge aos jornalistas. Na verdade ocupou todo um ano, porque houve a recusa de Havelange em aceitar a responsabilidade por sua corrupção.

O mundo notou que Blatter e a Fifa não haviam iniciado investigação nenhuma. Uma semana para o ano novo, rodeado de amor em Doha, Blatter lançou um tresloucado ataque ao Comitê Olímpico Internacional, afirmando que a Fifa era mais transparente que o COI e que "Nossas contas estão abertas a todos. Nós temos feito isso desde que sou o presidente. Não era feito antes". Antes que os jornalistas pudessem perguntar em coro "Quanto o senhor ganha na Fifa?", insultou 50% da população do planeta.

Ao defender a própria organização contra acusações de corrupção, Blatter – que é membro do COI desde 1999 – disse que a entidade olímpica lida com as suas finanças "como uma dona de casa". Dias depois, em um telefonema particular a Rogge, Sepp pediu desculpas. Alegremente, e de maneira oficiosa, o COI vazou o fato para as agências de notícias. Mesmo assim, Blatter era o verdadeiro vencedor – a tolice desviou a atenção da mídia das propinas e da sujeira da Fifa.

Blatter venceu outra batalha em Doha. Uma enxurrada de dinheiro de seus amigos do Kuwait e do Catar no congresso regional da Confederação Asiática de Futebol garantiu a saída de seu longevo adversário Chung Mong-Joon – o influente vice-presidente sul-coreano da Fifa e um dos bilionários filhos do fundador da dinastia Hyundai, um dos mais cotados na disputa para suceder Sepp Blatter –, que perdeu a eleição e foi substituído pelo príncipe Ali bin Al Hussein (quem?), um jovem e desconhecido principezinho da Jordânia. Fiquei desconcertado quando o príncipe Ali me disse: "Continuo acreditando no poder da unidade para o desenvolvimento do futebol". Sua contribuição para o desolador debate acerca da corrupção na Fifa foi exigir o fim da "política".

O príncipe jordaniano Ali foi eleito para a vice-presidência asiática da Fifa por 46 países-membros da confederação. O que mais impressionou os votantes parece ter sido a sua promessa de campanha de fácil acesso a fundos de desenvolvimento. Além disso, ele disse que queria "transparência, franqueza e integridade na Fifa". O salário e as regalias de *herr* Blatter continuaram sendo segredo.

Se a política do futebol asiático era uma piada, a da América do Sul também era. Aos 82 anos de idade, Nicolás Leoz foi reeleito presidente da Confederação Sul-Americana de Futebol. Leoz foi eleito por aclamação, uma decisão unânime de todos os dez membros da Conmebol. O ponto alto da cerimônia foi Leoz pendurando uma medalha no pescoço de Teixeira.

Estávamos preparando mais uma edição do *Panorama*, da BBC, com novas revelações de fatos comprometedores sobre a Fifa. Entrei de fininho no congresso da Uefa em Paris e consegui ficar frente a frente com Blatter, a quem perguntei sobre as propinas ("Sem comentários"), e igualmente com Issa Hayatou ("Nada a declarar"). Tentei falar com Nicolás Leoz e ele soltou um grunhido ininteligível e cochilou na primeira fila da plateia. Outros convidados muito bem-vindos eram os dois maiores "Homens da Mala" do futebol mundial. Jean-Marie Weber, agora na folha de pagamento de Issa Hayatou, mais uma vez se recusou a falar. Fedor Radmann estava, como sempre, ao lado de seu amigo íntimo Franz Beckenbauer. Quando me viram chegando perto, flanqueado por um cinegrafista e a minha equipe, ambos saíram correndo!

Nosso novo programa, *Fifa: A vergonha do futebol*, usou trechos das filmagens secretas dos jornalistas do *Sunday Times*. Ismail Bhamjee, de Botsuana, ex-membro do Comitê Executivo expulso em 2006 por um escândalo de venda superfaturada de ingressos da Copa do Mundo, disse aos repórteres disfarçados que o Catar estava oferecendo até 500 mil dólares pelos votos dos membros do Comitê Executivo da Fifa. Revelei também que, apesar do sigilo, os dois maiores recebedores de propinas cujos nomes apareciam na investigação de Hildbrand eram Havelange e Teixeira.

A questão crucial naquele momento – e no ano seguinte – eram as manobras tortuosas e desonestas de Blatter para evitar a divulgação do relatório de Hildbrand. A partir de maio de 2010, ele passou a manter – sempre – uma cópia do relatório na gaveta de sua escrivaninha e, se quisesse, a qualquer momento poderia tornar público o documento. Não havia entrave jurídico que proibisse a difusão das informações. Ele não parava de repetir que a legislação suíça o impedia – mentiu. Outra mentira de Sepp era o fingimento de que ele não conhecia o conteúdo do relatório. Nos anos anteriores, Blatter e seus advogados discutiram cada um dos itens com as autoridades de Zug. Eles sabiam tudo.

A essa altura meus colegas James Oliver, da BBC, e Jean-François Tanda, de Zurique, tinham iniciado ação legal para que o relatório fosse publicado, alegando interesse público legítimo. Entraram com processo na corte de Zug e venceram! Não houve objeções por parte das autoridades. Foi um desastre para eles.

Os advogados de Blatter, Teixeira e Havelange contra-atacaram, recorrendo da decisão. Desde o início Blatter e a Fifa – ou a Fifa – usaram suas próprias identidades, mas Teixeira e Havelange insistiam em se esconder atrás dos codinomes B2 e Z.

Em 23 de maio de 2011, o advogado de B2 – que, logo percebemos, era Ricardo Teixeira – encaminhou à corte de Zug uma carta de 13 páginas com a seguinte declaração: "B2 tem o direito de manter sua vida privada protegida [...] Revelar a identidade de B2 levaria a uma cobertura negativa por parte da imprensa, o que teria o efeito de expô-lo ao escárnio público de maneira desproporcional. A reputação pública de B2 seria prejudicada de modo irreparável".

Se tal alegação tivesse chegado aos ouvidos da opinião pública brasileira, haveria uma ruidosa onda nacional de gargalhadas, de Belém a Porto Alegre. A essa altura a reputação de Teixeira já estava arruinada em seu próprio país.

O advogado continuava: "Também há consideráveis riscos de segurança no país em que B2 reside. Figuras localmente importantes como B2 estão sujeitas a rigorosas medidas de segurança. A casa de B2 é rodeada por uma cerca e protegida por guardas dia e noite".

No mesmo dia chegou outra carta, esta do advogado que representava Z – que, obviamente, sabíamos tratar-se de João Havelange. Ele tinha um novo argumento: a publicação "resultaria na divulgação de informações pessoais acerca de Z (nome, profissão, antecedentes criminais, detalhes familiares e contatos sociais e finanças), o que não é necessário para satisfazer a necessidade pública de informações".

Havia mais. "Também há consideráveis riscos de segurança no país em que Z reside. Figuras localmente importantes como Z estão sujeitas a rigorosas medidas de segurança. A casa de Z é rodeada por uma cerca e protegida por guardas dia e noite. Informações pessoais sobre o pleiteante, tais como o endereço ou informações sobre sua situação financeira, não são de conhecimento público no país em que Z reside, uma vez que esse tipo de informação encoraja sequestros, assaltos e arrombamentos com finalidade de roubo. Caso a identidade de Z, bem como o montante por ele pago à guisa de indenização, venham a ser divulgados publicamente, as consequências para a segurança pessoal de Z são difíceis de antever."

Ainda naquele dia chegou a terceira carta, remetida dos escritórios do longevo defensor de Blatter, Peter Nobel. Como ele combateria a difusão das informações? Ele argumentou que os poderosos da colina acima de Zurique estavam protegidos pela Constituição Federal da Suíça, a Convenção Europeia dos Direitos Humanos e a Convenção Internacional sobre Direitos Políticos e Civis. Oliver e Tanda responderam com cartas detalhadas rejeitando essas alegações e reiterando o interesse público.

Essas campanhas legais para sufocar a obscura verdade sobre a Fifa foram solapadas em público pelo mais recente escândalo, em que os membros do Comitê Executivo Jack Warner e Mohamed Bin Hammam foram suspensos após revelações que davam conta da existência de uma conspiração para comprar votos no Caribe contra Blatter nas eleições presidenciais vindouras. Um mês depois Warner renunciou, para escapar das investigações. Seu acusador, Chuck Blazer, ficou radiante de prazer – porém, dois meses depois, também se viu encrencado e sua carreira na Fifa chegou ao fim.

Nos bastidores, o colapso da imagem da Fifa inquietava seus patrocinadores – ou "parceiros", como a lavagem cerebral nos tinha ensinado a chamá-los –, que estavam preocupados com o fato de pagarem milhões para uma entidade cujo fedor agora era sentido no mundo todo. A Adidas, que tanto em âmbito público como privado havia apoiado Blatter ao longo de quarenta anos, divulgou nota afirmando que as acusações de corrupção não eram "boas nem para o esporte nem para a Fifa como instituição, tampouco para seus parceiros".

A Coca-Cola descreveu as revelações como "lamentáveis e ruins para o esporte". E acrescentou: "Temos a expectativa de que a Fifa resolva essa situação de maneira apropriada e completa".

Em agosto de 2012, as autoridades de Zug novamente determinaram que o relatório de Hildbrand fosse publicado. Mais uma vez os advogados que atuavam em nome de Blatter/Fifa, Havelange e Teixeira recorreram imediatamente. Blatter era incorrigível. No final de outubro, seus bem remunerados advogados emitiram nota ludibriando alguns jornalistas a anunciar que Sepp estava "protagonizando uma reviravolta" e que agora, em vez de entrar com recursos contra a liberação dos documentos, faria pressão pela publicação das informações, para assim mostrar sua transparência ao lidar com casos de corrupção. Um blefe. Na esfera privada, ele e os outros dois continuaram lutando, mas novamente foram repudiados pela corte de Zug.

Blatter pôs em ação um novo truque de marketing. Na surdina, combinou com os outros dois que eles deveriam continuar lutando contra a revelação do conteúdo do relatório. Ele, por sua vez, daria fim à própria campanha legal e confirmaria a sua determinação de publicar os documentos do caso – mas alegaria que, por conta das medidas judiciais de Havelange e Teixeira, não estava autorizado a publicar as informações do relatório.

Blatter fez outra falsa declaração à imprensa: "A Fifa vem trabalhando intensamente nas últimas semanas com os seus advogados e equipe jurídica no intuito de poder publicar os documentos do caso ISL na próxima reunião do Comitê Executivo da Fifa, no Japão, no dia 17 de dezembro de 2011", afirmou Blatter. "Era um grande desejo meu tornar os documentos do caso ISL totalmente transparentes nessa reunião. Agora chegou ao meu conhecimento que, como resultado da oposição de terceira parte a tal transparência, será necessário mais tempo para superar os respectivos obstáculos jurídicos".

E seu comunicado era recheado de mais mentiras: "Isso não altera de forma nenhuma a minha posição. Permaneço totalmente comprometido com a publicação dos arquivos assim que possível, como parte importante dos meus muitos planos de reforma para a Fifa, os quais incluem lidar com o passado e preparar a estrutura futura da organização". Era difícil dizer onde terminavam as nuvens de fumaça e onde começavam os espelhos.

A BBC buscou aconselhamento jurídico independente na Suíça. Estava absolutamente claro. Blatter era livre para revelar o conteúdo de sua cópia do relatório de Hildbrand. Ele poderia ter ido além e denunciado os dois brasileiros. No entanto, os chefões não denunciam seus colegas por suas atividades ilegais. Isso faz parte de seu trabalho.

Blatter teve o cuidado de não dar entrevistas a jornalistas críticos. Ele estava seguro com o boletim on-line "insideworldfootball", que dependia de recursos recebidos de federações esportivas, promotores de megaeventos e outras fontes. O boletim publicou que "Ele prometeu não deixar pedra sobre pedra e, pela primeira vez, dar nomes aos bois como parte de sua campanha anticorrupção no coração do futebol mundial".

Segundo o boletim, Blatter afirmou que queria somente "soluções agudas" e que "leva tempo para chacoalhar a árvore até que todas as maçãs podres caiam no chão". Ele se disse chateado pelas críticas que "às vezes degringolam para ataques pessoais e golpes baixos".

Ainda haveria mais um golpe humilhante em 2011.

15
HAVELANGE CHUTADO PARA FORA DO COMITÊ OLÍMPICO INTERNACIONAL

O COI fez o que a Fifa jamais faria

8 de dezembro de 2011, sede do Comitê Olímpico Internacional, Vidy. Eu fiquei chocado. Fazia dois anos que não via o presidente Jacques Rogge, e naquele fim de tarde em Lausanne, quando se sentou em sua cadeira na coletiva de imprensa, ele parecia cadavérico e falou como se na semana seguinte fosse realmente estar morto. "Ele recebeu o diagnóstico de câncer?", perguntei a um de seus assessores. "Não, ele sempre fica assim quando há más notícias."

A primeira parte das más notícias de Rogge já tinha vindo a público. Quatro dias antes, João Havelange, aos 95 anos e em desgraça, renunciou ao Comitê Olímpico Internacional, do qual era o membro mais velho, para evitar humilhação pública ainda maior. A fim de forçar a sua saída, o COI avisou a imprensa de que a recomendação na mesa da diretoria era uma suspensão de dois anos por ele ter recebido dinheiro da ISL.

Eu tinha viajado de trem desde o norte da Inglaterra, atravessei o canal da Mancha, parei para uma reunião em Paris, segui até Genebra e por fim rumei para Lausanne. A neve cobria as montanhas, o lago reluzia ao sol invernal, casais de aposentados passeavam com cachorrinhos nos parques da mais burguesa das cidades. Eu queria ver o que o COI tinha a dizer sobre a lista de propinas da ISL.

Embora Havelange tivesse sido autorizado a sair rastejando pela porta dos fundos, ainda havia o nome de Issa Hayatou, e o chefão do atletismo, Lamine Diack, também continuava na brincadeira.

Uma semana depois que a BBC levou ao ar a edição do programa *Panorama* com a lista de subornos, recebemos a visita de um dos integrantes da comissão de ética do COI. Queriam uma cópia. Blatter e sua degenerada Fifa não investigariam coisa alguma, não ousariam investigar – mas o COI sim. Isso exigia cuidadoso planejamento. A fonte tinha de ser protegida. Nas semanas seguintes meu produtor James Oliver negociou com a fonte e o COI e combinou a entrega do material.

Uma fonte olímpica me ligou e disse: "Acho que você gostaria de estar aqui!". Então lá fui eu – entrei no palácio de mármore e vidro, cumprimentei rostos conhecidos e caminhei até o salão onde Rogge daria sua entrevista coletiva.

Rogge nos saudou e anunciou: "A comissão de ética fez uma proposta e a diretoria executiva acatou a proposta da comissão de ética: o senhor Diack recebeu uma advertência e o senhor Hayatou levou uma repreensão".

Era isso! Ponto-final. Foram 31 palavras em 12 segundos. Onde estava Havelange, o peixe graúdo?

Um repórter perguntou: "Com que seriedade o senhor encara esse caso?". O infeliz presidente do COI respondeu: "É sempre triste ter de tomar medidas disciplinadoras e punir colegas". Outro jornalista quis saber: "O que a comissão de ética considerou errado no comportamento dos dois cavalheiros? Isso ainda não ficou claro para nós. E existe alguma possibilidade de que nós, da imprensa, tenhamos acesso aos relatórios da comissão de ética para que possamos ver o processo e as ideias que o nortearam?".

Rogge jamais responderia a uma pergunta tão direta, mas eu não tinha viajado centenas de quilômetros para comer aquela gelatina fria. Eu me levantei: "Um ano atrás a BBC transmitiu um programa mostrando documentos que comprovam que João Havelange recebeu 1 milhão de dólares da empresa ISL, uma propina sobre um contrato de marketing. Por favor, podemos ver o relatório da comissão de ética e saber qual era a recomendação da comissão antes da renúncia de Havelange?".

Rogge parecia estar entrando em coma terminal. "Os relatórios da comissão de ética são confidenciais, as propostas e decisões da diretoria executiva são públicas – e são divulgadas."

Fiz outra pergunta. "O senhor viu a decisão sobre Havelange? Isso não incomodou o senhor, o senhor não teve nenhuma reação emocional?

"Senhor Jennings, no dia de hoje não tenho emoção alguma, tenho uma tarefa a cumprir, obrigações que preciso respeitar. Não estou aqui para demonstrar as minhas emoções."

Tentei de novo. "O que o senhor achou do relatório sobre Havelange, por favor?"

Rogge: "Guardo os meus pensamentos para mim mesmo. Muito obrigado".

Outro jornalista entrou na luta para abrir a ostra à força: "O senhor ficou decepcionado com o fato de que o senhor Havelange renunciou antes da reunião da diretoria executiva, e portanto neste caso não foi possível ver a justiça ser feita?".

"Como eu disse antes, não estou aqui para falar dos meus sentimentos e minhas emoções. Recebi a carta de renúncia do senhor Havelange, que foi endossada pela diretoria executiva do COI, e como resultado disso o senhor Havelange deixou de ser membro do COI. Para nós ele é uma pessoa física."

A lenga-lenga monótona do presidente continuou: "Permitam-me dizer, mesmo que ninguém tenha feito perguntas nesse sentido, que o COI mostrou respeito pelas regras da entidade, que temos enorme respeito pelo comportamento ético e que não hesitamos, quando isso é necessário e quando provas nos são apresentadas".

Fiz uma última pergunta: "O mundo todo, presidente Rogge, agora tem plena consciência dos 100 milhões de dólares em propinas pagos pela ISL para organizações esportivas. O senhor está confiante em que, depois do anúncio da decisão de hoje – de que Havelange se livrou da enrascada –, o mundo todo acreditará que o COI está agindo à altura de suas responsabilidades no que tange a enfrentar a corrupção?".

Rogge me interrompeu. "Desculpe-me, senhor Jennings. Creio que o mundo todo concorda e reconhece que o COI é sério e que o COI é responsável e transparente."

E foi isso.

17 de dezembro de 2012. Hora da lagosta! Blatter e seu Comitê Executivo estão novamente no Ritz-Carlton para sua anual festinha natalina. O sushi de lagosta, um dos pratos favoritos de Chuck Blazer, que preside a comissão organizadora, é servido no encerramento do Mundial de Clubes da Fifa. O brasileiro Corinthians venceu. O Barrigão sabe que será seu último banquete gratuito. Os investigadores estão fechando o cerco sobre ele e suas duas décadas servindo-se dos milhões do futebol.

A turma se reúne em torno de Hayatou, copos na mão, gargalhando e parabenizando-o. É hilário que ele tenha escapado com um mero puxãozinho de orelhas de Rogge. Mais drinques! A Fifa está pagando! Blatter está triunfante! Ele diz na coletiva de imprensa: "Quanto ao senhor Hayatou, não há necessidade de nenhuma ação aqui. Ele recebeu uma reprimenda do Comitê Olímpico Internacional por conta de um caso muito antigo, mas ainda é um membro de muito prestígio, tanto daquela instituição como da Fifa. Não há necessidade de promover nenhum tipo de investigação porque o Comitê Executivo confia nele e o apoia completamente".

Blatter lamenta ainda não poder abrir o caso e divulgar o conteúdo do relatório de Hildbrand – "um assunto particularmente importante para mim". Ele não conta aos jornalistas que está lutando *contra* a divulgação do documento. E também não revela, cinco dias depois, a nova rejeição por parte da corte de Zug de mais uma investida sua e dos ainda não nomeados Havelange e Teixeira para bloquear a publicação do relatório. Vamos voltar um pouco no tempo.

Rio de Janeiro, 8 de janeiro de 2012. Isolado e em desgraça, Havelange teria dito: "Até o final da minha vida, jamais me esquecerei do que aquele jornalista britânico fez comigo". No entanto, ele não para de lutar contra a divulgação do relatório de Hildbrand. Blatter agora tirou o time de campo, aconselhado por seu advogado de que é impossível vencer. Mesmo assim, ele deixa que os dois brasileiros sigam tentando ganhar tempo e procurando atravancar a revelação do conteúdo do relatório.

No mês seguinte Havelange e Teixeira, nesse novo passo dividindo o mesmo advogado para reduzir custos, entram com um novo recurso. Ganham mais alguns meses de adiamento, enquanto nós temos de gastar mais tempo e dinheiro refutando os seus argumentos vazios.

Blatter dá uma entrevista a uma revista futebolística alemã – a *Kicker* – e atribui os problemas da Fifa a "jornalistas investigativos na Inglaterra". E acrescenta: "Venho tentando liberar este exasperante dossiê da ISL há algum tempo. Eu estaria pronto para fazer isso hoje, se o tribunal permitisse. Se não houver objeções legais novamente, acredito que isso possa acontecer no final de janeiro". À parte, elabora um novo plano para impedir que as revelações venham a público. Aparentemente trata-se de um documento complexo e que primeiramente teria de ser analisado por "juristas especializados". Felizmente nunca mais voltamos a ouvir essas ardilosas abobrinhas.

Em fevereiro de 2012, Blatter embarcou em seu jatinho particular com destino a Assunção, no Paraguai – foi dar "uma força" a Leoz no congresso extraordinário da Conmebol. Os temas principais eram "a independência e a autonomia das federações afiliadas". Esse era o código da Fifa para enfrentar a oposição dos governos e dos policiais que investigavam a corrupção na entidade.

Com Leoz a salvo, Blatter embarcou novamente no jatinho, atravessou o Atlântico e foi até Libreville, no Gabão, para dar apoio semelhante a Issa Hayatou no congresso da Confederação Africana de Futebol. Hayatou dirigia o futebol africano com mãos de ferro, e não é de surpreender que a assembleia tenha aprovado uma moção um tanto bizarra atacando o COI.

O texto começava assim: "A assembleia geral denuncia a estratégia por meio da qual o movimento dos esportes africanos e seus dirigentes são usados como bodes expiatórios por aqueles que buscam de todas as maneiras cobrir seus rastros". Hayatou teria redigido a moção – que diabos estava se passando na cabeça dele? O texto continuava: "Vale notar que o presidente da Confederação Africana de Futebol foi, no passado, alvo de uma desagradável campanha".

Novamente, o visitante Blatter trombeteou a autonomia de seus colegas corruptos. Diante de um grupo de jornalistas perplexos, ele disse: "Como vocês podem ver, 'Trabalhe com afinco, ame o futebol' continua sendo o meu lema". Levantando a voz, ele proclamou: "Pelo jogo. Pelo mundo". Depois voltou para o seu jatinho e regressou a Zurique.

O advogado de defesa dos dois brasileiros apresentou um novo argumento. Talvez o relatório devesse ser revelado para a imprensa – como os senhores Tanda e Oliver eram pessoas físicas, o documento não poderia ser entregue a eles. Obviamente, ambos eram jornalistas a serviço de grandes corporações de mídia e havia anos cobriam a corrupção na Fifa. A disputa estava agora em sua reta final e seria decidida na Corte Federal da Suíça.

Teixeira não estaria por perto quando o julgamento chegasse ao fim. Em desgraça, em março de 2012 ele renunciou à presidência da CBF e também deixou o Comitê Organizador Local da Copa do Mundo de 2014. Anos de investigação do Congresso e do Senado brasileiros e, mais recentemente, do *Panorama*, da BBC, tinham forçado Ricardo a se afastar do poder. O ex-atacante Romário comemorou escrevendo em sua página do Twitter: "Hoje podemos comemorar muito. Exterminamos um câncer do futebol brasileiro".

O debate internacional sobre a corrupção na Fifa se transferiu para Paris. Em dezembro do ano anterior, três dias antes da constrangedora coletiva de imprensa de Rogge, eu tinha prestado depoimento para uma comissão de políticos no escritório parisiense do Conselho da Europa, na avenida Kléber. Antes disso eu apresentara, a pedido do conselho, um relatório analisando a Fifa como um sindicato do crime organizado. Na minha apresentação em Paris, dei os nomes dos fraudadores brasileiros e enfatizei que o magistrado investigador Hildbrand sabia da verdade e que alguns de nós vínhamos batalhando pela divulgação do relatório.

Os membros da comissão ouviram atentamente. Depois, em segredo, convidaram Hildbrand para depor. Ele recebeu permissão do governo suíço e foi ouvido em Paris, em 6 de março de 2012. Seis semanas depois o Conselho da Europa publicou o próprio relatório. Seu *rapporteur* François Rochebloine, membro da Assembleia Nacional Francesa, representando o distrito eleitoral de Loire, salientou uma declaração crucial de Hildbrand: de que a ordem que encerrava a ação legal em Zug "não estava sujeita a necessidade de sigilo absoluto".

Ele prosseguiu: "Portanto, parece que a Fifa tem condições de divulgar o documento em questão (que a entidade, sendo uma parte do processo legal, deve ter em sua posse) sem esperar por uma decisão da Corte Federal Suíça)".

Essa foi a mesma orientação jurídica que o programa *Panorama* havia recebido. Blatter não tinha justificativa para se sentar em cima do relatório. Ele tinha mentido repetidas vezes, mês após mês.

Monsieur Rochebloine constatou que Blatter pagava polpudas bonificações a seus funcionários. E comentou: "A suspeita é a de que esses pagamentos servem para que os membros do Comitê Executivo fiquem em silêncio quanto à corrupção".

O fim veio em 11 de julho de 2012, dia em que a Corte Federal Suíça determinou que o relatório fosse publicado. Blatter imediatamente tentou desviar a atenção da opinião pública, para que ninguém notasse a revelação de que ele tinha sido um "gestor desleal" e que não havia agido mesmo sabendo da fraude perpetrada pelos brasileiros.

Ele escreveu no seu Twitter: "Feliz com a decisão da Corte Federal Suíça sobre a ISL. Confirma o que eu e o tribunal de Zug dissemos: eu não estava na lista".

Blatter não conseguia parar de mentir – o tribunal de Zug não dissera nada desse tipo. Nem Blatter nem nenhum outro dirigente da Fifa tinham sido julgados. Eram somente executivos da ISL, acusados de continuar fazendo negócios enquanto a empresa estava insolvente. As propinas eram parte das evidências – mas somente para mostrar que os executivos da ISL pagaram suborno aos cartolas da Fifa quando, em vez disso, deveriam ter fechado a ISL e mandado esse dinheiro para os credores.

Blatter continuamente pauta a imprensa ingênua alegando que foi "inocentado" pela investigação de Hildbrand. Um diálogo hilário se deu quando o chefão do futebol mundial concedeu uma entrevista "exclusiva" a um repórter do canal britânico Sky News, que nem sequer se deu o trabalho de ler o relatório de Hildbrand e não tinha a menor ideia do que a Corte Federal Suíça havia dito – ou do que não dissera.

"Pergunta: De que forma as acusações afetaram o senhor pessoalmente? Foi muito incômodo ler essas acusações?

Blatter: Sem dúvida, sem dúvida, porque também pôs em discussão a minha probidade, minha independência, mas fiquei muito feliz pelo fato de que a alta corte da Suíça chegou à conclusão de que o presidente da Fifa não estava pessoalmente envolvido em nenhuma questão em que houve distribuição de dinheiro e não tinha o menor conhecimento acerca desse tema, mas afeta a minha pessoa, afeta a minha família, mas não afetará a minha energia, o meu coração e a minha alma passar por esse processo até o fim."

Durante as minhas pesquisas para a elaboração deste livro, falei com uma fonte confiável que era muito próxima de um dos assistentes pessoais de Horst Dassler. Fiquei sabendo que perguntaram a ele: "Alguma vez Havelange e Blatter receberam dinheiro de Horst Dassler?".

Minha fonte ouviu a seguinte resposta: "Os dois homens, desde sempre, desde quando ele os conheceu, pegavam dinheiro. Ele tem documentos, mas, por motivos pessoais, não pode mostrá-los a ninguém. Pouco depois da morte de Dassler, ele entregou um documento em que ficava claro que Blatter pedira e recebera dinheiro vivo de Dassler".

Ele disse também que por mais de vinte anos Ricardo Teixeira e Jean-Marie Weber se encontraram pessoalmente para "acertar as contas" – o que significa dizer que Teixeira recebia dinheiro. Dassler entregou ao seu assistente um arquivo confidencial dois anos antes de morrer. Ele continha um contrato de 60 milhões de francos suíços (cerca de 161 milhões de reais) a serem pagos a Havelange ao longo de 12 anos. Horst viajava para ver Havelange no Rio e discutir os detalhes, e esses encontros também serviam para a entrega de dinheiro.

16
MARIN APONTOU O DEDO DA MORTE PARA VLADO

Agora ele comanda o futebol brasileiro

Assunção, 13 de dezembro de 2013. Os homens que desfiguram o futebol latino-americano estão reunidos na sede da Conmebol para celebrar o fato de terem sobrevivido mais um ano no poder. Auxiliados por jovens belas e altas, com saias acima dos joelhos, o brasileiro Marco Polo Del Nero, nascido em 1941, põe em volta do pescoço de José Maria Marin, nascido em 1932, o Collar Extraordinario, a maior e mais significativa comenda oferecida pela entidade. Ambos parecem completamente indiferentes à agitação social no Brasil e alheios ao ódio com relação à CBF e à Fifa.

Depois da cerimônia, Marin senta-se a uma mesa com o ex-membro do Comitê Executivo da Fifa Nicolás Leoz, nascido em 1928. Seis meses antes tínhamos recebido a notícia de que Leoz havia abandonado o futebol, em desgraça após acusações de recebimento de propinas. A notícia ainda não chegou ao conhecimento de seus velhos amigos. É um mundinho pequeno e restrito. Leoz foi substituído na Fifa pelo uruguaio Eugenio Figueredo, nascido em 1932, que durante vinte anos ocupara a vice-presidência da Conmebol.

Quando Teixeira, nascido em 1947, foi forçado a abandonar o trono da CBF, Marin o substituiu. Teixeira teve também de deixar a sua cadeira no Comitê Executivo da Fifa, e Del Nero – presidente da Federação Paulista de Futebol (FPF) – entrou em seu lugar. O mundo do futebol não se tornou um lugar melhor.

Rio de Janeiro, 10 de dezembro de 2013. Na sala da diretoria da CBF, alguns dos velhos senhores que dirigem os clubes brasileiros de futebol estão reunidos ao redor da mesa CBF com Del Nero, que em 2015 pode substituir Marin. Acima deles, em uma das paredes, há o retrato de um jovem e quase angelical Teixeira, alijado do poder um ano antes. Hoje ele reside em sua casa de 7 milhões de dólares em Miami, na Flórida. Seu espírito vive no Rio de Janeiro. Pouca coisa mudou.

Brasília, 11 de dezembro de 2012. O deputado federal Romário chega de mansinho e entra na sala da comissão. Uma centena de pares de olhos seguem os passos do icônico Baixinho, que se dirige primeiramente aos assentos reservados à imprensa. Com ambas as mãos ele agarra uma das minhas e diz: "Andrew Jennings, meu amigo, como vai você?".

Ele está em grande forma, leve, tranquilo, sorridente – o brilho em seu olhar promete, é sinal de que um dos maiores artilheiros da história do futebol pretende marcar mais um gol nessa manhã. Como sempre, os espectadores serão pegos de surpresa: Romário não faz alarde, não anuncia, não prepara o terreno, Romário simplesmente vai lá e faz. *Bum*! Gol!

"Agora que vi você estou melhor ainda, meu chapa", respondo. Ele dá uma gargalhada e sai andando, driblando as mesas para ocupar o seu lugar entre os membros da Comissão de Turismo e Desporto da Câmara dos Deputados, da qual faz parte.

Romário aguarda pacientemente por alguns minutos. Então o presidente da mesa lhe passa a bola. É a vez do Baixinho falar. Agora ele já não está mais sorrindo.

"As pessoas me param na rua e dizem 'Tragam o Teixeira de volta. Esse cara novo é pior."

Em 18 palavras, Romário ajeitou a bola e... pimba!

Durante 23 anos, Ricardo Teixeira apropriou-se fraudulentamente de milhões de dólares da Fifa e da CBF. A BBC descobriu documentos comprovando a sua corrupção, e em março de 2012 ele foi forçado a sair do futebol – os torcedores puderam recolher as faixas de "Fora, Teixeira" que estendiam nos estádios.

Como é possível que o cara novo na presidência da CBF, o octogenário Marin, seja pior que seu antecessor?

A resposta deve ser alguma coisa fora dos gramados, alguma coisa abominável, algo do passado, da época da ditadura militar. A indignação cresce em São Paulo, manifestantes saem às ruas e protestam na frente da casa de José Maria Marin. Há artigos de jornal enfurecidos e na Assembleia Legislativa ele é acusado de ter as "mãos sujas de sangue". O que ele fez?

31 de março de 1964. Nas primeiras horas da madrugada os tanques começaram a se pôr em movimento. Direitistas com mais dragonas na farda que cérebro. Generais que jamais conduziram suas tropas em uma batalha de verdade, em que poderiam morrer.

Contudo, esses generais tinham seus horríveis brinquedos – canhões, aviões, couraçados e cadeiras de aço com metal condutor de eletricidade plugadas* – e estavam inquietos. Catorze anos haviam se passado desde que renunciaram ao seu último período de vinte anos de jugo militar. E assistiam, horrorizados, enquanto políticos de esquerda eram eleitos e associações livres de trabalhadores ganhavam força.

Os amigos na CIA e no Pentágono também não aprovavam esse cenário. O presidente João Goulart vinha de uma rica família de latifundiários, mas estava cobrando impostos de empresas estrangeiras e limitando o montante do lucro que podia ser exportado; além disso, tinha planos para uma reforma agrária, a educação vinha sendo ampliada, o analfabetismo adulto estava sendo combatido.

Naqueles dias o sonho norte-americano era uma América Latina que dobrasse os joelhos perante Washington. Políticas estrangeiras independentes ao sul da fronteira não eram permitidas. Quando o presidente Goulart se opôs às sanções contra a Cuba de Fidel Castro, a Casa Branca tirou da gaveta os seus planos de golpe. Grupos de oposição foram financiados.

Um porta-aviões e contratorpedeiros equipados com mísseis teleguiados foram enviados para as águas brasileiras, mas não foi necessário utilizá-los. Os generais precisaram de apenas 72 horas para destruir a democracia.

Brasília, 13 de dezembro de 1968. Os generais levaram quatro anos para finalmente conseguir elaborar uma lei – que ficou famosa como o Ato Institucional nº 5, o AI-5 – que dava ao presidente fantoche da vez, qualquer milico que fosse, o poder de fazer o que lhe desse na telha. O Congresso foi amordaçado e posto na geladeira, a maior parte dos partidos políticos, proibida, e os direitos humanos, extintos. De quebra, a censura corria solta e os censores tinham carta branca para mutilar e proibir filmes, músicas e peças teatrais – emissoras de televisão e de rádio e redações de jornais foram ocupadas por censores.

Sabendo que eram ilegítimos e enfrentando o ódio do povo, os generais declararam guerra aos seus oponentes. Houve inclusive uma guerra ainda mais sombria que ficou conhecida como Operação Bandeirante – a Oban –, um cen-

---

* Um dos tipos de tortura usados durante a ditadura militar era a Cadeira do Dragão, uma espécie de cadeira elétrica em que os presos sentavam-se nus em uma cadeira revestida de zinco ligada a terminais elétricos. Quando o aparelho era ligado, o zinco transmitia choques a todo o corpo. Muitas vezes os torturadores enfiavam na cabeça da vítima um balde de metal, no qual também eram aplicados choques. (N. T.)

tro de informações e investigações formado por policiais e oficiais do Exército para coordenar e integrar as ações dos órgãos de combate às organizações armadas de esquerda. A Oban era financiada secretamente por empresários brasileiros e corporações norte-americanas, que pagavam bonificações para a erradicação de sindicalistas em suas fábricas.

Agindo à vontade, essas unidades grampeavam telefones, sequestravam dissidentes, interrogavam, torturavam e assassinavam presos políticos. Em São Paulo, seu Esquadrão da Morte era célebre.

Em 1970, uma entre os milhares de pessoas presas foi uma estudante de 22 anos chamada Dilma Rousseff, que tinha se juntado a um grupo de guerrilha urbano, o Comando de Libertação Nacional (Colina). Ao longo de dois anos os torturadores "deram um trato" nela em São Paulo, no Rio de Janeiro e em Juiz de Fora. Em depoimento dado em 2001 a investigadores do Conselho Estadual de Direitos Humanos (Conedh-MG), Dilma descreveu as surras que recebia, nua e amarrada, acompanhadas de choques elétricos nas partes mais sensíveis do corpo. Em uma das sessões de tortura ela teve hemorragia uterina.

"Lembro-me do medo quando minha pele tremeu", ela disse em 2001. "Tem um lado que marca a gente pelo resto da vida."

Há uma fotografia impressionante da sra. Rousseff no tribunal sendo condenada a seis anos de prisão. Seu rosto está impassível, ela não se acovarda. No banco dos juízes, dois magistrados militares, ambos cobrindo o rosto, envergonhados por estarem a serviço da ditadura.

São Paulo, 15 de março de 1971. Enquanto os agentes da Oban mais uma vez prendiam fios elétricos de seus geradores no corpo da sra. Rousseff em São Paulo, José Maria Marin tornava-se deputado estadual em São Paulo. Se quisesse, Marin poderia ter ouvido os gritos de Dilma. Sabia das torturas, mas isso não o incomodava, porque ele se sentia confortável com a ditadura. Os militares não faziam segredo de sua brutalidade. Precisavam de uma população acuada e intimidada.

O sr. Marin tinha aderido à Arena, o partido político criado para dar sustentação ao governo ditatorial. Marin gostava dos militares porque eles lhe davam poder político, o que o deixava bem pertinho dos cofres públicos – e eles gostavam de Marin porque ele era sua *jukebox*, sua caixinha de música. Bastava apertar o botão de Marin e lá ia ele discursar na Assembleia Legislativa, denunciando e atacando comunistas ou qualquer outra pessoa que a Oban quisesse, fornecendo-lhe pretexto para prender e machucar.

De tempos em tempos Marin se encontrava com Sérgio Fleury nos bastidores políticos ou nos restaurantes chiques de São Paulo. Símbolo da linha dura do regime militar, o delegado Sérgio Paranhos Fleury – titular da Delegacia de Investigações Criminais (Deic) de São Paulo – era um sádico de primeira grandeza, um artista da tortura. O Príncipe da Dor supervisionava interrogatórios e operava uma rede de cárceres privados, cativeiros clandestinos em chácaras e casas em que presos políticos eram escondidos e torturados durante dias a fio. Muitos morreram – ou simplesmente desapareceram.

Os agentes de Fleury – bandidos à paisana – podiam arrombar a porta da frente de uma casa suspeita a qualquer hora do dia ou da noite e, se lhes apetecesse, começavam a espancar o "subversivo", que às vezes era amarrado enquanto os agentes "iam se aquecendo" com sua esposa ou seus pais. As crianças assistiam a tudo, aterrorizadas. Os revólveres disparavam. Marin tinha Fleury na mais alta conta.

São Paulo, janeiro de 2013. "Depois que a ditadura se instalou, ser jornalista passou a ser uma ocupação bastante insalubre. Eu tinha saído seis meses antes e estava em Londres, trabalhando para o Serviço Brasileiro da BBC", recorda o jornalista Nemércio Nogueira. "Eu e um colega fizemos *lobby* para que a BBC oferecesse um emprego ao nosso amigo e ex-colega Vladimir Herzog. Em 1965 eles contrataram Vlado, que trouxe sua esposa Clarice, e em Londres tiveram dois meninos, Ivo e André."

Talvez Vlado Herzog achasse que a ditadura logo definharia e não demoraria a morrer. Depois de três anos trabalhando na BBC, período em que aprimorou seus conhecimentos de produção televisiva e cinema e estagiou em vários departamentos, ele levou a família de volta para casa e foi nomeado editor-chefe da TV Cultura, rede de televisão pública pertencente ao governo do estado de São Paulo. Assim, ele estava no radar do deputado estadual José Maria Marin, porta-voz de Sérgio Fleury e dos generais.

Surgiram divisões no seio da ditadura, que começou a rachar. A luta armada lançada por um punhado de grupos tinha sido derrotada e as guerrilhas, eliminadas. Alguns generais defendiam um retorno gradual e cauteloso à democracia. Os mais linha-dura não queriam nem ouvir falar nisso, e para continuar no poder precisavam de uma "Ameaça Vermelha". Os soldados de infantaria da ditadura concordaram de bom grado – para eles era um lucrativo "bico" pegar dinheiro dos presos e tudo o mais que pudessem.

Eles tiveram ajuda externa. As forças de segurança de países sul-americanos – Argentina, Bolívia, Chile, Paraguai e Uruguai – instauraram a Operação

Condor, cujas ações eram sincronizadas de uma base da CIA no Panamá. Foram presos e assassinados lideranças esquerdistas e adversários da ditadura em toda a América Latina.

Vlado era mais que um respeitado ex-repórter e produtor da BBC. Formado em filosofia na Universidade de São Paulo (USP), era um bem-sucedido documentarista e deu aulas de jornalismo na Fundação Armando Alvares Penteado (Faap) e na Escola de Comunicações e Artes (ECA) da USP.

Outro colega recorda: "Vlado tinha um estilo bastante direto e despojado de falar e escrever, como é típico dos jornalistas, e não era dado a voos de retórica. Uma frase que ele usava com frequência, e que resume e representa com muito vigor o pensamento dele – e está gravada em sua lápide –, era: 'Quando perdemos a capacidade de nos indignar com as atrocidades praticadas contra os outros, perdemos também o direito de nos considerarmos seres humanos civilizados'".

A família de Vlado, judia, sabia o que era o medo, conhecia o medo das atrocidades. Quando Vlado era menino, seus familiares fugiram da Croácia para escapar dos nazistas. Ivo Herzog me disse: "Sim, meu pai era membro do Partido Comunista Brasileiro. Mas não era um grupo armado. Era como um clube de discussões, um grupo de debates". O que Fleury e seus sádicos queriam eram denúncias. Eles começaram a prender os suspeitos de serem comunistas e a torturá-los para obter mais nomes.

São Paulo, setembro de 1975. Claudio Marques era um demagogo barato, que escrevia em um jornalzinho gratuito que era entregue nas casas da cidade. "Conheci o Claudio pessoalmente, como jornalista, e para mim ele era um velhaco traiçoeiro. A minha impressão era a de que ele não passava de um picareta oportunista que viu uma chance de puxar o saco do governo e dos poderosos, possivelmente para obter favores, patrocínio para sua coluna e seu programa de TV, um emprego, qualquer coisa." Essa é a lembrança do jornalista Nemércio Nogueira, amigo e colega de Vlado na BBC.

Claudio fazia tudo o que podia para cair nas graças dos generais e torturadores. Sérgio queria "vermelhos"? Claudio arranjaria alguns. Ele começou a escrever a sua "Coluna Um".

"Viram o noticiário de ontem na TV Cultura, no canal 2? Uma matéria sobre o comunista vietnamita Ho Chi Minh!" Não interessava que a reportagem tivesse sido fornecida pela agência de notícias Visnews, parte da BBC – ali estava a prova de que o canal estatal tinha sido tomado pelos "comunas"! E o governo ia ficar parado assistindo a tudo de braços cruzados, sem nada fazer?

Isso foi publicado na primeira semana de setembro de 1975. Dois dias depois, Claudio fez outro violento ataque.

As prisões dos comunistas suspeitos e dos suspeitos de serem comunistas começaram na última semana de setembro. Amarrados na Cadeira de Dragão, a versão de Sérgio Fleury da cadeira elétrica, com eletrodos presos no nariz e no pênis, e afogados em baldes de água, eles berravam nomes.

A campanha se deslocou para a Assembleia Legislativa.

São Paulo, 9 de outubro de 1975. O fantoche escolhido para fazer o aquecimento foi o deputado Wadih Helu, outra cria da ditadura. Veterano das hostes arenistas, foi presidente do Sport Club Corinthians Paulista e fornecia lugares discretos para que os torturadores de Fleury realizassem os seus interrogatórios.

Helu tinha denúncias graves para fazer aos seus colegas na Assembleia.

Veja só: o governo tinha acabado de inaugurar um novo sistema de esgotos, mas quem assistia à TV Cultura não ficou sabendo disso. A emissora não havia mandado uma equipe de filmagem! (Se neste ponto você está com vontade de rir, controle-se, porque o final da história é funesto.)

Bufando para simular um falso acesso de raiva, o deputado Helu prosseguiu: "A ausência da equipe da TV Cultura nas inaugurações do governo não nos surpreende, porque semanalmente acompanhamos na 'Coluna Um' de Claudio Marques uma série de denúncias acerca da infiltração de elementos comunistas".

Helu subiu o tom: a TV Cultura mostrava apenas notícias negativas, nada positivo: "O canal 2 tudo omite; ao contrário, faz o proselitismo do comunismo, da subserviência", o que o tornava, nas palavras de Claudio Marques, "a Televisão Vietnã Cultura de São Paulo, paga com o dinheiro do povo para prestar um desserviço ao nosso governo e à nossa Pátria".

Agora era a deixa para que entrasse em cena a atração principal – o deputado arenista José Maria Marin lançou seu aparte fatal.

"Nobre deputado Wadih Helu, realmente o assunto levantado por vossa excelência da tribuna deve merecer atenção toda especial, não só desta Casa, mas, principalmente, por parte do senhor secretário estadual da Cultura e por parte do senhor governador. Sem me aprofundar no mérito da questão, causa estranheza quando os órgãos de imprensa do nosso estado, já de há muito tempo vêm levantando esse problema, pedindo providências aos órgãos competentes com o que está acontecendo com o canal 2, e nós não verificamos, pelo menos, nenhuma palavra de esclarecimento", bradou Marin.

"Já não se trata nem de divulgar aquilo que é bom e deixar de divulgar aquilo que é mau; se trata de grande intranquilidade que já está tomando conta de todos em São Paulo, é um assunto que não é comentado apenas nesta tribuna, é um assunto que não é comentado apenas nos meios políticos, é um assunto comentado hoje em quase todos os lares de São Paulo."

Alguma coisa *tinha* de ser feita.

"Neste aparte, nobre deputado Wadih Helu, quero chamar a atenção do senhor secretário estadual da Cultura, do senhor governador, que venham a público esclarecer definitivamente essas denúncias que estão sendo levantadas pela imprensa de São Paulo e de forma particular, de forma corajosa inclusive, pelo jornalista Claudio Marques.

"De há muito que essas denúncias estão sendo levantadas em vários jornais de São Paulo, e basta um simples exame desse problema para verificarmos que não só os jornalistas, mas vossa excelência mesmo acabou de dizer nesta tribuna, que se vem pregando apenas fatos negativos, não se vê nada do aspecto positivo, apresentando miséria, apresentando problemas, e sem apresentar, inclusive, soluções.

"Nessas condições, congratulamo-nos com vossa excelência pela oportunidade em levantar este problema e quero daqui, neste ligeiro aparte, fazer um apelo ao senhor governador: ou o jornalista está errado ou então o jornalista está certo. O que não pode perdurar é essa omissão, tanto por parte do senhor secretário estadual da Cultura, como do senhor governador. É preciso mais do que nunca uma providência, a fim de que a tranquilidade volte a reinar não só nesta Casa, mas, principalmente, nos lares paulistanos."

Sérgio Fleury e seus capangas agora tinham licença para trabalhar. José Maria Marin tinha dado carta branca. O relógio da vida de Vlado Herzog estava correndo depressa.

"A partir daquele tempo a gente passou a viver no olho do furacão", relembra o amigo e colega de Vlado, Paulo Markun. Oito dias depois Markun foi preso. "Fui torturado e confessei que era membro do Partido Comunista."

Na noite de 24 de outubro, 15 dias depois dos raivosos discursos dos deputados Helu e Marin na Assembleia, os policiais chegaram à sede da TV Cultura querendo levar Vlado. Os colegas de redação argumentaram que naquele momento Vlado estava fechando a edição do noticiário da noite e que, se o levassem, o programa não poderia ir ao ar. Por isso Vlado se ofereceu para se apresentar voluntariamente à polícia na manhã do dia seguinte, para interrogatório.

Vlado foi incauto? Foi ingênuo? Um colega e amigo dele me disse: "A minha interpretação é que, por residir em um endereço bem conhecido, por ser um jornalista renomado, com um alto cargo em uma TV estatal, e por não estar envolvido na luta armada ou em atividades revolucionárias, ele não tinha muito que temer".

São Paulo, 25 de outubro de 1975. Vladimir Herzog, 38 anos de idade, acordou mais cedo que de costume naquela manhã de sábado. Fez a barba, tomou banho e deu um beijo de despedida em Clarice, que ainda estava na cama. Ela queria se levantar e preparar o café da manhã, mas ele lhe disse que não se preocupasse, pois no caminho pararia em uma padaria para tomar um café com leite.

No fundo, todos os que não se consideravam apoiadores ou aliados do regime viviam com medo de "desaparecer", pois isso acontecia mesmo. Vlado combinou de se encontrar com um colega que o acompanhou até o número 921 da rua Tutoia, no bairro do Paraíso, atualmente o 36º Distrito Policial. Chegaram lá por volta das oito da manhã.

Por trás de muros altos guardados por sentinelas armadas funcionava a sede da Oban. Vlado cruzou o portão de entrada e disse ao recepcionista seu nome completo, profissão e número do RG.

E esperou, sentado em um dos bancos de madeira perfilados no amplo salão que conduzia a uma porta de vidro e ferro. Minutos depois, foi levado para interrogatório.

Uma vez lá dentro, Vlado recebeu ordem para tirar suas roupas e vestir o macacão de prisioneiro. Na sala de interrogatório já havia dois presos com a cabeça coberta por capuzes pretos. Um deles era Rodolfo Konder, que reconheceu o amigo: "Consegui erguer um pouco o capuz e reconheci seus sapatos, os mocassins pretos do Vlado".

Vlado negou ser membro do Partido Comunista. Konder e o outro prisioneiro foram tirados da sala. Pouco tempo depois, eles ouviram os gritos de Vlado quando a máquina de choques elétricos começou a funcionar. "Os gritos duraram quase toda a manhã. Os choques eram tão violentos que Vlado uivava de dor", diz Konder. "Eles ligaram um rádio em alto volume para abafar o som." Por volta das 11 da manhã Vlado foi levado para a sala de interrogatório. "Mais ou menos uma hora depois eles me levaram para outra sala, onde pude tirar o capuz e vi o Vlado. O interrogador, um homem que aparentava uns 35 anos, magro, musculoso, com uma tatuagem de âncora no braço, disse-me para dizer ao Vlado que era inútil resistir", lembra Konder. "Vlado estava com o capuz enfiado na cabeça, tremendo, abatido, nervoso. Tive de ajudá-lo a escrever uma confissão, dizendo que ele tinha sido convencido por mim a entrar no PCB e listar outros membros do partido."

Ivo Herzog disse-me: "Eles interromperam os choques elétricos e ditaram um bilhete para ele escrever. Ele obedeceu e escreveu, depois refletiu e rasgou o papel. Eles aumentaram a voltagem, os gritos dele voltaram a ser ouvidos, e os choques o mataram".

Ele hesitou um pouco e parou de falar. "Minha família não gosta de se lembrar da tortura. Eles não tinham necessidade de matar meu pai – não houve intenção."

"Sérgio Fleury estava presente na sala?", perguntei. "Não sabemos", disse Ivo, "mas sei que o Marin estava mais do que disposto a deixar a vida do meu pai em perigo, e assim cair nas graças dos militares".

Naquela noite, já bem tarde, Clarice Herzog recebeu a notícia da morte do marido.

25 de outubro de 1975, horas mais tarde. Às pressas, os torturadores vestiram Vlado com as roupas com as quais ele havia chegado ao distrito policial, passaram o cinto das calças em volta do pescoço, penduraram o corpo nas grades de uma cela e o fotografaram, alegando que ele havia se matado. A foto não era nem um pouco convincente. Os pés dele estavam tocando o chão e seus joelhos estavam dobrados.

O corpo do jornalista foi entregue às autoridades religiosas judaicas na expectativa de que fosse rapidamente enterrado – junto com as evidências do crime. Segundo a tradição judaica, suicidas não podem ser enterrados em seu cemitério. Enquanto o *Shevra Kaddish* – o comitê fúnebre judaico – estava preparando o corpo para o funeral, o rabino Henry Sobel reparou nas marcas de tortura. Ele ordenou que Vlado fosse enterrado no centro do cemitério. A versão do suicídio se transformou em pó.

Rodolfo Konder tinha sido solto e compareceu ao funeral. Insistiu em usar as roupas com as quais havia sido torturado. "Levei as roupas sujas de urina, fezes e sangue. Foi assim que assisti ao funeral do meu amigo."

À medida que a notícia da morte de Vlado se espalhou por São Paulo, os jornalistas e profissionais da mídia saíram às ruas. A polícia armada os encarava com ferocidade. Essa tragédia deixou bem claro para a classe média o que estava ocorrendo em seu país. Lentamente – embora ainda tenha levado outra década para que o país restabelecesse algo parecido com a democracia –, o jugo militar esmorecia. O rabino Sobel diria depois: "O assassinato de Herzog foi o catalisador da volta da democracia".

São Paulo, 7 de outubro de 1976. Quase um ano depois de "salvar" a TV Cultura – de quebra, incitando a prisão que culminou no assassinato de Vladimir Herzog –, mais uma vez o lépido José Maria Marin discursava na Assembleia Legislativa de São Paulo.

E, novamente, o deputado estava reclamando. Não sobre os comunistas. Dessa vez ele estava chateado com a falta de reconhecimento e respeito público a Sérgio Fleury, o delegado. Um homem que recentemente tinha atacado por emboscada e matado a tiros os guerrilheiros que eram corajosos o bastante para enfrentar a ditadura.

O trecho seguinte foi extraído da gravação oficial do discurso de Marin:

"Senhor presidente, senhores deputados, nesta oportunidade queremos prestar os nossos melhores cumprimentos a um homem que, de há muito, vem prestando relevantes serviços à coletividade, embora nem sempre tenha sido feita justiça ao seu trabalho. Referimo-nos ao delegado de polícia Sérgio Fleury.

"E nós que conhecemos de perto a sua personalidade, não só como exemplar chefe de família, como homem cumpridor de seus deveres e, acima de tudo, com uma vocação das mais raras e das mais elogiáveis no cumprimento de seu dever como polícia.

"Muitas vezes não chegamos a compreender ou entender por que um policial desse quilate, um homem que vem dedicando sua vida inteiramente ao combate do crime, um homem que por várias vezes colocou em risco não só a sua própria vida, mas inclusive a vida de seus familiares, não tenha até hoje merecido a devida compreensão de todos aqueles que têm a obrigação de zelar pela tranquilidade e segurança dos lares de São Paulo.

"Como dissemos, conhecendo de perto o seu caráter, a sua vocação de servir, podemos afiançar sem dúvida alguma que Sérgio Fleury ama a sua profissão, que Sérgio Fleury a ela se dedica com o maior carinho, sem medir esforços ou sacrifícios para honrar não só a polícia de São Paulo, mas acima de tudo o seu título de delegado de polícia. E isso ele vem fazendo há muito tempo; não só honra a polícia de São Paulo, como também de há muito já é motivo de orgulho para inclusive a população de São Paulo.

"Nestas condições, senhor presidente, interpretando, tenho a certeza absoluta, o pensamento da população de São Paulo, queremos aqui trazer os nossos cumprimentos e também dizer do nosso orgulho em contarmos na polícia de São Paulo com o delegado Sérgio Paranhos Fleury."

Ilhabela, litoral norte de São Paulo, 1º de maio de 1979. Os generais não tinham se dado o trabalho de dizer a José Maria Marin que seu herói, o torturador, estava se tornando obsoleto. Fleury era um risco. Tinha sido útil, mas sabia demais, agora seu prazo de validade já havia vencido e ele tinha de sair de cena. Passados menos de três anos, a elogiosa homenagem de Marin a Fleury tornou-se o obituário do delegado.

Fleury sofreu um "acidente". De acordo com a versão oficial, ele estava embriagado, "caiu" de sua lancha no turístico município-arquipélago de Ilhabela e morreu afogado. Não houve necropsia, ele foi enterrado às pressas. A exaurida esquerda brasileira pôde saborear uma pequena ironia: Fleury foi descartado em um dia 1º de maio... Dia do Trabalho.

St. Helier, ilha de Jersey, 17 de novembro de 2012. Antigo amigo dos militares, amigo de José Maria Marin, e ainda procurado pela Interpol por lavagem de dinheiro, Paulo Maluf dá risada diante da decisão judicial que o condenava por desvio de 10,5 milhões de dólares de obras em São Paulo.

Por que Maluf deveria dar a mínima a isso? Ele tem 81 anos agora, o governo jamais conseguirá reaver o dinheiro enquanto ele estiver vivo, tampouco obterá provas suficientes para recuperar o estimado 1,7 bilhão de dólares que o político desviou no decorrer de anos.

Maluf será lembrado por três fatos: 1. Por ser um dos maiores corruptos da história do Brasil de todos os tempos; 2. Por sua malograda campanha à Presidência da República em 1989, quando fez um comentário defendendo a pena de morte para estupradores que assassinam suas vítimas: "Se está com desejo sexual, tudo bem. Estupra, mas não mata"; 3. Pelas estrelas no distintivo da Polícia Militar (PM) de São Paulo – são 18 estrelas, uma delas acrescentada por Maluf em 1981 em homenagem ao apoio da PM à "revolução" de 1964.

Os generais nomearam Maluf prefeito de São Paulo em 1969, e nessa época ele começou o saque aos cofres públicos. Em 1979, chegou ao trono do governo do estado de São Paulo, fez de José Maria Marin seu vice, e lhe entregou as chaves do tesouro estadual em 1982.

O acontecimento mais memorável do período de dez meses em que Marin ocupou a cadeira de governador em São Paulo foi ser vaiado na Assembleia Legislativa após a descoberta de empréstimos suspeitos feitos junto a um banco federal. Ele percebeu que jamais faria fortuna na política e voltou a sua atenção para o futebol. Amigos o indicaram para dirigir a seção regional paulista da CBF.

O desempenho de Marin foi suficientemente bom para impressionar Ricardo Teixeira, que o nomeou vice-presidente da CBF em 2008. Em março de 2012, momento em que as revelações que fiz a respeito das propinas de Teixeira o forçaram a sair da CBF (e da Fifa), Marin era o substituto mais dócil e conveniente. Ele já tinha provado que compartilhava dos mesmos pontos de vista de Teixeira acerca do futebol: se algo pode ser manipulado, manipule. Na cerimônia de premiação dos vencedores da Copa São Paulo de Futebol Júnior, Marin foi flagrado por câmeras de TV surrupiando uma medalha.

Três meses depois, o jornalista esportivo brasileiro Juca Kfouri desenterrou o discurso proferido por Marin na Assembleia Legislativa de São Paulo, em outubro de 1975, acusando Vlado Herzog. Juca culpou Marin pela prisão e morte do jornalista. Juca também mostrou aos leitores o inacreditável discurso de Marin feito um ano depois, em que elogiava o repulsivo torturador Sérgio Fleury.

Marin foi entrevistado na televisão. O repórter Fernando Rodrigues, da *Folha de S.Paulo*/UOL, fez a "grande pergunta":

Fernando Rodrigues: Quando o senhor foi deputado estadual, nos anos 1970, fez discursos na Assembleia Legislativa e algumas pessoas entendem que alguns discursos que o senhor fez, muito ácidos, duros, acabaram levando à prisão e depois à morte do jornalista Vladimir Herzog, que era da TV Cultura. O que o senhor tem a dizer sobre esse episódio?
José Maria Marin: Pura intriga.
Fernando Rodrigues: Por quê?
José Maria Marin: Pura intriga. Uma intriga, uma mentira. Nunca tive nada, absolutamente nada, a ver com isso. Nada. Pura intriga. Intriga, intriga. Não acham nada para me atingir no campo do futebol e vão procurar inventar coisas que nunca ocorreram, nunca ocorreram.
Fernando Rodrigues: Mas, de fato, os seus discursos... Tem um discurso do senhor, nos anos 1970, muito duro contra a TV Cultura, a forma como a TV Cultura era conduzida, justamente na época em Vladimir Herzog foi preso. E é, realmente, uma coincidência muito grande. O seu discurso na Assembleia e, depois, a prisão dele.
José Maria Marin: Eu torno a insistir: é tudo intriga. Não tive nada a ver com isso. Eu fui um deputado atuante. Muito atuante. Pura intriga. Não encontraram nada para falar do Marin dirigente esportivo e passam a lançar uma intriga que não tem a menor procedência. [...] Eu sempre fui um homem conhecido pela conciliação, pela concórdia e pela tolerância.

São Paulo, sábado, 11 de novembro de 2012. Um grupo com algumas centenas de manifestantes, alertados por artigos nos jornais da cidade, está na frente da casa de José Maria Marin, à rua Padre João Manoel, 493, esquina com a alameda Franca, na região dos Jardins. Armados com faixas, tambores, tamborins, microfones e um carro de som, os manifestantes cantam canções especialmente compostas para a ocasião. O refrão de uma delas pergunta: "Olha a ficha suja do Marin, será que ele é, será que ele é, será que ele é... dedo-duro?".

Entre eles está Adriano Diogo, membro do Partido dos Trabalhadores, cuja figura de proa agora é a presidenta Dilma Rousseff. Diogo, com 63 anos de idade, também foi preso e torturado pela Oban em 1971 e ficou na cadeia por um par de anos.

São Paulo, terça-feira, 27 de novembro de 2012. Adriano Diogo está de novo em ação, mas agora como parte de seu trabalho cotidiano. Ele é deputado estadual da Assembleia Legislativa de São Paulo, como era José Maria Marin 37 anos antes, quando atacou a TV Cultura. O deputado Diogo toca outro apito, canta uma música diferente.

"Então, senhoras e senhores, queria primeiro parabenizar essas novas gerações de jovens que fazem o levante popular, que fazem os escrachos na porta dos torturadores, que tiveram essa brilhante ideia de ir à porta do apartamento de José Maria Marin fazer um escracho popular, e dizer:

"Com as mãos sujas de sangue da ditadura, como foi na Copa do Mundo de 1970, quando o ditador Médici levantou o troféu junto com os jogadores da Seleção Brasileira vitoriosa no México, José Maria Marin, você não pode ser o presidente da CBF, assassino e dedo-duro de Vladimir Herzog."

Quarta-feira, 23 de janeiro de 2013. Anúncio oficial: "A Comissão Interamericana de Direitos Humanos (CIDH) da Organização dos Estados Americanos (OEA) vai investigar a responsabilidade do Estado pela morte do jornalista Vladimir Herzog em 1975, durante a ditadura militar (1964-1985)".

De acordo com a petição, o Brasil ainda não cumpriu sua obrigação de investigar, processar e punir os responsáveis pela morte de Vladimir Herzog.

"O caso Herzog ilustra o fracasso do Judiciário durante a ditadura militar brasileira, bem como na democracia", diz Viviana Krsticevic, diretora executiva do Center for Justice and International Law (Centro para a Justiça e Direito Internacional), sediado em Washington, que veio ao Brasil anunciar a aceitação da petição.

"Queremos saber quem é o responsável pelo que aconteceu com o meu pai", diz Ivo Herzog. Sua mãe, Clarice Herzog, faz campanha para dar nome aos bois e desmascarar os que ainda estão na folha de pagamento do estado de São Paulo e recebem salário do erário público, empregados pela polícia ou pelas forças de segurança. "Pago impostos para sustentar torturadores", ela me disse.

José Maria Marin não será convocado para prestar depoimento aos investigadores dos direitos humanos? Para dizer o que sabe sobre a morte de Vladimir Herzog?

Marin, que um dia gabou-se do quanto era íntimo do torturador Sérgio Fleury, com certeza perguntou a ele sobre o dia em que Herzog não voltou para casa.

Marin ignorou um convite para comparecer ao encontro da Comissão de Turismo e Desporto da Câmara dos Deputados em Brasília, deixando o gol livre para Romário.

Rua Victor Civita, Barra da Tijuca, Rio de Janeiro, 1º de abril de 2013. Romário, o ex-superastro do futebol, agora deputado federal, está em uma manifestação na frente da sede da CBF. Ao seu lado está Ivo Herzog, o filho do jornalista Vladimir Herzog, assassinado pela ditadura em 1975. Romário entrega uma cópia do abaixo-assinado com mais de 50 mil assinaturas pedindo a saída do presidente da CBF, José Maria Marin, por suas ligações com o regime militar brasileiro. Romário segura um cartaz em que se lê "Fora, Marin!". Romário e Ivo exigem uma investigação acerca do possível envolvimento de Marin com a morte de Vlado Herzog.

Port Louis, Ilhas Maurício, 30 de maio de 2013. Tem início o 63º Congresso da Fifa e os delegados endossam as "reformas" do presidente Sepp Blatter. De braços abertos, eles dão as boas-vindas ao representante do Brasil, José Maria Marin. Afinal de contas, muitos deles odeiam jornalistas.

Nova York, 5 de junho de 2013. Ivo Herzog oficiou ao Comitê de Ética da Fifa, solicitando a Michael Garcia, o ex-procurador de justiça norte-americano contratado pela Fifa para tentar melhorar a imagem de corrupção da entidade, que investigue o envolvimento de Marin na morte de seu pai. Garcia respondeu: "Sua petição trata de eventos de suma importância, e a sinceridade de seu interesse nessa questão não pode ser questionada. Não obstante, as acusações que o senhor levanta parecem fugir de minha alçada, que o Código de Ética da Fifa restringe tanto no que diz respeito ao escopo como ao tempo. Minha autoridade estende-se apenas às violações perpetradas por dirigentes do futebol de disposições aplicáveis do Código de Ética, do qual a primeira versão foi aprovada em 2004".

17
BLATTER CONTRATA SEUS PRÓPRIOS INVESTIGADORES

Dinheiro graúdo a ser distribuído à vontade, e não é preciso ter pressa para investigar nada

Zurique, 18 de novembro de 2010. "É intolerável o modo que a verdade foi apresentada", esbraveja Claudio Sulser, o presidente do Comitê de Ética de Blatter. Os jornalistas que revelaram que membros do Comitê Executivo estavam vendendo ingressos da Copa do Mundo eram "sensacionalistas" e estavam "distorcendo os fatos".

Sentado ao lado de Sulser na coletiva de imprensa, Blatter parece desconfortável. Ele havia nomeado um ex-jogador de futebol suíço para sedar os jornalistas, não insultá-los. O mundo todo sabia que as câmeras escondidas do jornal londrino *Sunday Times* tinham flagrado Amos Adamu e Reynald Temarii agindo de forma corrupta e que ambos teriam de ser expulsos. Ao atacar os jornalistas, Sulser não estava sendo nem um pouco esperto.

Por que ele não conseguia ficar de boca fechada? A verdade era que a grosseria de Sulser refletia perfeitamente o ódio de Blatter e do Comitê Executivo. Como alguns jornalistas – destoando do coro dos grupinhos de conspiradores que frequentavam as coletivas de imprensa – ousavam desmascarar a maneira pela qual os negócios realmente eram feitos no mundinho privado da Fifa?! Contudo, ali não era hora de ser agressivo.

Semanas antes, Sulser tinha se recusado a responder às perguntas de um repórter de um canal de televisão alemão sobre o escândalo da ISL, dizendo que eram "águas passadas". Mais uma vez, todo mundo sabia que não eram e que a história logo voltaria às manchetes. Quanto mais cedo Sulser recebesse uma passagem só de ida para a sua casa em Lugano, melhor.

O outro erro de Blatter foi o excesso de confiança. Ele realmente achou que poderia comandar impunemente um processo corrupto de candidatura a sede da Copa do Mundo. Sob sua orientação, Sulser tinha mandado uma carta a todos os países candidatos instruindo-os a não cometer travessuras! Certamente isso serviria de alerta para que fizessem seus acordos em segredo, longe do alcance dos jornalistas vorazes.

Mais tarde, após acusações de conluio inapropriado entre o Catar e a candidatura conjunta Espanha-Portugal, o maleável Sulser admitiu que Ángel María Villar, presidente da Real Federação Espanhola de Futebol, e Mohamed Bin Hammam tinham sido contatados – mas por carta, eles não foram entrevistados pessoalmente.

O presidente Blatter supôs que poderia ignorar a indignação mundial que a troca de votos entre Catar e a candidatura ibérica poderia provocar – teria sido feito um pacto para que os delegados do Catar votassem na candidatura de Portugal e Espanha em troca de apoio para o seu projeto. Mesmo o mais dócil dos repórteres notou que Claudio Sulser não havia mandado uma cópia de sua carta de alerta aos membros do Comitê Executivo, os que poderiam vender seus votos. No entanto, Blatter tinha tirado o olho da bola e dedicado boa parte de seu tempo a maquinações contra Mohamed Bin Hammam, a fim de tirá-lo da disputa das eleições presidenciais de 2011.

Ele tinha ido à Arábia Saudita para se certificar de que havia dinheiro disponível para financiar a sua campanha. A seguir, reescreveria o contrato do Comitê Executivo com o esporte e o mundo para assegurar que se manteria intocável. Como sempre fazem aqueles que têm algo a esconder, a realidade seria escrita em letras miúdas.

Atrás de portas fechadas, Blatter montou uma força-tarefa para revisar o risível Código de Ética, Estatutos e Regulações da Fifa. Duzentas páginas de linguagem jurídica e por vezes obscura. Os jornalistas submissos e coniventes nunca leriam o texto e, se lessem, jamais compreenderiam o que Blatter estava fazendo. Redigido com astúcia, o Código de Ética ergueria uma alta muralha para proteger os delitos e diluir as investigações.

Sulser foi instruído a se livrar rapidamente do problema do *Sunday Times*. Os jornalistas lhe entregaram horas de gravações, anotações e memorandos. Quatro semanas depois que as revelações vieram à tona, Sulser anunciou seu veredicto. Adamu foi suspenso por três anos, Temarii por um ano. Para ambos, não passou de um breve período de férias. No verão de 2013, Temarii já estava atuando ativamente no futebol do Pacífico, organizando a Copa do Mundo de Futebol de Areia (torneio também conhecido como Campeonato do Mundo de Futebol de Praia) no Taiti. Em novembro de 2013, Adamu estava reunido com o ministro dos Esportes da Nigéria para discutir planos para o futuro.

Para *don* Blatter, esses dois não eram o problema. O que o enfureceu foram os dirigentes do baixo escalão, que tinham cometido o maior crime no mundo de Sepp: o pecado de desrespeitar a *Omertá*.* Eles tinham *falado* com jornalistas disfarçados! Tinham *falado* sobre o mundo secreto da Fifa, repleto de corrupção generalizada e polpudas propinas. Alguns falaram sobre quem estava oferecendo propinas em troca do direito de sediar as Copas do Mundo de 2018 e 2022. Esses dirigentes do "baixo clero" tinham de ser punidos de maneira exemplar.

A Fifa suspendeu o tunisiano Slim Aloulou por dois anos, baniu o tonganês Ahongalu Fusimalohi por três anos; Amadou Diakite, do Mali, foi suspenso por três anos. A maior punição foi a de Ismael Bhamjee, de Botsuana, banido por quatro anos em razão de uma gravação em que afirmava que o Catar estava oferecendo "qualquer quantia entre 250 mil e meio milhão de dólares em troca de votos dos Comitê Executivo". Todos os quatro foram multados em 10 mil francos suíços (cerca de 27 mil reais).

Entrevistei para a BBC o repórter Jonathan Calvert, do *Sunday Times*, e perguntei sobre a investigação e as punições da Fifa. Ele zombou da Fifa: "Eles deveriam ter realizado uma investigação de verdade, propriamente dita. Deveriam ter contratado os serviços de detetives, uma empresa de fora, alguém independente, alguém profissional, que empreendesse diligências detalhadas sobre as acusações. "E, como resultado disso, teriam de adiar a votação para a escolha das sedes das duas Copas do Mundo. Porque havia ali algumas acusações graves, que jamais viram a luz do dia".

Segunda-feira, 29 de novembro de 2010. Dois dias antes da votação para a escolha das sedes de 2018 e 2022, o programa *Panorama*, da BBC, exibiu a lista das propinas. Citamos os nomes de Havelange, Teixeira, Leoz e Hayatou. Sulser nada fez. O Comitê Executivo se irmana. São velhos amigos. Temarii e Adamu eram novatos, ninguém sentirá falta deles. Esses quatro devem ser protegidos! Somadas, suas carreiras na cartolagem já ultrapassam os cem anos! O COI adotou outra postura e iniciou investigações que, um ano depois, obrigaram Havelange a renunciar às fileiras olímpicas.

Como agendado, dois dias depois da exibição do *Panorama* Teixeira, Leoz e Hayatou depositam seus votos e a Copa do Mundo é concedida a duas ditaduras recheadas de segredos e petrodólares. Os membros do Comitê Executivo da Fifa partem dos melhores hotéis de Zurique e voam para Abu Dhabi, ao lado de Jack

---

* Omertá é o código de honra siciliano, que proíbe aos membros da máfia divulgar informações sobre os crimes dos mafiosos. A quebra do código de silêncio tem desfecho violento: "quem não silencia é silenciado". (N. T.)

Warner, Chuck Blazer e Mohamed Bin Hammam, que ainda não sabem que esse será seu último banquete regado a lagosta. Eles se hospedam em alguns dos hotéis mais luxuosos do planeta para acompanhar o Mundial de Clubes da Fifa, o torneio mais desimportante da história do futebol. Depois é Natal.

Blatter dá o pontapé inicial do novo ano em 2 de janeiro de 2011, anunciando a formação de um comitê anticorrupção. Sete dias depois essa iniciativa sofre um duro golpe quando o advogado alemão Günter Hirsch, um dos juristas mais renomados da Alemanha e integrante do Comitê de Ética da Fifa, mostrou-se indignado e decidiu deixar seu cargo, alegando que a Fifa "não tem interesse genuíno na resolução, investigação contínua e prevenção de violações ao Código de Ética da entidade".

Blatter deu uma declaração nada convincente ao jornal suíço *Sonntag Zeitung*: "Cuidarei disso pessoalmente, para garantir que não haverá corrupção na Fifa. Esse comitê fortalecerá nossa credibilidade e nos dará uma nova imagem em termos de transparência".

Eu já tinha ouvido essa balela exagerada e esfarrapada uma década antes. Discursando no Congresso da Fifa em Seul, em 2002, o presidente Blatter insistiu: "Não queremos apenas falar em transparência. Eu acredito em transparência, nós começamos a construir a transparência tijolo por tijolo a partir de 1999". Entoando a mesma cantilena e rezando pela mesma cartilha, seu então secretário-geral Urs Linsi não tinha dúvida de que "a Fifa é uma organização saudável, limpa e transparente, sem nada a esconder".

O Grandioso Plano de Blatter – no âmbito público, mostrar a Fifa como uma entidade comprometida e empenhada com as reformas, enquanto, na esfera privada, fazia o contrário – quase foi arruinado em maio pelo escândalo de Warner e Bin Hammam; a situação ficou ainda pior em julho, com a revelação dos intrigantes pagamentos e arranjos fiscais *offshore* de Blazer. Blatter foi acometido de um ataque de diarreia verbal e balbuciou sobre a criação de um "comitê de soluções", órgão que incluiria personalidades de fora da Fifa, como o ex-secretário do Estado norte-americano Henry Kissinger e um cantor de óperas, o tenor espanhol Plácido Domingo. Essa baboseira logo foi esquecida.

Blatter, no entanto, declarou que o presidente não assumiria responsabilidade pessoal pela corrupção desenfreada em seu Comitê Executivo. Discursando no Congresso da Fifa em Zurique, Sepp se comparou a um "capitão comandando um barco em uma tempestade". Sem a ameaça da concorrência de Bin Hammam, banido de todas as atividades ligadas ao futebol, Blatter, candidato único no pleito, foi reeleito para mais quatro anos no cargo – a quarta eleição seguida vencida por Blatter. Enquanto Teixeira, Marin e Del Nero controlavam o Brasil e realizariam a Copa do Mundo, Sepp ficaria no trono até 2015, ano em que pode tentar nova reeleição.

A enxurrada de histórias que serviam apenas para distrair e confundir a opinião pública se intensificou. Os fãs de futebol comuns, com uma vida real, jamais conseguiriam dar conta de acompanhar o jorro. Tantas declarações, tantas entrevistas, tantas frases de efeito, tantos comunicados de imprensa. Não éramos capazes de nos manter a par de tudo. Sobrecarregadas por "processos de reforma", diretrizes, forças-tarefa, projetos, planos, sumários e relatórios interinos, as agências de notícias desistiram e, de maneira fiel, cordial e acrítica, copiaram e colaram os comunicados de imprensa de Blatter, elaborados pelas mãos que a Fifa contratou a peso de ouro para inventar "histórias" e distribuí-las para a mídia mundial.

Seria criado um novo Comitê de Ética, mas agora duas vezes maior que o anterior! Haveria duas "câmaras" – nome bastante pomposo –, uma de investigação e outra de decisão. A Câmara Investigativa do Comitê de Ética seria formada por homens-durões-no-combate-ao-crime-no-futebol e chefiada por um superpolicial, o valente Michael Garcia.

A Fifa queria que soubéssemos que Garcia tinha sido procurador-geral em Manhattan e sabia lidar com questões espinhosas como fraude, especuladores que faziam uso de informação privilegiada no mercado financeiro, terrorismo e segurança nacional. Uau! O tipo de coisa trepidante, que renderia ótimo material para um comunicado de imprensa. Nós somos gente séria! Morte à corrupção!

No entanto, o professor de direito Scott Horton, escrevendo no site de notícias Daily Beast quatro anos antes, quando Garcia saiu do serviço público, não compartilhava do entusiasmo de Blatter pelo ex-procurador. Uma fonte por ele citada afirmava que "Garcia tinha a aptidão de saber o que deixava os políticos felizes, e lançava mão dessa habilidade de maneira muito eficiente".

E quanto ao período em que Garcia ficou de olho nos banqueiros e trapaceiros de fala mansa de Wall Street, os vigaristas que nos levaram à grande crise financeira? O professor Horton considerava que Garcia "ignorou sua função de fazer cumprir a disciplina no setor financeiro da nação [e] ignorou anos de patifaria em Wall Street". Horton acrescentou: "Em seus 39 anos de mandato como procurador-geral dos Estados Unidos, Garcia não pode reivindicar nenhum caso notável de aplicação das leis, algo que seja efetivamente relevante ou de grande envergadura – nenhum". Por fim, Horton considerava que Garcia era próximo demais do mundo de George W. Bush.

Naquele momento Garcia vivia uma vida diferente, mais rica. Fora-se o tempo em que pendurava o paletó no espaldar da cadeira, dobrava as mangas da camisa e fazia as vezes de detetive, encarando criminosos e contraventores em salas de interrogatório austeras e de paredes cinzentas. Cinco anos depois de deixar o serviço público estava em uma posição confortável, recebendo honorários multimilionários em um escritório de advocacia de Nova York: ele muitas vezes representava os abastados alvos da lei – as pessoas que outrora ele investigava e processava. Garcia foi contratado para ser um combatente da corrupção ou um advogado de defesa de Blatter?

Supostamente, Garcia chefiaria uma equipe de investigadores incumbida de escarafunchar o obscuro mundo da Fifa e depois encaminhar relatórios devastadores para a Câmara Adjudicatória do Comitê de Ética da Fifa – que nome impressionante! –, chefiada pelo juiz alemão Hans-Joachim Eckert, especialista em crime financeiro. Aparentemente o juiz Eckert não se abalou quando seu colega e compatriota, o jurista Günter Hirsch, afirmou com todas as letras que Blatter não tinha interesse em reformas. Cada uma das duas "câmaras" tinha mais seis membros, nomes do esporte ou do direito desportivo.

Por um breve período a Transparência Internacional subiu ao palco da Fifa e prestou consultoria à instituição. Essa ONG produziu um excelente relatório, insistindo que a Fifa deveria limitar o número de mandatos dos seus dirigentes, criar um órgão independente para analisar denúncias de corrupção e investigar as gestões passadas da Fifa, instalar em comitês e comissões pessoas importantes de fora da entidade, divulgar o valor do salário e das bonificações de Blatter, divulgar relatórios com os detalhes financeiros da associação, incluindo os bônus recebidos por executivos e os salários dos funcionários, e emitir uma declaração tornando ilegais os conflitos de interesses. O romance não durou muito tempo, e três meses depois a Transparência Internacional decidiu cortar relações com o conselho dirigente da Fifa e saiu de cena batendo a porta atrás de si, mas Blatter conseguiu ganhar mais tempo.

"Estou convencido de que acertaremos desta vez." Outra voz nova, a do eminente professor Mark Pieth, do Instituto de Governança da Basileia. Ele foi apresentado por Blatter em uma entrevista coletiva no final de 2011, em Zurique. Foi uma situação um pouco desastrada: "Hoje é um dia importante para a Fifa. Estou feliz e alegre por você ter aceitado o meu chamado, e também o chamado da Fifa", falou com arroubo o presidente, e a gente se pergunta a razão de tanto entusiasmo.

Pieth seria o chefe do que Blatter chamou de "Comitê Independente de Governança". Salários substanciais seriam pagos aos membros, que incluíam o ambicioso cartola do futebol norte-americano Sunil Gulati, um dos vice-presidentes do patrocinador Hyundai, um editor francês que fazia negócios com a

Fifa, quatro especialistas em governança das Américas, um representante dos futebolistas profissionais, o ex-procurador-geral britânico que deu ao governo britânico o sinal verde para invadir o Iraque – e a sra. Lydia Nsekera, uma dirigente do futebol do Burundi e também membro do COI. "Ela é uma dama adorável, uma dama durona", disse Blatter. "Ela é uma princesa, a filha de um sultão. Ela realmente foi a melhor escolha."

A Football Supporters Europe, organização de fãs de futebol com membros em 38 países, rejeitou o convite para integrar o grupo de Pieth. A sra. Daniela Wurbs, diretora executiva, disse que não poderiam aceitar "por causa de preocupações acerca da credibilidade da Fifa".

O professor Pieth, que prestara consultoria ao Banco Central sobre o tema da integridade, fintava e gingava mais que Romário na frente do gol. A diferença é que Romário sempre marcava. Naquele formidável dia em que Blatter e Pieth se abraçaram, o professor declarou: "Tenho de tomar uma decisão: olhar para o passado ou para o futuro. A resposta é que estou olhando para o futuro; outras pessoas olharão para o passado". Uma semana depois ele mudou de ideia e afirmou o contrário, que trataria do histórico de acusações de delitos e atos ilícitos da entidade e que olhar para o passado da Fifa era "necessário" para compreender "cenários de risco".

No final de janeiro de 2012 Pieth voltou a falar grosso: "Devemos nos assegurar de que os criminosos não escapem na esteira dos detratores das reformas. Muitos dos que hoje ocupam uma cadeira no Comitê Executivo não ficarão muito tempo no cargo". Os que de fato saíram não foram expulsos por Pieth.

Duas semanas depois Pieth já não estava tão convicto: "No final de março vamos decidir se haverá uma investigação sobre as acusações mais graves do passado". Sete meses depois Pieth ainda estava preocupado com o passado: "Eles têm esqueletos no armário, isso é verdade", ele disse. Em dezembro de 2012 Peith estava abanando os braços, debatendo-se em busca de esteio: "Seria muito bem-vindo se o comitê do Conselho da Europa pudesse acrescentar a sua voz aos que exigem mudanças urgentes". Aparentemente não ocorreu a Pieth e seu grupo que eles poderiam ameaçar abandonar o barco e convocar uma ruidosa coletiva de imprensa para revelar que Blatter não tinha interesse nenhum em reformas.

Em abril de 2012, Blatter deixou bem claro quais eram suas intenções e seu programa de ação. Visitou Havelange em um hospital do Rio e, um mês depois, no Congresso da Fifa em Budapeste, foi responsável por iniciar uma enorme ovação para homenagear o seu presidente de honra e desonrado ex-membro do COI.

Em uma entrevista coletiva durante as Olimpíadas de Londres, Blatter disse que sua campanha de reformas estava dando certo. "Nós não somos uma entidade corrupta, ou uma organização da máfia. É sempre uma questão de percepção e a questão da realidade. Estamos de bom humor e em um bom momento, e tenho certeza de que teremos sucesso."

Adiantando o filme para 2013, o grupo de Pieth anunciou: "A falta de estruturas transparentes e a cultura do nepotismo afetam a reputação da organização e comprometem a sua capacidade de mostrar uma administração ética no esporte". A essa altura Blatter sabia que já estava em uma posição segura para ignorá-los e disse aos jornalistas: "O processo de reformas caminha para a conclusão".

Foi a gota d'água para um dos membros do grupo de Pieth. Aproximava-se a data do Congresso da Fifa nas Ilhas Maurício e a sra. Alexandra Wrage, canadense especialista em governança – e que se recusara a receber salário –, abandonou a comissão: "Tem sido o projeto menos produtivo com o qual já me envolvi. Disso não tenho dúvida. Nenhum dos nossos itens foi incluído na plataforma de ação", ela disse. "Não preciso viajar até as Ilhas Maurício para constatar que eles não votarão nas nossas questões."

No dia seguinte, o norte-americano Sunil Gulati – o professor de economia que jamais percebeu que Chuck "Barrigão" Blazer saqueava o futebol da confederação regional e que tinha a esperança de abocanhar uma cadeira no Comitê Executivo da Fifa – tinha uma opinião diferente: "A meu ver as reformas que foram conquistadas são um bom primeiro passo".

Na véspera do banquete da lagosta nas Ilhas Maurício, nos confins do oceano Índico, uma festança que, pelos altos custos, seria testemunhado de perto por poucos jornalistas, um Blatter confiante disse que o congresso "levaria a Fifa aos mais altos padrões de boa governança, como convém a uma organização como a nossa, que desempenha um papel tão importante na sociedade".

Ele disse aos delegados: "Como capitão, estou feliz em dizer que vencemos a tempestade. Passamos pela tormenta e saímos mais fortes das águas turbulentas. Agora podemos olhar para o futuro e para águas tão calmas como as do belo mar que nos rodeia nas Ilhas Maurício. Acho que agora o barco pode singrar lentamente rumo ao porto". E acrescentou: "A Fifa agora está estabelecendo os mais altos padrões de boa governança no esporte mundial".

Pieth ficava nas margens, aparecendo nos congressos e argumentando que seu grupo de governança tinha logrado avanços e conquistas. Às vezes surgia a dúvida: será que o grupo de governança tinha outra tarefa além de dar conselhos e pitacos sobre quantos garfos, facas e colheres de prata, aperitivos, taças de vinho, champanhe e xerez e guardanapos bordados deveriam decorar cada um dos lugares à mesa de banquete dos membros do Comitê Executivo da Fifa?

O promotor Garcia, o homem durão, chegou à coletiva de imprensa em Zurique batendo no peito e fazendo a mesma barulheira dos primeiros dias do professor Pieth: "Se há conduta no passado que justifique uma investigação, vou fazê-la. Não existem limitações sobre o que vamos escrutinar". No entanto, nem Garcia nem o juiz Eckert, seu colega igualmente rápido no gatilho, quiseram confirmar se investigariam o presidente Sepp Blatter.

Apesar disso – o que foi um enorme avanço na história das investigações sobre corrupção... –, eles criariam uma linha telefônica especial para registrar acusações (um disque denúncia!). Mais tarde haveria um *website* e um formulário para denúncias on-line. E nesse momento jogaram outra isca para os jornalistas, em mais uma tentativa de desviar o foco: Garcia examinaria de que maneira a Copa do Mundo de 2006 fora dada à Alemanha. Depois de dois anos, nunca mais ouvimos falar no assunto.

O mundo queria saber o que Garcia estava fazendo acerca da história mais graúda: em que circunstâncias o Catar ganhou o direito de sediar a Copa do Mundo de 2022? Isso afetava as raízes da reputação da Fifa e o futuro das Copas do Mundo. Aos poucos, Garcia começou a empreender um giro pelo mundo, falando com todas as comissões e equipes de candidatura de cada um dos países que haviam se oferecido para sediar os torneios de 2014 e 2018. Talvez venha à tona algum relatório depois da Copa do Mundo de 2014, no Brasil.

Enquanto isso, ele parecia ter preocupações mais urgentes. Quem era a maior ameaça ao presidente Blatter? O catariano Mohamed Bin Hammam.

A Fifa estava tendo dificuldade para se livrar dele. Será que Garcia conseguiria algo em sua campanha? Claro que sim, senhor.

Em dezembro de 2012, Bin Hammam foi banido da Fifa, para sempre. Garcia alegou que ele vinha fazendo travessuras e havia ações inapropriadas com o dinheiro que controlava na Confederação Asiática de Futebol – e o juiz Eckert rapidamente concordou. Logo seu comparsa do Sri Lanka, Vernon Manilal Fernando foi proibido de participar de toda e qualquer atividade relacionada ao futebol em nível nacional e internacional por oito anos. Garcia usou um relatório investigativo dos auditores forenses da PricewaterhouseCoopers (PwC) para dar cabo de Bin Hammam, alegando conflito de interesses.

Eles tinham vasculhado as contas da Confederação Asiática de Futebol e encontrado alguns números vultosos girando em torno do mundo de Mo e a venda dos direitos de marketing. *Bum!* Mo "já era". Entretanto, enterradas no meio do alentado relatório, havia algumas cifras curiosas que Blatter e seu Comitê Executivo não faziam questão de que fossem investigadas. Em março de 2008, Bin Hammam repassou de fininho 250 mil dólares a Jack Warner. Depois havia cerca de 180 mil dólares despachados para uma conta em Luxemburgo em nome de Elias Zaccour.

Mo pagou 4.950 dólares por ternos – feitos pela mundialmente famosa alfaiataria Lords's Tailors, de Kuala Lumpur – para o chefão do futebol africano Issa Hayatou. A Lord's também faz ternos para Mel Gibson, o sapateiro Jimmy Choo e, muito tempo atrás, Muhammad Ali. Outro beneficiário da generosidade de Mo era Sepp Blatter, que em 2008 ganhou 2 mil dólares em camisas, também da Lord's. Aparentemente esses itens são violações do Código de Ética da Fifa, tanto do novo como do antigo. Talvez nunca saibamos. Garcia disse apenas: "Não é apropriado entrar em um debate acerca do que diz o relatório da PwC".

A propina de Havelange de março de 1997, que passou pelas mãos de Blatter, tinha de ser confrontada. Assim que Garcia lesse a correspondência da IMG e soubesse como no ano anterior Blatter tinha recusado a oferta de 1 bilhão de dólares para dispensar a ISL, e depois que examinasse aquele pagamento "Garantie JH" e então ouvisse os depoimentos dos dois altos dirigentes da Fifa que tinham testemunhado o envio por engano da propina para a Fifa, Blatter estaria acabado – em desgraça, morto e enterrado.

Haveria uma eleição para a escolha de novo presidente, a nova liderança resolveria os outros escândalos e Garcia não seria mais necessário. Seus honorários seriam pagos mais cedo que o esperado, obrigado e adeus. De volta a Nova York. A história não poderia terminar de outro jeito.

Revelei essa história 12 anos atrás e jamais desisti dela. Eu devia isso aos fãs dos esportes que compravam meus livros, assistiam aos meus programas e confiavam em mim. Ter segurado nas mãos aquela propina sempre foi o calcanhar de aquiles de Blatter. Pois então... eis aqui a cronologia do escândalo. Tudo começou com um telefonema intercontinental.

18
BLATTER REESCREVE SEU CÓDIGO DE ÉTICA

Agora ele nunca será pego!

Seul, maio de 2002. "Uma gorda propina para Havelange chegou por acidente na Fifa, foi um pesadelo para nós todos e Blatter teve de resolver o problema." O telefonema veio da Coreia. Quem me ligou era um dos mais velhos executivos da entidade, que na ocasião estava em Seul cuidando dos últimos preparativos para a Copa do Mundo e o Congresso da Fifa. Cinco anos haviam se passado desde que ele testemunhara o choque de Blatter ao constatar que a propina paga a Havelange tinha ido por engano para a Fifa e não para uma das contas pessoais do brasileiro. Somente naquele momento minha fonte se sentia segura para me contar.

Ele passara metade da vida trabalhando na Fifa e viu de perto a parceria ostensivamente corrupta entre Havelange, Jean-Marie Weber – o Homem da Mala da ISL – e Blatter. O dirigente não tinha dúvida alguma sobre o que havia acontecido. É claro que Blatter sabia que tinha nas mãos uma propina. Digam o que quiserem sobre Blatter, mas ninguém nunca achou que ele é estúpido. Sepp tinha sido treinado por Horst Dassler na década de 1970, salvara a ISL em 1996 e 1997, seria inacreditável que não soubesse que se tratava de uma propina. O que mais poderia ser um pagamento de 1,5 milhão de francos da ISL para a empresa do presidente? Não era nem ao menos o aniversário de Havelange!

O telefonema de Seul, em maio de 2002, chegou em um momento em que a Fifa estava em frangalhos. A Uefa liderava o ataque para destronar Blatter, mas no final do mês Sepp racharia seus inimigos e se manteria na presidência. Contudo, no início do mês eu estava em uma fase brilhante e tinha acesso a histórias exclusivas, diretamente das sombrias entranhas da Fifa.

Perguntei à minha fonte: "Você tem documentos?". Ele disse que não, que não conseguiria checar os arquivos com os extratos bancários e não se lembrava de qual era a cifra exata. Apesar disso, estava na sala do então secretário-geral Blatter quando a propina chegou e viu de perto o seu chefe entrando em pânico, enquanto, diante de seus olhos, se desenrolava o maior escândalo da história do esporte mundial.

Ele se lembrava de que o montante na notificação de pagamento estava discriminado em francos suíços. A propina fazia sentido. Duas semanas antes eu tinha divulgado documentos exclusivos revelando como Blatter e Havelange tinham bloqueado uma oferta de 1 bilhão de dólares da empresa de marketing esportivo IMG, que estava tentando arrancar dos dedos da ISL os maravilhosos contratos da Copa do Mundo. Havelange esperava ganhar um troquinho à guisa de comissão.

Falei com o meu editor e em 25 de maio de 2002 publicamos no jornal londrino *Daily Mail* uma matéria cautelosa, sem citar os nomes de Blatter e Havelange, mas afirmando que uma propina de cerca de 500 mil libras da ISL tinha chegado por acidente na Casa da Fifa, que o dinheiro tinha como destinatário um "alto dirigente da Fifa", e que houve tentativas de persuadir o banco a apagar todo e qualquer registro do pagamento.

Tínhamos trazido à baila a história da propina. Outros oito anos se passariam antes que eu pusesse as mãos na prova dessa acusação, a lista de propinas pagas, e antes que eu descobrisse o pagamento feito a Havelange em março de 1997 e registrado na relação de pagamentos secretos da ISL como "Garantie JH". Enquanto isso, essa história era importante demais para ser deixada de lado. Era a chave para a corrupção de Havelange e Blatter.

Frankfurt, sexta-feira, 5 de dezembro de 2003. Dia de rodada válida pelas eliminatórias da Copa do Mundo de 2006. Ao longo de toda a semana, dirigentes e delegados das associações e federações de futebol do mundo todo festejam na Alemanha. Achei que poderia dar uma pequena contribuição à festança banhada em autocongratulação. Nessa manhã publiquei novamente a história sobre a propina, quase sem alterações, substancialmente como na primeira versão de 18 meses antes. Agora eu tinha uma segunda fonte, que também estivera na sala de Blatter, e ela estava convencida de que o secretário-geral sabia que o papel em suas mãos era um comprovante de propina. A fonte não queria ser citada, mas eu tinha uma fita com a gravação das nossas conversas para levar aos advogados.

Sem ter um documento, eu ainda não podia publicar que o pagamento tinha sido para Havelange. Mesmo assim, com cautela, adiantei a história: "Um alto dirigente da Fifa recebeu um vultoso pagamento secreto da empresa suíça que se tornou detentora dos lucrativos direitos de televisão e marketing das Copas do Mundo de 2002 e 2006.

"O pagamento secreto deveria ter ido diretamente para o dirigente, cujo nome não é do nosso conhecimento, mas foi depositado por engano na conta bancária da Fifa, causando pânico entre os altos escalões da entidade." Estampamos a matéria – quase uma página inteira – em torno de uma enorme fotografia de Havelange com o troféu da Copa do Mundo.

Túnis, 23 de janeiro de 2004. Lá vamos nós de novo. Fazia um ano que eu tinha sido banido de todos os eventos da Fifa, mas viajei para a Copa Africana de Nações e um amigo nigeriano conseguiu dar um jeitinho de me pôr para dentro na entrevista coletiva de Blatter. No meio da sessão de "encontro com a imprensa", eu me levantei e disparei: "Depois que o último contrato de marketing foi assinado com a ISL para as Copas do Mundo de 2002 e 2006, um pagamento secreto de 1 milhão de francos suíços foi depositado acidentalmente na conta bancária da Fifa. Supostamente o senhor, à época secretário-geral, deu ordens para que o dinheiro fosse transferido imediatamente para a conta de um dirigente da Fifa. Para quem foi?".

Blatter estava traumatizado. Ficou com a cara no chão. Seu segredo estava sendo propalado em público, de novo. Por fim ele respondeu, glacial: "Não entrarei em um debate aqui nesta coletiva de imprensa e também creio que o tema foge totalmente da questão que gostaríamos de debater hoje na África com os jornalistas africanos". Esse diálogo foi gravado por uma equipe de filmagem alemã e exibido em toda a Europa.

Londres, maio de 2006. Meu livro *Jogo sujo* foi publicado e em pouco tempo ganhou traduções para 16 línguas. O primeiro capítulo começa no momento em que a propina chega à Fifa e depois descrevo a cena em que faço a pergunta a Blatter em Túnis. Recebi telefonemas de jornalistas suíços que me disseram: "Blatter disse que a sua história é uma inverdade completa. Ele está alegando que você inventou a história".

Londres, 11 de junho de 2006. A BBC leva ao ar a minha primeira investigação da corrupção na Fifa. A história sobre a propina é o destaque, a parte mais importante do programa. Primeiro mostramos o trecho da filmagem da entrevista coletiva em Túnis. Depois, ainda banido de todos os congressos e eventos oficiais da Fifa, surjo de trás de uma árvore nos jardins da Casa da Fifa e alcanço Blatter enquanto o presidente desce uma senda. Meus dois cinegrafistas entram em ação e mais uma vez tento arrancar uma resposta do homem que manda na entidade que rege o futebol mundial.

"*Andrew Jennings: Permita-me perguntar apenas isto: o senhor sabe quais dirigentes do futebol receberam propinas da empresa de marketing ISL?*
Blatter: Sinto muito, não falo sobre isso.
Andrew Jennings: O senhor sabe quais dirigentes do futebol receberam pagamentos da empresa de marketing ISL?
Blatter: Não respondo a essas perguntas.
Andrew Jennings: O senhor pode me dizer, por favor, quem recebeu a propina de 1 milhão de francos? Tenho a informação de que o senhor ordenou que o dinheiro fosse transferido da conta da Fifa para a conta do homem cujo nome aparece na ordem de pagamento. Pode me dizer para quem foi? Foi o presidente Havelange?"

Blatter correu para procurar refúgio prédio adentro e deu ordens para que seus funcionários protegessem com guardas todas as portas, receoso de que eu e minha equipe o perseguíssemos ao longo dos corredores do poder da Fifa.

Jornalistas não trabalham para serem amados. Nossa responsabilidade é fazer perguntas espinhosas para os ricos e poderosos. Eu trouxe à tona a mesma pergunta sobre Blatter e Havelange e aquela propina em outras duas edições do programa *Panorama*, em 2010 e 2011. Em outubro de 2011, prestei depoimento à Comissão de Educação, Cultura e Esporte do Senado em Brasília e mostrei o documento provando a propina recebida por Havelange; repeti o exercício um mês depois em Paris, na reunião da Comissão de Cultura, Ciência e Educação da Assembleia Parlamentar do Conselho da Europa.

Finalmente, em junho de 2012, pusemos as mãos no relatório do magistrado Thomas Hildbrand – cuja divulgação vinha sendo impedida havia tanto tempo – com os resultados de suas investigações sobre a corrupção na Fifa. Lá estava a prova oficial! Na página 33, tópico 6.6, a verdade era confirmada com linda clareza:

"*A descoberta de que a Fifa tinha conhecimento dos pagamentos de subornos para pessoas de seus órgãos não é questionada.*" [o itálico é meu]. Era isso. A Fifa – ou seja, Blatter – sabia! Para mim não foi surpresa nenhuma, mas era ótimo ver uma confirmação independente.

Hildbrand continuava: "Em primeiro lugar, porque vários membros do Comitê Executivo tinham recebido dinheiro e, ademais, entre outras coisas, veio a ser confirmado pelo ex-diretor financeiro, como testemunha, que certo pagamento no montante de 1 milhão de francos suíços (cerca de 2,7 milhões de reais) feito a João Havelange pela Empresa (ISL) foi equivocadamente transferido para uma conta da Fifa; não somente o diretor financeiro tinha conhecimento disso, mas também, entre outros, o P1 (Presidente Blatter) também sabia".

Ao contrário do grupo de Peith e do novo e privado Comitê de Ética da Fifa e suas duas "câmaras", todos escolhidos a dedo e pagos por Blatter, esse relatório era de um investigador público e independente, trabalhando estritamente no âmbito da lei pública suíça. Hildbrand estava afirmando, claramente, que Blatter sabia que havia segurado nas mãos uma propina paga a Havelange.

No mundo público fora da Fifa, qualquer político ou membro da diretoria de uma empresa teria sido forçado a se demitir e se sentiria humilhado. Vergonhosamente, apenas uma das 209 federações e associações afiliadas à Fifa exigiu a renúncia de Blatter; o Comitê Executivo e os patrocinadores da Fifa ficaram igualmente em silêncio. O governo brasileiro também não disse uma palavra, e perdeu a oportunidade de usar o veredicto de Hildbrand como alavanca contra as exigências da Fifa de isenção fiscal e outros privilégios.

Blatter encontrou um repórter acrítico do jornal suíço *SonntagsBlick* e declarou: "Não soube senão mais tarde, após o colapso da ISL em 2001, sobre o suborno".

Essa mentira foi divulgada mundo afora pela Reuters.

O único cartola do futebol a desdenhar de Blatter foi o presidente da liga de futebol da Alemanha, Reinhard Rauball, que afirmou ao *Die Welt*: "Blatter tem de passar as funções a outra pessoa e abandonar o cargo o mais rápido possível. Em nome da credibilidade do processo de reformas, a Fifa precisa de alguém que esteja disposto a começar do zero. A mudança é necessária, e é sempre difícil alcançar essa mudança quando uma das pessoas que faz parte do problema continua em suas funções".

Blatter ignorou Rauball e desviou o foco com um comentário venenoso sobre Havelange em entrevista ao *SonntagsBlick*: "Ele é multimilionário. Para mim era inconcebível que ele recebesse propina. Ele não precisava". É claro que Blatter sabia que Havelange recebia propinas – porém, ao confirmar que João era um homem rico, ele estava destruindo o argumento do velho de que não era suficientemente abastado para ressarcir uma grande soma.

Uma semana depois Blatter aprovou a nomeação de Michael Garcia como o Superpolicial da Fifa e escolheu Hans-Joachim Eckert como o seu Superjuiz. Garcia foi incumbido de chefiar um comitê responsável pela investigação do escândalo da ISL e especialmente o fato de Blatter ter lidado com a gorda propina paga a Havelange em 3 de março de 1997. Eckert comandaria o tribunal e poderia definir punições com base nas provas apresentadas por Garcia. Seria o fim de Blatter?

Mais de seis meses depois, Garcia entregou ao juiz Eckert seu relatório das investigações. O que diz o documento? Eles nunca nos dirão. Com quem ele falou? Não podemos saber. Ambos os homens curvaram-se à cultura da confidencialidade e do veto à transparência preconizada por Blatter. Todas as 4.200 páginas do relatório estão trancafiadas no cofre de Sepp em Zurique.

O documento mais importante do calhamaço de Garcia deve ser a transcrição do "interrogatório" a que submeteu Blatter. Que perguntas Garcia fez? Jamais saberemos. Terá sido tão durão com seu cliente ricaço como costumava ser em sua vida pregressa de promotor em Nova York, quando investigava o crime organizado, terroristas e assassinos? Isso é segredo.

Eckert começou por nos dizer o que já sabíamos fazia anos. "É certo que quantias não insignificantes de dinheiro foram enviadas para o ex-presidente da Fifa e seu genro Ricardo Teixeira, bem como para o doutor Nicolás Leoz." Eram "propinas". A seguir Eckert expressou sua opinião sobre o envolvimento de Blatter na vasta e generalizada corrupção da Fifa.

"Deve-se questionar, no entanto, se o presidente Blatter sabia ou deveria saber ao longo dos anos antes da falência da ISL que a ISL havia feito pagamentos (subornos) a outros funcionários da Fifa."

Eckert estava falando sério? Todo mundo que trabalhava na Fifa, o batalhão de repórteres que cobriam a entidade, o exército de executivos esportivos, agentes e negociantes de direitos de marketing sabiam havia anos que a ISL estava "lubrificando" seu relacionamento com Havelange e Blatter. Isso era tão líquido e certo quanto o sol nascer de manhã. Definitivamente, Blatter sabia tudo sobre as propinas. Sobre o que mais ele falava durante as visitas de Weber à Casa da Fifa e nos longos períodos que passavam juntos nos mesmos hotéis nos torneios da Fifa?

Nos últimos anos Blatter admitiu ter passado férias com Weber e, surpreendentemente, certa vez comparou a relação dos dois a uma "noite de amor em Veneza". Não falaram sobre os 100 milhões de dólares em propinas? Sepp diz que não e devemos acreditar nele.

Jamais saberemos se o investigador entrevistou Weber ou Christoph Malms, o ex-todo-poderoso da ISL, acerca da exigência feita por Blatter e Havelange de que o Homem da Mala devia ser mantido em seu cargo na empresa. Vários funcionários do departamento financeiro da ISL organizavam e despachavam as propinas para a cartolagem da Fifa. Garcia falou com eles? Tudo isso é segredo da entidade que comanda o futebol no mundo.

Por fim, Eckert decretou que, quando Blatter lidou com a propina de Havelange sem perceber que era uma propina, "a conduta do presidente Blatter pode ter sido atrapalhada [...] mas isso não leva a nenhuma irregularidade criminal ou ética".

Como eles conseguiram escapar impunes? É hora de voltar e estudar as novas regras de Blatter.

Parece mais um documento rotineiro da Fifa, mas é o mais importante da traiçoeira e clandestina campanha de Blatter para abafar a verdade. Capa azul-marinho e 56 páginas de "Regulamentos de Organização da Fifa". Aprovado pelo Comitê Executivo de Blatter em 21 de março de 2013, marcou o último passo na destruição da reforma e da transparência. O documento está disponível no site fifa.com. Quem se deu o trabalho de ler?

Na página 8 ficamos sabendo que todas as reuniões do Comitê Executivo são "confidenciais". Na página 12 o mantra é repetido para todos os comitês e comissões da Fifa: são "confidenciais". E quanto ao supostamente independente Comitê de Auditoria e Cumprimento de Leis? Você adivinhou: "As reuniões do comitê são confidenciais". Salários, bonificações, despesas, tudo aquilo que eles discutem no "Subcomitê de Compensação" não é da minha conta nem da sua.

Foi o derradeiro golpe de Blatter. Ele estava são e salvo. Como e em que ele gastava o dinheiro da Fifa, seus acordos privados, as negociatas de ingressos, as viagens luxuosas para os melhores hotéis do mundo, o estilo imperial e as verbas para rodar o mundo em jatinhos fretados, seu salário, bonificações, despesas, carros à disposição, "auxílio-moradia", todas as formas pelas quais ele esfolava a Fifa, propiciando regalias para si mesmo e para sua família, tudo é confidencial. E para manter o seu Comitê Executivo feliz, todos faziam a festa apresentando pedidos de reembolso de despesas as mais destrambelhadas – por vezes sagas fantasiosas –, sem mostrar recibos nem comprovantes, e recebiam o dinheiro. Que não saía do bolso de Blatter e os mantinha leais – e de boca fechada.

Que tipo de debate ocorre nos comitês? Não podemos saber. Será que eles travam discussões acaloradas, será que alguma vez chegam a brigar? Não é da nossa conta. Que critérios eles usam para a distribuição dos ingressos da Copa do Mundo? Não ouse perguntar! Que tipo de conversa há antes que os lucrativos contratos sejam concedidos? Vá embora. Eles realmente são os donos do futebol e tomam todas as providências para assegurar que torcedores, jogadores e clubes fiquem fora da festa.

Blatter tinha um privilégio extraordinário no tempo em que era secretário-geral de Havelange – é realmente impressionante: ele podia assinar cheques sem a anuência de outros dirigentes, podia dar o dinheiro da Fifa a quem quisesse. Isso não era segredo absoluto, era possível descobrir nos escritórios de registro de empresas de Zurique, mas somente um jornalista pensou em olhar: Jean-François Tanda, repórter investigativo de Zurique.

Como o dinheiro da Fifa era gasto? Quem verificava os gastos de Blatter? Somente Julio Grondona, o presidente da comissão de finanças da Fifa, e seu vice Jack Warner – provavelmente os dois homens menos dignos de confiança no futebol mundial, os conspiradores que pactuavam com o salário de Blatter. A Fifa alega que agora mudou a regra e desse modo Jérôme Valcke também assina os cheques. Você acha isso reconfortante? Será que algum dia teremos permissão para ver os anos de extratos bancários, revelando como Blatter gastava o dinheiro? Não prenda a respiração.

Os Regulamentos são muito mais eloquentes que o segundo documento que Blatter reescreveu, dessa vez os Estatutos da Fifa. Mas os Estatutos formulam que a lei da Fifa e de Blatter está acima da lei de qualquer outro país do mundo. Quem tentar processar Sepp ou qualquer outro cartola nos tribunais civis será banido do futebol! Na página 50, as associações e federações nacionais são instruídas no sentido de que recursos à Justiça comum são proibidos: "As associações devem inserir uma cláusula em seus estatutos e regulamentos, estipulando que é proibido levar disputas na associação ou disputas envolvendo campeonatos, membros de campeonatos, clubes, membros de clubes, jogadores, funcionários e outros à Justiça comum, exceto se previsto especificamente pelos regulamentos da Fifa [...] As associações devem impor sanções a qualquer parte que falhe em respeitar esta obrigação, e se assegurar de que qualquer apelação contra tais sanções seja igual e estritamente submetida aos tribunais desportivos, e não à Justiça comum". E é claro que Blatter nomeia os dirigentes que controlam os procedimentos de arbitragem.

"A secretaria-geral da Fifa proverá as duas câmaras, a investigativa e a adjudicatória, com um secretariado e o estafe necessário." Esse insípido comunicado, no cerne do Código de Ética revisado e apresentado por Blatter em julho de 2012, põe por terra qualquer alegação de que as duas câmaras são independentes.

Blatter organizou seu Comitê de Ética de modo que ele mesmo emprega pessoalmente seus burocratas, secretários e arquivistas. Ele escolhe esses funcionários em meio ao seu estafe mais confiável. Essas pessoas devem a Blatter seus salários, promoções, bonificações e pensões. Trabalham a apenas algumas portas do gabinete do presidente, que dessa forma fica de olho e controla as evidências que são coletadas por Garcia e Eckert.

O Código de Ética especifica as responsabilidades do estafe. "Os funcionários têm o controle dos fatos do caso, o conteúdo das investigações e deliberações e decisões tomadas, bem como dos dados pessoais particulares." Os indivíduos interessados em fornecer ao Comitê de Ética evidências secretas sobre corrupção podem ser impedidos pela Instrução 62 (1), à página 41: "A secretaria da câmara investigatória deverá realizar uma avaliação dos documentos submetidos com a denúncia".

A Instrução 62 (2) das novas regras de Blatter deixa claro que seu estafe saberá das denúncias antes de Garcia ou Eckert. "Caso haja qualquer indício de potencial violação, a secretaria deverá conduzir a investigação preliminar apropriada." Não resta dúvida de que, caso tenha seu nome citado por informantes, Blatter logo será avisado por seu estafe.

O Código de Ética finge oferecer proteção a testemunhas vulneráveis. Na página 74 lê-se "Depoimentos orais deverão sempre ser colhidos a portas fechadas", mas as declarações das testemunhas eram transcritas e convertidas em arquivos que podiam ser acessados por Blatter e Jérôme Valcke.

O sigilo é a regra onipresente até a conclusão das investigações. Na página 78 (1) ficamos sabendo que o "Comitê de Ética pode decidir por não comunicar a fundamentação de uma decisão e, em vez disso, comunicar somente os termos da decisão". Em outras palavras, isso se traduz deste modo: "Vamos executar você, mas ninguém saberá o motivo".

Podia haver algum tipo de evidência que a secretaria talvez não visse. Perguntei a alguém que conhecia de perto as investigações de Garcia de que maneira ele teria acesso a contas bancárias privadas para verificar quem estava recebendo e pagando propinas, já que não atuava mais no ramo da aplicação das leis e não dispunha mais do poder de confiscar documentos. "É fácil", riu a minha fonte, "ele pede para o [***] fazer isso" – e citou o nome de um renomado investigador particular, muito conhecido na Fifa e muito bem relacionado nos organismos encarregados da aplicação da lei.

Consultei o meu exemplar do Código de Ética e lá está, na Instrução 66 (3): "Em casos complexos, o chefe das investigações pode solicitar ao presidente da câmara investigativa que incumba terceiros – sob a supervisão do chefe das investigações – de obrigações investigativas". Não existe regra para proibir investigações ilegais.

A máquina de relações públicas de Blatter alardeou que o Código de Ética "melhorado" foi produzido por uma das forças-tarefa de Blatter "para fortalecer os poderes e a independência dos organismos jurídicos". Parece que fizeram o contrário, mas Garcia e Eckert com certeza estavam felizes – em março de 2013 ambos parabenizaram a entidade pela "qualidade do Código de Ética da Fifa e o apoio e cooperação recebidos da Fifa".

O que pensavam os membros das duas equipes, a investigativa e a adjudicatória? Há 16 membros nas duas "câmaras". Eu queria saber se eles tinham se envolvido nas investigações da ISL ou se eram apenas enfeites na árvore da ética da Fifa. Encontrei endereços de e-mail de dez membros. Perguntei a cinco dos investigadores de Garcia: "Vocês tiveram acesso à correspondência da IMG? Eric Drossart, o mandachuva da IMG, foi entrevistado? Vocês estão convencidos de que Garcia foi suficientemente firme quando entrevistou Blatter sobre a propina de Havelange? Vocês estão felizes com o fato de que tantas provas estão sendo eliminadas?". Fiz perguntas similares a membros da Câmara Adjudicatória do Comitê de Ética da Fifa.

Somente um teve a cortesia de responder à minha mensagem. O sr. Nicholas Davidson, QC* residente em Christchurch, Nova Zelândia, escreveu: "Por conta de compromissos profissionais ligados às minhas atividades jurídicas na Nova Zelândia, não pude comparecer à reunião plenária em 2013 e não estive envolvido em nenhuma investigação específica, incluindo as questões sobre as quais o senhor indaga".

Os demais membros estavam envolvidos? Ou tudo não passou de um arranjo entre Garcia e Eckert? Jamais saberemos.

Entrei em contato com Scott Horton, professor na Universidade de Columbia e na Escola de Direito Hofstra, em Nova York. Horton é especialista na "Lei sobre práticas de corrupção no exterior", escreve para a revista *Harper's* e contribuiu com um artigo crítico sobre Michael Garcia no site noticioso Daily Beast.

Ele me disse: "Quando Garcia foi nomeado, dei uma entrevista para a estação de rádio alemã ARD. Declarei que, com base na carreira profissional de Garcia, uma coisa poderia ser prevista com absoluta certeza: ele protegeria zelosamente a pessoa que o havia nomeado e que pagava as suas contas. A verdade é que Garcia poderia até investigar figuras corruptas, mas somente até o ponto em que isso servisse aos planos e intenções da pessoa que o nomeou".

---

* QC corresponde a Queen's Counsel, conselheiro da rainha. É uma distinção profissional atribuída pela rainha da Inglaterra a advogados com larga experiência, uma espécie de topo de carreira. (N. T.)

19
BLATTER DESENTERRA OS CAIXÕES DA FAMÍLIA

Ele se recusa a ser enterrado perto de Hildbrand

As cadeiras parecem desconfortáveis e não resta dúvida de que isso é proposital. O presidente não quer que você se demore demais, porque ele não está nem aí para quem é você e não dá a mínima para saber de seus motivos para estar ali. Talvez ele já tenha até se esquecido do seu nome. O presidente já configurou um plano de sobrevivência, os votantes já foram comprados, e nada que você faça ou diga será capaz de mudar o processo. Ele tem tudo de que precisa: os bilhões de dólares da Copa do Mundo, Putin e o emir. Se você tiver direito a voto no congresso dele, tome aqui mais um dinheirinho para o "desenvolvimento". Que a bolada descanse em paz nas Ilhas Cayman, em Chipre ou em investimentos imobiliários em Dubai.

O comunicado de imprensa, já escrito – basta apenas preencher a data e o nome –, salientará a harmonia, a natureza positiva da reunião. Depois disso, sr. ou sra. visitante, adeus, pois preciso me dedicar aos cálculos para saber quem na minha máquina eleitoral necessita de uma "lubrificada" adicional.

Oh, e antes que você vá embora, precisamos tirar uma fotografia lado a lado, eu passando para as suas mãos uma daquelas nossas flâmulas baratinhas, azuis e douradas, com a exortação "Pelo jogo. Pelo mundo". Não, eu não sei o que isso significa. Foi sugestão de algum marqueteiro porque tivemos de nos livrar do nosso lema antigo – "Pelo bem do jogo" –, por razões óbvias.

Na sala ao lado, a loira Christine está fofocando ao telefone com seu marido, Charles (Charly) Botta. Christine é a secretária executiva do presidente e a guardiã dos segredos. O pai dela, um ex-jogador de hóquei no gelo, era amigo do presidente – ambos nasceram na cidadezinha suíça de Visp, no cantão de Valais. Seu primeiro emprego como dirigente esportivo foi no cargo de secretário-geral da federação suíça de hóquei. Em 1975, Horst Dassler percebeu a ambição de Blatter e levou-o para a Fifa, juntamente com o novo presidente Havelange, como o burocrata preferido para assegurar o futuro da Adidas e garantir os seus contratos de marketing.

Christine conheceu Charly quando ele estava supervisionando a construção do palácio de vidro do presidente na colina acima da cidade. A ex-sra. Botta saiu de cena e Christine, anteriormente sra. Salzmann, reivindicou metade do edredom. O que eles fazem debaixo das cobertas? Charly diz: "Nossa grande paixão é o gerenciamento criativo de imóveis".

Charly é um sujeito ocupadíssimo. Ostenta o pomposo título de "Consultor-Chefe de Design e Construção de Estádios da Fifa" e deu pitacos em todas as arenas construídas na África do Sul para a Copa do Mundo de 2010. Charly está profundamente envolvido na construção dos estádios no Brasil para o torneio de 2014 e por isso Sepp sempre estará mais bem informado que Valcke quando o assunto for o andamento das obras. Charly está prestando consultoria para a construção das arenas do evento de 2018 na Rússia e esteve atarefadíssimo às voltas com as Olimpíadas de Inverno em Sochi, cuidando do novo Estádio Central e do Palácio de Gelo Bolshoi.

A outra peça-chave e presença constante na sala de espera do presidente é o contador Guy-Philippe Mathieu. Seu trabalho criativo no que diz respeito aos gastos de Blatter com diárias, pedidos de reembolso e outras despesas é lendário – e sobreviveu incólume até mesmo ao inquérito de um promotor de Zurique. Mathieu parece adorar o presidente, a figura paterna que ele sempre buscou.

Decorando a suíte presidencial há uma galeria de "honrarias" conferidas a Blatter por pessoas e organizações tão obscuras que às vezes é até difícil localizá-las. A julgar pela lista que *herr* Blatter solicitamente fornece no site fifa.com, Sepp quer que a gente saiba que ele recebeu de alguém o prêmio Pela Humanidade no Futebol. Há também uma homenagem da "Liga Humanitária Internacional pela Paz e Tolerância" – se essa entidade tem um *website*, ele está muito bem escondido. Isso não impediu que Blatter ganhasse o referido galardão não apenas uma, mas duas vezes! Quando Sepp não é o Humanitarista Internacional do Ano, a misteriosa entidade lhe dá o Título Áureo de Benemérito da Paz e do Humanitarismo.

O Prêmio Americano Global da Paz de 2003 foi concedido a Sepp por outra organização perdida nos confins da internet. Aparentemente se trata da Associação Internacional de Atletismo Amador – *não* é a entidade que gere o atletismo mundial, tampouco é formada por uma comissão permanente de representantes de federações nacionais. Blatter também se mostrou digno de todas as qualificações para receber a Ordem Olímpica do Comitê Olímpico Internacional. Veja só quem também foi agraciado pelo COI com essa distinção: Manfred Ewald, mentor e médico-chefe do programa de dopagem dos atletas da Alemanha Oriental; seu chefe, o político alemão Erich Honecker, que presidiu a Alemanha Oriental de 1976 a 1989 e ficou conhecido como o Açougueiro de Bucareste; Nicolae Ceaușescu, presidente da Romênia socialista de 1965 a 1989; e o ditador búlgaro Todor Zhivkov.

Na mesma lista de heróis do esporte estão o já falecido Primo Nebiolo, que acobertou o *doping* no atletismo; Boris Yeltsin, que entregou a Rússia de mão beijada para seus apoiadores oligarcas; e o "Senhor 1%" Mitt Romney, empresário e político norte-americano que presidiu o Comitê Organizador Local dos Jogos Olímpicos de Inverno de 2002 em Salt Lake City, nos Estados Unidos. Blatter também foi nomeado Pomba de Genebra – seja lá o que isso significa.

Os políticos sul-africanos, que ignoraram a pobreza do próprio povo para permitir que a Fifa saqueasse o país – enquanto alguns espertalhões bem relacionados embolsavam lucros exorbitantes e gordas propinas –, deram a Blatter a Ordem da Boa Esperança e um doutorado honorário da Universidade Nelson Mandela, em Port Elizabeth. Essas ninharias poderiam até ser ignoradas. A traição foi o presidente Jacob Zuma dar a Blatter a mais alta distinção da África do Sul, a Ordem dos Companheiros de Oliver Tambo, um dos heróis na luta contra o *apartheid*.

A galeria de prêmios fica sinistra: Blatter parece orgulhoso das condecorações recebidas de déspotas do Uzbequistão, Cazaquistão, Quirguistão e alguns do Azerbaijão. E há também uma porção de lembrancinhas e símbolos de admiração do Sudão, Iêmen, Marrocos, Tunísia, Bahrein, Emirados Árabes Unidos e República Centro-Africana. Infelizmente Blatter retirou da parede a Ordem Humanitária da Redenção Africana, concedida pelo então presidente da Libéria Charles Taylor, depois que seu velho amigo foi condenado pelo Tribunal Internacional de Haia a cinquenta anos de prisão por terríveis torturas infligidas a crianças, mulheres e adversários políticos.

A galeria de honrarias de Blatter é muito mais que a vaidade de um homem rodeado de puxa-sacos. Os prêmios de Sepp mandam uma clara mensagem aos pretensos regicidas: "Todas essas distinções e homenagens podem até ser presentes de assassinos e ladrões, mas uma vez que eu jamais critico essas pessoas, conto com a gratidão e os votos deles, e por isso vou guardar tudo com carinho. Se você ousar me desafiar, saiba que é por sua conta e risco". Os galardões também acabam tendo outra função: servem para mostrar aos empresários e homens de negócios que visitam Blatter que o presidente da Fifa é capaz de abrir muitas portas.

Não é verdade que o presidente seja alvo de zombaria de boa parte da imprensa suíça. Há exceções, e uma delas é o *Aargauer Zeitung*, jornal de uma modesta cidade a oeste de Zurique. Depois de ser coroado em 2011, Sepp se ofereceu para dar uma entrevista. O presidente gostou tanto do resultado que publicou a íntegra do colóquio no site fifa.com.

A primeira pergunta dificílima foi esta: "Senhor Blatter, o senhor afirmou que gostaria de esclarecer algumas coisas sobre a sua pessoa ao final do seu mandato. *Por favor, vá em frente!*".

O que foi seguido de outras pérolas como estas: "O senhor recebe pouco reconhecimento por suas realizações?" e "As críticas ferem o senhor?". Valentemente o presidente encarou de maneira varonil esse árduo interrogatório, e depois revelou de onde tira sua força e inspiração: "Fé em Deus. Fui criado como católico, então claro que a Igreja Católica tem influência sobre mim".

O presidente diz ser "profundamente religioso" e acrescenta que "De vez em quando Deus diz para mim: 'Você precisa consertar isso sozinho. Não posso ajudá-lo com isso'. Estou falando sério".

Três semanas antes o presidente tinha feito sua tradicional peregrinação anual ao mausoléu da família na cidadezinha de Visp. "Meu pai me disse: 'Não perca o controle. Não perca a confiança. Continue'". O pai de Blatter faleceu há 35 anos.

O presidente se esqueceu de mencionar outra coisa sobre seu pai, sua fé e o mausoléu da família no cemitério de Visp. Depois de muitas décadas a cripta funerária foi aberta e todos os caixões foram transferidos para outra parte do cemitério. Que razões o presidente teria para, quando chegar a sua hora, não ser enterrado no local escolhido por seus ancestrais?

Do outro lado da vereda, defronte ao jazigo da família Blatter, fica o túmulo de outra família de Visp, a de Thomas Hildbrand, o magistrado investigador que rastreou com determinação férrea as propinas da ISL. Parece que Blatter, vinte anos mais velho que o magistrado, não suportou o pensamento de que, no futuro, toda vez que Hildbrand fosse prestar suas homenagens ao falecido pai, acabaria inevitavelmente cravando os olhos no túmulo do ex-presidente da Fifa. Pior ainda, um dia os dois adversários jazeriam eternamente a poucos metros de distância um do outro. Os coveiros foram convocados e os restos mortais da família Blatter se ergueram e deram no pé.

O rombo que Blatter já causou na camada de ozônio aumentou mais um pouco assim que seu jatinho fretado pousou em São Paulo após o longo voo desde Zurique. Faz muito tempo que a pessoa mais importante do mundo do futebol já se esqueceu do que é um voo com hora marcada. É combustível para sua vaidade comandar o próprio avião. Comandante, decole assim que eu mandar! Sim, senhor! E também há outra razão. Com todos os escândalos da Fifa, frequentar aeroportos é arriscado: o presidente pode ser acossado por fãs de futebol furiosos. Se alguém perguntar a Blatter sobre suas pegadas de carbono – a medida da quantidade de gases do efeito estufa que produzimos simplesmente levando nossas vidas diárias –, ele vai achar que pisou em alguma coisa. Na África do Sul o presidente e os membros do Comitê Executivo tinham jatinhos fretados à disposição para levá-los de um estádio ao outro, de um jogo ao outro. No Brasil, talvez queiram mais.

Há uma inesperada frieza por parte dos funcionários dos aeroportos brasileiros. Talvez eles tenham estado entre os milhões de manifestantes em 2013. O presidente se achou muito esperto ao fazer o seguinte comentário acerca dos protestos contra a Fifa: "Era um movimento espontâneo, sem objetivo. Agora, as coisas mudaram. Pode ser que alguns utilizem o Mundial para fazer eco. O futebol é como batata: vale para tudo".

Mesmo com a escolta policial, a jornada do terminal exclusivo para jatinhos fretados até o hotel leva tempo. Tempo para reflexão: se os manifestantes forem mantidos longe do Congresso da Fifa, e também das 64 partidas da Copa do Mundo, talvez Blatter sobreviva na presidência. Será que é tarde demais para transferir pelo menos o congresso para Pyeongchang?

Por fim, o hotel. Ah, os funcionários estão demonstrando o devido respeito, embora muitos sorrisos pareçam forçados. Blatter está com 77 anos, mas não deixa de admirar as belas garotas no saguão – todas trabalhando a serviço do torneio.

Antes disso, o jantar do Comitê Executivo. E aqui o primeiro abraço sentimentaloide e babão da noite. É o meu aliado mais fiel na Fifa, *don* Julio Grondona, de Buenos Aires. Cinco anos mais velho que eu, ainda comanda com mão de ferro a nossa comissão de finanças. O vice costumava ser Jack Warner – Pare de rir! –, mas eu o substituí pelo igualmente confiável Issa Hayatou. Pare!

Julio concorda com o meu salário – e eu assino todas as despesas dele. Supostamente Valcke deveria estar a par dessa decisão, e uma hora ou outra talvez diga a ele quanto ganhamos. Talvez não, ele ficaria com inveja. A única outra pessoa que sabe é Markus Kattner, que trabalhava na McKinsey com o meu sobrinho Philippe. Em 2000 paguei a eles aquela fortuna por relatórios que joguei no lixo. Agora Markus é o nosso diretor financeiro – isso é muito útil na hora de dar todos aqueles contratos dos direitos de marketing e de transmissão televisiva da Copa do Mundo à Infront, a empresa de Philippe. Markus também é vice-secretário-geral e Valcke não ousa encostar um dedo nele. De fato, nós somos a verdadeira família do futebol.

Don Julio é o vice-presidente mais velho. Se algo terrível acontecesse comigo ele se tornaria o presidente. É um pensamento assustador, e que me faz agir com mais cautela. Julio faz questão de não falar inglês, por isso jamais teve de responder diretamente por seus comentários acerca dos judeus. Ou sobre como nós gastamos o dinheiro da Fifa. *Don* Grondona é membro do Comitê Executivo desde 1988, depois de ter forjado um relacionamento extraordinariamente bom e vantajoso com os generais que salvaram a Argentina dos comunistas em 1976.

Quatro anos mais velho que eu e seis meses mais novo que *don* Julio é o menino novo do Uruguai, Eugenio Figueiredo. Ele substituiu o velho e querido Nicolás Leoz na presidência da Conmebol. Leoz renunciou ao cargo depois que foi dedurado por aqueles infames da BBC por figurar na lista de pagamentos da ISL, mas deixamos Nicolás continuar a bordo do nosso "trem da alegria" até o verão do ano passado, desfrutando de um montante de 1 milhão de dólares em comissões e despesas. Foi um período bastante difícil para o nosso velho amigo. Após ter conhecimento das acusações contra o ex-dirigente, o prefeito da cidade chilena de Coquimbo resolveu tirar o nome de Nicolás Leoz de um bulevar à beira-mar – os políticos locais julgaram que o nome envergonhava a cidade. Os bons e velhos meninos do Paraguai ficaram ao lado dele e resolveram rebatizar como Copa Dr. Nicolás Leoz o antigo Superclássico das Américas – a Copa Roca, disputada anualmente entre as seleções nacionais de Brasil e Argentina.[*] Foi triste ver Ricardo Teixeira ir embora, mas sentado em sua cadeira no Comitê Executivo está outro velho amigo do Brasil, Marco Polo Del Nero. Posso olhar para ele com ares de superioridade, afinal ele é cinco anos mais novo que eu. Julio, Eugenio e Marco. Somados, são 230 anos de experiência! Simplesmente as pessoas que representam uma jovem e vibrante América Latina.

Marco trouxe consigo sua linda e jovem namorada Carolina. Não, ela não é a neta dele! Vê-la requebrando no Sambódromo, envolta em plumas e paetês, faz com que nós todos nos sintamos mais jovens.

Marin também veio como convidado. Ele está comandando a CBF exatamente como Ricardo o instruiu a fazer. Se Ricardo tivesse usado o dinheiro talvez pudesse ter realizado a ambição de João e ocupado o meu trono – um dia.

---

[*] Interrompida desde 1976, a competição voltou a ser disputada em 2011, após acordo entre a CBF e a Associação do Futebol Argentino, com jogos de ida e volta na Argentina e no Brasil. (N. T.)

Eu estava preparando o caminho em 2002 quando dei a ele um lugar na nossa nova comissão de auditoria interna. Algumas pessoas ficaram chocadas, mas não tinham votos, então a coisa ficou por isso mesmo.

Junto conosco, também sentado à mesa principal, está outro dos meus vice-presidentes favoritos: Issa Hayatou, de Camarões. Ele passa bom tempo no gabinete presidencial de sua confederação africana no Cairo. Não me parece muito bem, ouvi dizer que está se submetendo a uma série de transfusões em Genebra. Eu me pergunto "Quem está pagando?" e penso que, depois de 24 anos no nosso Comitê Executivo, ele não vai parar de servir ao futebol.

Acho excelente o fato de que o filho de Issa, Ibrahim, seja um dos principais executivos da empresa de mídia francesa que compra de seu pai os direitos de televisão do futebol africano. Mais uma vez, na família do futebol nós confiamos uns nos outros, como eu faço com o meu sobrinho Philippe.

Issa ainda tem a coragem de falar grosso e interferir em governos. Veja só o caso daqueles zés-ninguém de Togo. Quando o ônibus que transportava a seleção de Togo foi metralhado na região de Cabinda, em Angola, onde seria disputada a Copa Africana de Nações de 2010, o governo em Lomé declarou luto oficial de três dias em homenagem aos três mortos e nove feridos do incidente e decidiu tirar o time do torneio.

Issa achou isso inaceitável! Nossas regras têm de ser preservadas. Por isso ele baniu Togo das duas edições seguintes da Copa Africana de Nações e multou a federação togolesa em 50 mil dólares. Issa estava respeitando a regra sagrada da Fifa segundo a qual os governos não devem se intrometer nos nossos assuntos. Mais tarde tive de entrar em cena e reverter a decisão, mas o recado foi dado: nós jogamos de acordo com as nossas próprias regras.

Não acredito nos boatos de que Issa embolsou 1,5 milhão de dólares para votar no Catar. Não pode ser verdade. Issa sabe que seu voto e sua influência na África valem muito mais. Ele tem o melhor conselheiro do mercado. Um de nós tinha de arranjar um lar seguro para Jean-Marie Weber e Issa fez dele consultor da comissão de marketing da Confederação Africana de Futebol. Desse modo Jean-Marie ganha credenciais para todos os nossos eventos, e, uma vez que Issa é membro do COI, Weber se junta ao séquito e recebe um crachá para pendurar no pescoço em todas as edições dos Jogos Olímpicos e em todas as conferências do Comitê Olímpico Internacional. Não é supimpa?

Não gosto que Jean-Marie seja chamado de Homem da Mala. Ele é um sujeito culto, determinado a manter o legado de Horst Dassler. A acusação feita por aqueles detetives de Zug de que eu estava ajudando meus amigos brasileiros a desviar dinheiro da Fifa é desprezível e nem vou me dar o trabalho de abordar esse assunto. Jean-Marie vai se juntar a nós mais tarde para um drinque e depois estará no salão de conferências, revendo todos os seus velhos amigos no congresso.

Olhe ali, aquele é o marfinense Jacques Anouma. Issa recebeu um punhado de críticas por mudar as regras a fim de impossibilitar que Anouma o enfrentasse na disputa pela presidência da Confederação Africana de Futebol.* Os detratores não percebem que Issa defende com unhas e dentes, de maneira ardorosa, a manutenção da continuidade, pelo bem do futebol africano. Que ninguém me ouça, mas é possível que haja um problema com Jacques. Sabia que ele era o diretor de finanças do presidente Laurent Gbagbo na Costa do Marfim? Sabe onde Gbagbo está agora? Trancafiado em Haia enquanto aguarda julgamento, acusado de assassinato, estupro, violência sexual, perseguição e o que chamam de "atos desumanos" e "crimes contra a humanidade". Na minha opinião esse pessoal dos direitos humanos às vezes exagera um pouco – o país estava em guerra civil. Jacques não foi indiciado e não acredito nessas fofocas sobre apropriação indevida de milhões dos cafeicultores e plantadores de coca.

O jovem príncipe jordaniano Ali estava ansioso para ser eleito um dos nossos vice-presidentes, ajudando-me a me livrar daquele bilionário coreano da Hyundai, Chung Mong-Joon. Tudo parecia bem; como eu, o príncipe contava com o apoio do dinheiro saudita, mas no processo o futebol feminino na Arábia Saudita tornou-se um problema. Um importante acadêmico religioso condenou o esporte alegando que o futebol pode "danificar o hímen de uma garota", o que foi seguido de piadinhas desnecessárias do tipo "Como é que ele sabe?". É a cultura do país e não devemos interferir.

Em Zurique nós ajudamos o príncipe sugerindo a inclusão de algumas tiradas de efeito no discurso dele. Eu gostei de "Continuo acreditando no poder da unidade para o desenvolvimento do futebol", porque nenhum de nós faz ideia do que isso significa, mas parece uma boa ideia.

O príncipe não será problema porque encontramos um emprego para ele. Vamos torcer para que ele não aja como Makudi. Como Worawi se mantém

---

* Membro do Comitê Executivo da Fifa, Jacques Anouma teve confirmada a sua exclusão da eleição presidencial da Confederação Africana de Futebol (CAF). O dirigente marfinense chegou a apelar à Corte Arbitral do Esporte para tentar concorrer com Hayatou, mas não teve sucesso. Anouma ficou inelegível depois que o mandatário camaronês promoveu mudanças nas regras do pleito, para o qual permitiria apenas a participação de membros ou ex-membros do comitê executivo da CAF. Por isso Anouma acabou impedido de se candidatar, já que sua posição na Fifa deixava-o como membro não votante no comitê. (N. T.)

como cartola do futebol tailandês é algo que me deixa embasbacado. As acusações contra ele pipocam de todos os lados. Ele bem que poderia dar aulas de sobrevivência para todos nós. Uma vez que nos livramos de Bin Hammam, há uma porção de caras novas na Ásia, mas vamos manter todo mundo sob controle. David Chung, de Papua-Nova Guiné, está se enturmando muito bem, assim como o chinês Zhang Jilong. Não sabemos muito sobre eles, por isso há tão pouca informação no website do Comitê Executivo.

Nós nos livramos de Mo e ganhamos outro príncipe. O xeque Salman bin Ebrahim Al-Khalifa, dirigente maior da Associação de Futebol do Bahrein (Bahrein Football Association – BFA), é um homem encantador e também instruído. Claro, ninguém acredita nele quando nega o seu envolvimento em violações dos direitos humanos e na tortura dos adversários (da maioria xiita) de sua família sunita instalada no governo. Em nada ajudou o fato de algumas das vítimas serem jogadores de futebol. Mas, como eu sempre digo, o futebol reflete o mundo em que vivemos – e ninguém sequer tem a chance de me perguntar o que eu quero dizer com isso.

Eu adoro Jim Boyce! Os britânicos têm a tradição de fornecer à Fifa vice-presidentes que jamais criam encrenca. O último, Geoff Thompson, recusava-se a dar entrevistas para a imprensa. Agora temos Jim Boyce, de Belfast, cuja opinião é a de que sob a minha liderança a Fifa está renovada e reformada. Embora os membros do Comitê Executivo embolsem a média de 250 mil dólares por ano, Jim não pediu que suas despesas, benefícios, mordomias e diárias fossem reduzidos. E ele também desfruta do "trem da alegria" de benesses da Uefa. Que bom homem!

A turminha dos oito da Uefa, todos eles no meu Comitê Executivo, poderiam e deveriam me trazer problemas, mas jamais conseguem concordar e nunca chegam a um consenso sobre o que quer que seja. Espero que Michel Platini esteja me ouvindo. Se eu de fato concorrer à reeleição, espero obter os votos da maioria dos países da Europa Central e do Leste Europeu, onde grassam escândalos envolvendo manipulação de resultados de partidas. Lá atrás, em 2002, consegui convencer o espanhol Villar Lona a me apoiar contra os demais e duvido que ele tenha mudado de ideia. D'Hooge, da Bélgica, jamais traz problemas, e o cipriota Lefkaritis parece absorto na Uefa e devotado aos seus próprios negócios.

Warner e Blazer se foram, mas seu discreto sócio e parceiro, o guatemalteco Rafael Salguero, que se juntou a nós em 2007, embolsa seu dinheiro e diz que é doido por futebol. Os dois substitutos são Jeff Webb e Sunil Gulati, o banqueiro e o professor de economia que jamais perceberam as fraudes em escala industrial praticada por seus antecessores.

Admito que sinto falta de Ivan Slavkov. Homem leal ao regime stalinista da Bulgária, e depois a mim, ele representava um mundo com o qual eu me identificava e em que eu me sentia à vontade. Verdadeiro empreendedor, Ivan organizava remessas ilegais de armas para o regime do apartheid, era habitué do COI e estava sempre disposto a receber propinas de cidades candidatas a sede das Olimpíadas.

Isso qualificava Ivan a ser um dos membros da Comissão de Reformas 2000 criada pelo COI na esteira do escândalo de Salt Lake City em 1999.* Ele se sentava ao meu lado e do nosso querido ex-líder e ex-presidente João. Tivemos o prazer de conhecer mais desses homens que representavam o melhor do ideal olímpico, gente como o xeque Ahmad, do Kuwait, o suíço René Fasel, o irlandês Patrick Hickey, o brasileiro Carlos Nuzman e o húngaro Pal Schmitt.

Fiquei ao lado de Slavkov até o fim. Em 2004, às vésperas dos Jogos Olímpicos de Atenas, aqueles infelizes do programa *Panorama* da BBC usaram câmeras escondidas para filmar Ivan tentando descolar uma propina enquanto negociava ilicitamente – com um falso comitê de candidatura – votos de membros do COI em favor da escolha de Londres como sede das Olimpíadas de 2012.

(O COI foi obrigado a suspender Slavkov – uma vez que teve a credencial cassada, ele não deu as caras em Atenas. "Lamentamos que ele não esteja aqui", disse Blatter. "Acreditamos no conceito da presunção de inocência até que seja legalmente comprovada a culpa. Para a Fifa ele continua sendo o presidente da federação búlgara e lhe enviaremos uma carta confirmando isso." No fim das contas, todo mundo teve de se livrar de Ivan.)

Quando planejei a nova sede da Fifa, tomei todas as providências para assegurar que as cadeiras dos membros do Comitê Executivo fossem as mais caras que o dinheiro pode comprar. Os nossos meninos, e agora as nossas duas meninas, de cujos nomes sempre me esqueço, adoram. Depois de um longo voo até Zurique, eles logo adormecem. Poucos se importam com a agenda de trabalho ou a ordem do dia, porque nossas prioridades pouco os afetam. Cada um deles tem seus próprios esquemas em suas confederações, e acho até que muitos eles vêm até aqui apenas para fugir das esposas e pedir o reembolso de despesas as-

---

* Membros do COI se envolveram em um grande escândalo de venda de votos para eleger Salt Lake City, nos Estados Unidos, a sede dos Jogos Olímpicos de Inverno de 2002. (N. T.)

tronômicas – que eu pago com alegria. Eu os acordo na hora do almoço; depois de encher a pança, muitos outros também caem no sono. Horas mais tarde eu os acordo novamente e o comboio de Mercedes da Fifa leva todo mundo de volta para seus hotéis grã-finos, para que possam trocar de roupa e se banquetear em alguns dos restaurantes mais caros do mundo.

Este que vos fala escuta outra voz, um sussurro que vem do departamento financeiro: "Você deve se lembrar de que eu disse que muitos dos membros estavam trapaceando nos pedidos de reembolso de diárias e despesas de viagem. Eles alegavam ter estado em algum lugar e solicitavam o ressarcimento de despesas de primeira classe sem apresentar bilhetes e comprovantes. [***] e Warner faziam isso sempre. [***] chegou a pedir reembolso duas vezes! Quando viajava a serviço do COI ele passava por Zurique, pois desse modo podia pedir dinheiro duas vezes!!!

"A maioria deles jamais informou as autoridades fiscais sobre esses pagamentos extras e a renda adicional, que facilmente chegavam a valores entre 30 mil e 50 mil dólares por ano – e estou falando apenas de subsídios para cobrir despesas diárias!!!"

O campeonato de futebol mais assistido do mundo é a Premier League, a primeira divisão inglesa. Está sempre em um televisor perto de você. Opa, escrevi errado!!! O nome correto é Barclays Premier League. O Barclays alega que leva o futebol aos fãs. O que mais o Barclays dá ao mundo?

Em anos recentes, juízes e agências reguladoras dos Estados Unidos e do Reino Unido multaram o Barclays em mais de 2,2 bilhões de dólares por crimes como evasão fiscal, manipulação das taxas de juros e do mercado de divisas e cobrança indevida de clientes. Entre as irregularidades estão o uso de informações privilegiadas no mercado financeiro, cobrança de taxas excessivas e técnicas fraudulentas ou abusivas de venda de produtos financeiros. A coisa vai ficar ainda pior. O Barclays separou a espantosa soma de 1,5 bilhão de dólares para ressarcir clientes lesados em outros esquemas.

O banco também está sendo investigado nos Estados Unidos por possíveis violações da "Lei sobre práticas de corrupção no exterior". Isso pode resultar em multas pesadíssimas, mas eles não conhecem o significado do conceito "vergonha pública". No dia em que escrevi este texto, o Barclays anunciou a demissão de 120 funcionários e o aumento no valor das bonificações pagas ao seu estafe de altos executivos já muito bem remunerados.

A fim de desviar o foco e tirar dos holofotes as suas atividades antissociais, o Barclays comprou uma nova imagem. Pela bagatela de 40 milhões de dólares tornou-se dono da Premier League inglesa. Seu logotipo está em toda parte, em todas as telas de todos os bares do mundo. Como é possível odiar um banco que se gaba de oferecer às pessoas o jogo que elas tanto amam? O filósofo marxista italiano Antonio Gramsci marcou um gol de placa ao dizer: "Como fazer uma revolução quando o inimigo fincou um posto avançado dentro da sua cabeça?".

Os tentáculos do Barclays chegam a todas as frentes do futebol. Depois do pontapé inicial em Manchester em agosto de 2011, a Barclays Premier League Trophy Tour, turnê oficial de exibição do troféu da liga, percorreu o mundo e foi exibido em Kuala Lumpur, Bangcoc, Hong Kong, Doha, Dubai e Abu Dhabi. Mais exibições estão prometidas para a América do Norte e a África. Os fãs de futebol têm a chance de viver uma "experiência única na vida!": ficar "bem perto do troféu oficial do campeão da Premier League".

Para quem não tiver a chance de chegar perto do troféu da Premier League há sempre a Fifa World Cup Trophy Tour, patrocinada pela Coca-Cola. Você pode tirar uma foto ao lado do maior símbolo do futebol mundial em noventa países. O giro mundial da taça começou no Rio de Janeiro, ao lado do Cristo Redentor, o que sugere uma bênção cristã. Neste momento a taça está em um país perto de você, transportada por um enorme avião pintado de vermelho: ele vai carregado de toneladas de equipamentos e o que a Fifa alega ser o único exemplar do troféu – acompanhado dos sorrisos dos entusiásticos promotores.

Fotografias da turnê são distribuídas no mundo todo e, mais uma vez, todo mundo está sorrindo. Há dançarinas, bandas, cantores e cantoras e, novamente, sorrisos sem fim. Em troca de gordos cachês, ex-astros do futebol comparecem e exibem sorrisos bem ensaiados. Depois de algum tempo você percebe que a linha de frente faz o trabalho de excluir para os fotógrafos todos os adultos que tenham dentes tortos ou dentes faltando e todas as crianças com aparelhos ortodônticos (na Colômbia uma delas conseguiu se infiltrar). O que começou como uma turnê apresentada pela Coca-Cola tornou-se a turnê "Nós não precisamos de dentistas".

Isso poderia dar a impressão errada. A Coca-Cola é tão sensível às intermináveis acusações acerca dos estragos que seu refrigerante borbulhante causa aos dentes que criou um *website* especial. A resposta é uma "dieta sensata e equilibrada", mas a Coca-Cola não explica de que forma isso inclui açúcar e ácido fosfórico. Ainda falta abordar as preocupações com obesidade e diabetes. Continue sorrindo.

De maneira implacável, os bons e velhos rapazes da fábrica da Coca-Cola em Atlanta propagandearam seu refrigerante efervescente como marca global. Estão entre os homens de negócios mais espertos do planeta. Será que algum dia eles se perguntaram onde a empresa ISL encontrava dinheiro para pagar propinas aos membros da Fifa? A suíça ISL não contava com outra fonte de renda, somente a negociação de direitos esportivos. A ISL não vendia automóveis nem imóveis. Simplesmente lavava cheques de grandes negócios para a Fifa.

Ano após ano a Coca-Cola gastava milhões na compra dos direitos para ser um dos patrocinadores da Fifa – ou "parceiros", como devemos dizer. O dinheiro era pago à ISL. Será que eles perceberam que uma parte da dinheirama estava vazando pela porta dos fundos na forma de propinas para os patifes da Fifa, como garantia de manutenção dos contratos? Os meninos de Atlanta nunca sentiam o fedor de suborno e corrupção quando ficavam na mesma sala que Jean-Marie Weber, Blatter, Teixeira e Havelange? Muitos outros, nem tão espertos quanto eles, sentiam.

Como um dos protagonistas do mercado global, a Coca-Cola devia estar acostumada a todo tipo de tentativa de extorsão por parte de empresários, gângsteres e políticos corruptos. O que cegou os executivos de Atlanta para o "propinoduto" Fifa/ISL? Ao longo da década que antecedeu o colapso da ISL em 2001, eu vinha discutindo isso nos bares de todo o mundo com dirigentes esportivos, gente do marketing e outros jornalistas. Nós sabíamos – mas não tínhamos a prova.

Tudo bem, sejamos justos com a Coca-Cola. Eles jamais se deram conta de que seus dólares estavam sendo garfados pelos patifes que lhes vendiam os direitos. Entretanto, assim que a ISL faliu em 2001, a imprensa foi infestada por acusações de corrupção. As histórias sobre propinas voltaram à tona novamente quando o caso Havelange-Teixeira-Blatter foi resolvido em Zug. E ganharam destaque mais uma vez em novembro de 2010 quando revelei a lista de 100 milhões de dólares em propinas – e dei nome aos bois. A Coca-Cola e outros "parceiros" ficaram em silêncio. Na verdade eles já tinham conseguido o que queriam – o logotipo da Copa do Mundo em todas as latinhas, garrafas, caixas de papelão e anúncios.

Os fãs de futebol brincam com a história de que a Fifa é uma "máfia". Isso não é piada – as provas mostram que o grupo que comanda a Fifa tem todos os elementos de um sindicato do crime organizado. Um líder forte e implacável, uma hierarquia, um rígido código de conduta dos membros e, acima de tudo, o objetivo de obter lucro e poder, tudo isso emaranhado em uma rede de atividades ilegais e imorais.

Blatter e seu Comitê Executivo jamais criticam seus colegas quando eles e suas frudes são reveladas publicamente. Os oito cartolas que foram enxotados porta afora em anos recentes? Nenhuma palavra de condenação. O restante do mundo atacou esses fraudadores, mas de Zurique não veio um pio sequer. Nem uma palavra de irritação ou de censura sobre Jean-Marie Weber, que distribuía as propinas. Ele é sempre bem-vindo nos congressos e convenções da Fifa. Essa é a chave para compreender o Comitê Executivo de Blatter: na opinião deles o único erro foi serem pegos com a boca na botija.

Por acaso John Gotti detratava publicamente algum dos membros de sua família Gambino que era preso por assassinato, tráfico de heroína, agiotagem, extorsão e exploração de jogos de azar? Blatter jamais criticou Warner ou Blazer – ambos atolados até o pescoço em provas devastadoras contra Sepp e sua cumplicidade no desvio de dezenas de milhões de dólares da Fifa. Blatter se fingiu de morto quando Loretta Preska, juíza de um tribunal de Manhattan, acusou Blazer e Jérôme Valcke de mentir. Seis meses depois Valcke foi promovido a secretário-geral da Fifa.

Amos Adamu já era um dos que desviava dinheiro do futebol africano muito antes de ser acolhido de braços abertos no Comitê Executivo da Fifa. Leoz foi o primeiro a ter o nome citado nos escândalos da ISL em 2006, mas ganhou o direito de continuar por mais sete anos se aproveitando da Fifa. Fedor Radmann estava envolvido no saque ao dinheiro dos contribuintes australianos – seus voos eram pagos pela agência de viagens da Fifa. Teixeira foi totalmente desmascarado em 2001 – e Blatter presenteou-o com uma Copa do Mundo para ele brincar à vontade. O presidente jamais se distanciou desses pilantras, mas isso era de esperar – controlando um regime desse naipe, Blatter lucra. John Gotti jamais revelou qual era o montante de seus ganhos. Sepp Blatter também não.

Volta e meia ouço esta pergunta: "O senhor já revelou tanta sujeira e corrupção da Fifa; como Blatter ainda está no poder?". Eis aqui a resposta: não importa o que os fãs de futebol, jornalistas e políticos pensem ou digam sobre esses bandidos, Blatter é intocável.

Ele é o chefão dos chefões, o líder supremo de seis famílias espalhadas pelo planeta. Essas famílias são as confederações continentais. Blatter conta com um enorme poder para angariar apoio, graças aos lucros gerados pela Copa do Mundo. Ele usa essa dinheirama para lubrificar as 209 associações e federações nacionais de futebol, que ficam felizes da vida em votar em Blatter a fim de mantê-lo no poder. Os instrumentos de barganha de Sepp são as "verbas de desenvolvimento" que a Fifa destina às federações (e que não são submetidas a auditorias sérias) e o acesso a imensas quantidades de ingressos para a Copa do Mundo, ingressos que são vendidos no mercado negro, muitas vezes gerando lucros exorbitantes e isentos de impostos. Tudo que Blatter pede em troca é lealdade nas urnas e silêncio nos Congressos da Fifa.

Para muitos presidentes de associações e federações nacionais Blatter é o melhor presidente que o dinheiro pode comprar. Não existe razão para substituí-lo. Blatter para sempre!

É peremptório que raramente há vozes dissonantes nessa gigantesca organização internacional. Blatter alardeia que o Congresso da Fifa é um "parlamento". Com uma efêmera exceção – a duvidosa eleição de 2002 –, a Fifa é essencialmente uma entidade antidemocrática. Quando há algum probleminha, Blatter chama ao pódio seus puxa-sacos e garotos-propaganda, geralmente de países minúsculos, em que o futebol é secundário, para atacar seus críticos. Na escala da democracia isso deixa a Fifa apenas meio degrau acima do Congresso Nacional do Povo em Pyeongchang. Meu slogan favorito das assembleias norte-coreanas é "Unidade perfeita entre líder e povo". Você encontra isso no site fifa.com.

20
O BANDO SE REÚNE EM SÃO PAULO

Do lado de fora, as vítimas furiosas

10 de junho de 2014, Transamérica Expo Center, São Paulo. O presidente está quase pronto para entrar em cena e ficar sob os holofotes. Ainda tem alguns momentos para bater papo nos bastidores com seus convidados pessoais. A última vez que ele subiu ao palco para encarar um congresso na América Latina foi em julho de 2001, em Buenos Aires. Um pelotão de roteiristas, assistentes, *personal stylists* e maquiadores foi trazido da Europa – a um custo considerável – por Philippe, cujos coleguinhas da McKinsey prepararam Blatter para sua apresentação: na "performance" daquele dia ele vociferou contra os críticos.

O gás lacrimogêneo está correndo solto e ele não sabe ao certo se todos os ônibus trazendo os seus delegados conseguiram passar em meio aos protestos – milhares de pessoas estão carregando faixas e entoando o cântico "Queremos escolas e hospitais padrão Fifa". Essas imagens vão pegar muito mal, vão parecer terrivelmente feias nos noticiários do mundo todo. Alguns presidentes de federações nacionais ficaram em seus hotéis com maços de ingressos, esperando os negociantes estrangeiros e suas malas de dinheiro. Onde estão eles?

E onde estão os chefes das delegações de Israel e Palestina? Se eles não se sentarem um ao lado do outro, pelo menos para uma bela fotografia, adeus Prêmio Nobel da Paz. E aqueles policiais enlouquecidos também não estão ajudando nem um pouco.

A proteção política está minguando? Da Casa Branca ao Palais de l'Élysée, da Downing Street ao Bundeskanzleramt, outrora essa organização mafiosa costumava ser reverenciada. Todo mundo se desfazia em mesuras diante da Fifa. Nenhuma autoridade policial – fora de Zug – ousava mexer com eles. Em dois dias Sepp espera ver os presidentes e primeiros-ministros fazendo fila para render suas homenagens a ele em sua Copa do Mundo. Será que os líderes mundiais se arriscarão a enfrentar o gás lacrimogêneo? Já confirmaram seus voos com destino ao aeroporto de Guarulhos? Putin virá, afinal o próximo torneio será realizado na Rússia, mas será que Putin instruirá seu médico pessoal a assinar um atestado, a escrever um bilhete alegando que está doente, algo do tipo "Sinto muito não poder estar com você"?

Problemas por toda parte. Há uma coletiva de imprensa agendada para amanhã. Será que algum jornalista vai atirar um sapato?

Meu sobrinho Philippe – o filho que eu nunca tive – está aqui. Ele não está numa boa? Está lindo, em ótima forma, não é mesmo? Difícil acreditar que ele já está beirando os cinquenta anos. Philippe é um sujeito durão, compete no triatlo Iron Man. Ele aprendeu tanto comigo quando liderou a equipe da McKinsey que deu um chacoalhão na contabilidade e nos sistemas de gestão da Fifa uma década atrás. Paguei à McKinsey milhões de francos para isso. Philippe seguiu em frente, foi para a Infront e, você se lembra, um amigo e colega dele, Markus Kattner, deixou a McKinsey para se tornar o nosso diretor financeiro. Na nossa família do futebol chamamos isso de sinergia.

Philippe aprendeu muito quando a McKinsey fechou contrato para prestar consultoria à candidatura do Marrocos a sede da Copa do Mundo de 2010. Jamais aceitei os boatos de que o governo marroquino pagou propinas aos meus colegas do Comitê Executivo. Se isso tivesse ocorrido Philippe teria me contado. E eu teria sabido por Alan Rothenberg, que também estava promovendo aquela candidatura. Não é plausível que na verdade o Marrocos venceu por dois votos a África do Sul na votação secreta. Eu teria sido avisado.

Nós demos à Infront os contratos para a transmissão televisiva da Copa do Mundo na Ásia, nos Estados Unidos e no Canadá até 2022. A Infront também ficou com outro contrato para televisionar o torneio e fornecer as imagens para as redes de televisão do mundo todo, e mais contratos envolvendo hospitalidade e gerenciamento de estádios. Eles cuidam das vendas dos filmes dos nossos arquivos da Copa do Mundo – e não cobram barato! Por que diabos ninguém acredita que não tenho envolvimento algum na concessão desses contratos da Fifa? Sobre o que nós conversamos nas nossas reuniões da família Fifa? Ora, isso é assunto de família.

A continuidade é algo importante, e por isso a empresa de Philippe usa como quartel-general o mesmo conjunto de escritórios em Zug em que Jean-Marie Weber distribuía as propinas nos bons e velhos tempos. Três anos atrás a Infront, extremamente valorizada por seus contratos exclusivos com a Fifa e com os irmãos Byrom, foi comprada pelo fundo de capital privado Bridgepoint. O grupo também é dono de uma fábrica de biscoitos na Polônia, uma rede de lojas de roupas (a marca de roupas esportivas Fat Face), competições de motovelocidade (o Mundial de Superbike e o Mundial de Motovelocidade ou MotoGP), fabricantes de sanduíches (a Wiggle), lanchonetes e restaurantes (a rede de alimentação Pret A Manger, baseada no Reino Unido, e a rede francesa de massas *fast food* Pasta di Mezzo), uma rede de cursinhos preparatórios pré-vestibular e uma cadeia de clínicas de odontologia. A Bridgepoint está tentando assumir a gestão de hospitais públicos na Inglaterra. Há ainda a rede de lojas de passatempo e brinquedos HobbyCraft, a cadeia francesa de óculos Alain Afflelou, a empresa de cosméticos italiana Limoni, o grupo francês de varejo de joias Histoire d'Or. E há negócios também na engenharia náutica e refrigeração na Áustria. Além disso o grupo paga quantias exorbitantes a políticos para que deem palestras em suas conferências e remunera apresentadores da BBC para escrever em sua revista, feita com papel brilhante e de alta qualidade.

Eis aqui outro sujeito que entende de fundos de capital privado e que também é um especialista em fusões e aquisições. Permitam que eu apresente a vocês meu compatriota suíço Domenico Scala. Ele é sem sombra de dúvida o homem certo para ser o presidente totalmente e completamente independente do completamente e totalmente independente Comitê de Auditoria e Cumprimento de Leis da Fifa. Ele é aberto e transparente e ninguém pode pressioná-lo – e ele me prometeu que não revelará qual é o meu salário, tampouco o valor das minhas bonificações, benefícios, mordomias, o reembolso das minhas despesas e aqueles outros pagamentos esquisitos oriundos dos cofres da Fifa que fizeram de mim um homem tão rico.

Domenico preside um comitê de três membros que define o meu salário. Além dele o trio conta com don Julio Grondona e outro sujeito suíço do qual vocês nunca ouviram falar – é um respeitado consultor do banco privado Citibank em Genebra. Esse camarada também trabalha para outra empresa em Genebra, uma que alardeia "Nós atuamos nos mais altos níveis de liderança para criar um impacto tangível e duradouro no mundo dos negócios". Parece o tipo de cara capaz de me pôr no grupo dos mais altos salários do mundo.

Ao longo dos anos Domenico já foi o homem responsável por comandar o dinheiro de grandes empresas farmacêuticas – Roche, Nobel Biocare, Basileia Pharmaceutica – e Nestlé. Foi um figurão da Syngenta, a agroquímica que, você se lembra, trouxe seus produtos aqui para o Brasil. Domenico é uma verdadeira cria do vibrante capitalismo corporativo suíço – e nós o adoramos! Dez anos atrás, os sabichões do Fórum Econômico Mundial de Davos, você sabem quem eles são, aquele 1%, nomearam Domenico Jovem Líder Global. A gente pode mesmo confiar em banqueiros, corretores de hipotecas, especuladores e negociantes de títulos.

Para nós da Fifa ele é um presente das Grandes Marcas. Uma de suas primeiras declarações em uma entrevista tipicamente dura e vigorosa que organizamos no site fifa.com foi: "Creio que os padrões de relatórios financeiros são muito altos. A bem da verdade a Fifa divulga os números relativos a suas finanças de acordo com padrões internacionais [...] Creio que estamos começando em um nível muito alto". Isso é reconfortante para os jornalistas que são pautados por nós, que recebem de nós as notícias que eles divulgam. É claro que no mundo real dos negócios internacionais os executivos-chefes das empresas precisam declarar seus salários, benefícios e mordomias – mas não na minha Fifa.

Um crítico cruel disse: "Scala oferece ao futebol a figura pública de um atencioso e afável *maître* no banquete de Blatter". Na minha opinião isso é injusto. O professor Peith tem Domenico na mais alta conta, e para mim isso basta.

Foi muito útil e tranquilizador o fato de que no ano passado Domenico deu sua bênção ao Relatório Financeiro apresentado no congresso nas Ilhas Maurício. O documento tinha 106 páginas densas, então para todos os delegados foi um alívio ler, na página 8, a declaração firme de Grondona garantindo que ele mantinha os custos sob controle, de modo que "podemos continuar investindo diretamente no belo jogo". Ninguém precisou ler mais nada.

Não creio que todos os delegados tenham entendido itens como Análise de Receitas, Balancetes, Desenvolvimento de Receitas e Investimentos, as letras miúdas, aquele punhado de gráficos de colunas, gráficos de linhas, gráficos circulares parecidos com pizzas. Então provavelmente não perceberam que o dinheiro gasto no desenvolvimento do futebol *diminuiu* de 183 milhões de dólares em 2011 para 177 milhões em 2012. Isso equivalia a apenas 15,2% da receita total. É pouco provável que os delegados tenham se dado conta de que alguns anos atrás a Fifa gastava 18,95% de suas receitas no desenvolvimento do esporte.

No entanto, a receita total aumentou de 1,07 bilhão de dólares em 2011 para 1,166 bilhão de dólares – portanto havia mais dinheiro para gastar conosco! Os 24 membros do nosso Comitê Executivo, mais o punhado de executivos e o estafe de funcionários que trabalham para a Fifa embolsaram 33,5 milhão de dólares em 2012. Isso representa um *aumento* de 29,5 milhões com relação ao ano anterior. O futebol é bom para nós – praticamente dobramos os 18,9 milhões que pagamos a nós mesmos em 2007.

Tenho amigos em todo lugar! Digam "oi" para Ronald Noble, outro de nossos convidados aqui no Brasil. Ron é chefão da Interpol e tem uma linha direta com todas as polícias do mundo. Senti enorme prazer ao passar para as mãos dele um cheque de 20 milhões de dólares quando anunciamos uma parceria para a criação de um departamento de investigação de denúncias de manipulação de resultados e esquemas de apostas ilegais no futebol mundial. Por favor, chega de piadinhas sem graça sobre Al Capone e John Gotti subornando policiais.

Ron entende que não temos nada a ganhar olhando para trás, para as decisões tomadas na Copa do Mundo de 2002, ano em que, de alguma maneira, a pequenina Coreia do Sul conseguiu derrotar a Itália e a Espanha. Ron tem na Interpol um programa em prol da Integridade no Esporte, e todos nós ficamos orgulhosos quando ele foi reeleito secretário-geral da Interpol em Doha, três semanas antes de o Catar ser agraciado com o direito de sediar a Copa do Mundo de 2022. Não! Chega de piadinhas sobre o Catar, elas são degradantes para todos nós – e deixam chateada a delegação catariana, que nos trouxe presentes tão formidáveis.

Quando entregamos a Ron os 20 milhões no nosso congresso em Budapeste, em 2012, ele respondeu de maneira generosa, afirmando que com "o belo trabalho da Força-Tarefa de Transparência e Cumprimento das Leis da Fifa, nenhuma pessoa objetiva e sensata pode questionar o fato de que a liderança da Fifa deu passos sérios para combater a corrupção, fomentar a boa governança e assegurar a maior transparência no futebol".

Ron vai se divertir à beça aqui no Brasil com seus velhos amigos. Ao lado do professor Mark Pieth e de Michael Garcia, ele trabalhou na investigação das fraudes no programa de troca de petróleo por comida no Iraque; Michael também era um dos vice-presidentes da Interpol. Também com eles na Interpol e envolvido nas investigações no Iraque estava o policial australiano Chris Eaton. É uma vergonha que nenhum peixe graúdo tenha sido preso por conta do escândalo no Iraque. Depois Chris veio trabalhar conosco na Fifa em Zurique, onde se engajou no combate aos esquemas de manipulação de resultados. Hoje ele é Diretor de Integridade no Centro Internacional de Segurança no Esporte em Doha, generosamente fundado pelo emir. Isso deve servir para nos livrar daquelas tolas acusações sobre 2022!

Agora preciso me apressar. Daqui a pouco será a vez de outro presidente discursar, mas vamos deixar uma coisa bem clara – o futebol me ama. Perguntem ao "Kaiser", Franz Beckenbauer, ele está de pé logo ali. Oh, meu Deus, ao lado dele está Fedor Radmann. E Peter Hargitay, meu consultor de mídia particular, com seu filho Stevie. Esses três não são nem um pouco populares na Austrália, mas nos últimos dez anos Peter vem realizando um excelente trabalho para mim, desviando a atenção dos jornalistas e dando um jeito para que a imprensa esqueça a história da ISL. Ele é um ótimo gerente de crises.

Pelas costas o pessoal o chama de "Fungadinha", por causa daquela história de tráfico de cocaína em Miami em 1997. Deve ter sido terrível passar sete meses na cadeia, mas o que realmente importa é que no fim das contas Peter ganhou a liberdade. Pedi a eles que hoje ficassem nas sombras, sem chamar a atenção, porque os Hargitay estão sempre em busca de oportunidades de negócios. Dei dinheiro a eles porque Peter me disse que tinha uma excelente ideia para um filme campeão de bilheteria. O filme naufragou. Eles recorreram à Kickstarter, plataforma de financiamento coletivo, para levantar outros 30 mil dólares e acabaram contraindo uma dívida de 1,307 milhão de dólares.

Não aguento mais isso. Ali está Les Murray – o Maluquinho –, comentarista de futebol lá da Austrália. Ele é íntimo de Hargitay e daquele bilionário Frank Lowy, todos eles emigraram da Hungria. Murray certa vez escreveu que eu sou "um individualista incorrigível".

Uma última coisa antes de eu subir ao palco: preciso ser fotografado apertando a mão de Jérôme Champagne[*]. Todos os delegados verão que ele conta com a minha bênção. Preciso mantê-lo visível, mantê-lo no jogo. Ele publicou três declarações sérias e entediantes listando os motivos pelos quais deveria ser meu sucessor na presidência da Fifa. Um total de 9.600 palavras – e nenhuma crítica contra mim. A palavra "corrupção" aparece duas vezes, mas a culpa recai sobre forças de fora da Fifa. Esse é o meu garoto!

Se essa Copa do Mundo for um fiasco eu "já era". Platini precisa ser bloqueado. Se Champagne tomar o meu lugar, os arquivos continuarão sendo documentos secretos. Quando eu estiver de saída, tenho condições de angariar votos para que ele assuma o controle. Exatamente o jogo que Havelange e eu jogamos em 1998.

Oh, meu Deus! Tiros lá fora.

---

[*] O francês Jérôme Champagne é ex-vice-secretário-geral da Fifa. Deixou a entidade em 2010, depois de começar a trabalhar com Blatter logo após o suíço ser eleito em 1998. Antes atuou como vice-cônsul-geral da França em Los Angeles, nos Estados Unidos, e também como conselheiro diplomático e chefe de protocolo do Comitê Organizador Local da Copa do Mundo de 1998, na França. (N. T.)

A presidenta Rousseff entra a passos largos, acompanhada de seu estafe de guarda-costas. Eles parecem alvoroçados, mas não foram os seguranças da presidenta que dispararam os tiros – foi a Polícia Militar ensandecida tentando dispersar os manifestantes pacíficos. Ladeada pelos guarda-costas, a presidenta avança até o palco. O presidente da CBF estende a mão, mas os seguranças carrancudos não permitem que ele chegue perto de Dilma Rousseff, ela sim uma presidenta real e eleita democraticamente. Dilma se posiciona atrás do pódio e de repente domina o auditório com sua imagem projetada nos dois enormes telões duplos atrás de si. Os guarda-costas vão para os fundos do palco.

Dilma crava os olhos ao redor do recinto e encara as fileiras de delegados, que esperam ouvir alguns comentários insípidos de boas-vindas antes de voltarem a cuidar das vendas de ingressos para os agentes do mercado negro. Dilma está com expressão séria. Ela ajeita os óculos e começa a falar.

Nós esperávamos harmonia, mas a Fifa e a nossa CBF nos trouxeram discórdia e corrupção. Hoje quero explicar a vocês por que motivos a nossa nação de amantes do futebol não tem tanta certeza se quer vocês aqui. Vocês precisam saber que envenenaram o nosso belo jogo. O seu presidente – ela se vira e fulmina Blatter com o olhar – evita encontrar-se com torcedores e fãs do futebol comuns. Daqui por diante ele precisa sair de sua bolha de segurança e ouvir a voz dos fãs de futebol em nome dos quais eu falo.

Quarenta anos atrás, nos dias sombrios em que os militares regiam o nosso país, alguns de nós lutaram contra eles em nome da democracia. Lemos muitos livros e textos de teoria política, e agora, aqui neste palco, olhando ao redor e contemplando esta coleção de anciãos que detiveram o poder por tanto tempo, essa verdadeira seção de geriatria e gerontologia, eu me lembro de uma frase de Antonio Gramsci que resume tudo o que existe de errado com as pessoas que controlam o futebol. Ele disse: "A crise consiste precisamente no fato de que o velho está morrendo e o novo ainda não pode nascer. Nesse interregno, uma grande variedade de sintomas mórbidos aparecem".

José Maria Marin é um dos sintomas mórbidos e não queremos mais vê-lo na vida pública. Senhor Marin, por favor, saia do palco.

Marin é a bola da vez e fica nervoso como um coelho na frente dos faróis. Maluf não pode ajudá-lo agora. Fleury se foi – e seus torturadores falharam com essa mulher forte. Na berlinda, fascinado pela presença carismática de Rousseff – e os olhares duros dos guarda-costas –, Marin se levanta e sai do palco arrastando os pés. Os cartolas estão boquiabertos. Esse não é o tipo de mulher que eles escolheriam para integrar seu Comitê Executivo. Nos fundos do auditório irrompem gargalhadas entusiasmadas entre os jornalistas mais velhos, que se lembram de Herzog.

Assim que Dilma deixa claro seu ponto de vista, ela volta ao roteiro. A presidenta pensou muito no que tem a dizer hoje.

Em primeiro lugar, quero lidar com o que está errado. Depois, vamos consertar as coisas. Eu saúdo Álvaro Dias e Aldo Rebelo pelo trabalho que fizeram em Brasília em 2001, no intuito de desmascarar a corrupção da Fifa e de Ricardo Teixeira. Mais tarde terei outras coisas a dizer sobre ele.

Metade do Comitê Executivo estremece. Durante duas décadas eles conviveram harmoniosamente com Blatter. Ele ainda é da família. Blatter levanta meio corpo da poltrona. Precisa dar um basta àquilo. Um dos guarda-costas pousa com firmeza uma das mãos sobre o ombro de Sepp e balança a cabeça. Blatter senta-se de novo.

O deputado Aldo Rebelo e o senador Álvaro Dias demonstraram com provas concretas de que maneira o dinheiro da Nike corrompeu o futebol brasileiro. Vou determinar a instalação de uma comissão de inquérito com poderes legais para solicitar documentos e convocar testemunhas, a fim de investigar o que aconteceu na CBF a partir de 2001 – e por que motivo Teixeira e seus colegas nunca foram processados. E convidarei a Nike a dar explicações acerca das circunstâncias em que foi negociado o contrato com a CBF em 1996.

Vamos querer ouvir mais das boas pessoas do nosso jogo sobre reformas drásticas na CBF, na organização do futebol e nos direitos dos fãs do futebol, jogadores e contribuintes de nossos país. A CBF está saturada de corrupção e negociatas internas e isso tem de acabar. A base democrática do esporte será ampliada e uma parcela muito maior de cidadãos terá o direito de votar na liderança da CBF. Todas essas mudanças serão convertidas em lei sagrada. A impunidade será extirpada.

Exigiremos que a CBF comece a publicar on-line todos os seus documentos, tanto os antigos como os atuais. Tudo: correspondência, acordos financeiros, salários, contratos, despesas. Fazemos isso no governo, vamos fazer também nos esportes. Nomearemos uma comissão independente para monitorar quaisquer queixas e denúncias. Ela terá o poder de obrigar a entidade a revelar informações.

Dilma vira-se para Blatter e os membros do Comitê Executivo – que agora parecem horrorizados à medida que começam a assimilar a ideia de que o poder do povo no futebol vai acabar com sua vida confortável – e se dirige diretamente a eles.

Em 2002, *herr* Blatter, o senhor ameaçou banir o Brasil porque o nosso Congresso estava investigando Teixeira. Nunca mais tente nos acossar com suas ameaças ditatoriais. Os seus membros aqui reunidos não vão querer ser privados das exibições das nossas maravilhosas seleções nacionais.

Ela se vira novamente para o auditório, e mil engravatados agora se dão conta de que precisam mais do Brasil do que o Brasil precisa deles.

Não sei ao certo se o Brasil vai querer mandar uma seleção nacional para competir na Copa do Mundo de 2022, em um país em que é ilegal fazer parte de um sindicato e onde os estádios são construídos com mão de obra escrava.

Dilma faz uma pausa, vira-se e, um a um, encara Grondona, Makudi, Del Nero, Gulati e Valcke.

O Brasil é o país do futebol moderno e por isso devemos tomar a dianteira e capitanear a verdadeira reforma. O suposto processo de reforma na Fifa não logrou resultado algum, a não ser proteger os anciãos que criaram os escândalos.

Para recuperar a credibilidade, a Fifa deve seguir o exemplo brasileiro e divulgar tudo on-line. O mundo tem o direito de ver todos os extratos, todos os pedidos de reembolso de despesas dos membros do Comitê Executivo – com os devidos recibos para comprovar –, a conta do aluguel dos jatos fretados do presidente e quantos litros de combustível são consumidos. Quanto ganham os diretores de departamento? Qual é o valor de suas bonificações – e por que eles recebem essas gratificações? Qual é o custo da investigação de Garcia? Os relatórios financeiros devem se tornar compreensíveis. A Fifa deve entender a mensagem de que o dinheiro não é dela.

Igualmente importantes são as minutas de todas as reuniões do Comitê Executivo. Elas podem ser disponibilizadas para leitura on-line e arquivadas para sempre na rede mundial de computadores. A votação para a escolha da sede da Copa do Mundo deve ser transparente. Urge voltarmos a 2010 para descobrir como os votos foram dados.

Outra medida fundamental é a publicação de todas as cartas de recomendação confidenciais submetidas à Fifa pelos auditores da KPMG desde 1999. E nomear um Diretor de Liberdade de Informação para fazer cumprir a divulgação de informações.

A Fifa deve instruir todas as 209 associações e federações nacionais a seguir esse exemplo. O mundo da Fifa em sua totalidade – o dinheiro, as diretrizes, as decisões – pode estar disponível on-line já em meados de 2015, e o custo disso pode ser pago pelos exorbitantes lucros que a Fifa está auferindo com a Copa do Mundo no Brasil. Qualquer associação ou federação nacional que não obedecer será suspensa.

Para as pessoas que governam o nosso esporte: a sua geração nos dá manipulação de resultados, corrupção, jogo sujo dentro de campo, eleições compradas e propinas.

Um ano após a Copa do Mundo, o Brasil terá o orgulho de sediar um congresso especial sobre o futebol mundial para debater novas estruturas para a Fifa. Depois as novas eleições presidenciais da entidade podem ser organizadas.

Amanhã formarei uma força-tarefa de auditores forenses, inspetores de quantidade e especialistas em construção para investigar os contratos dos novos estádios. Espero resultados rápidos e toda a documentação será disponibilizada on-line. Lamento e peço desculpas pelos elefantes brancos. Nós deveríamos ter visto o que estava acontecendo na África do Sul.

Ela se vira para o presidente. Encerro por aqui, lá fora há alguns cavalheiros do FBI esperando para conversar com o senhor e diversos de seus colegas.

Dilma dobra os papéis com suas anotações e, em vez de se sentar ao lado dos figurões, a presidenta sai do palco e caminha rumo às últimas fileiras do auditório. Um jornalista cede a ela seu lugar. O silêncio dura uma eternidade. Blatter e o Comitê Executivo estão furibundos, vermelhos de raiva contida. Os delegados estão atordoados. Então um jornalista começa a aplaudir. Todos os brasileiros se juntam à salva de palmas. Aquele ali é um jornalista se abaixando para tirar o sapato?

21
O RIO DE JANEIRO PAGOU PROPINA PARA SEDIAR AS OLIMPÍADAS?

Tabu – jamais diga em voz alta a palavra iniciada com F

Copenhague, 1º de outubro de 2009. "Amanhã o Rio de Janeiro vai vencer", disse-me o meu amigo que me ligou do Centro de Convenções Bella Center. Perguntei: "Como você tem tanta certeza?". "O Homem da Mala está aqui, e está com Havelange. Venha logo para cá que ainda dá tempo de você sentir o cheiro do dinheiro." No dia seguinte embarquei em um voo rumo à Dinamarca, onde estava sendo realizado o congresso do Comitê Olímpico Internacional.

Havelange tinha nas mãos um problemão. Em poucos meses o caso da ISL seria concluído em Zug e era pouco provável que o fato de ele ter devolvido dinheiro de propinas pudesse ser mantido para sempre em segredo. A melhor maneira de consertar o estrago em sua terra natal era dar um jeito de fazer o COI escolher o Rio como sede das Olimpíadas de 2016. Dessa forma Havelange seria um herói. Era mais uma tarefa para Jean-Marie Weber. Ele conhecia todo mundo no COI, especialmente os membros mais velhos, gente do tempo em que integrar o Comitê Olímpico Internacional era um bilhete para receber subornos das cidades candidatas a sede. Esse tipo de esquema nunca tinha acabado; a única mudança era que agora o negócio vinha sendo feito de maneira mais discreta.

Que triunfo! Os marqueteiros e puxa-sacos na mídia e na política celebrariam o velho. Seu derradeiro golpe! Haveria uma fortuna para gastar na construção de novas instalações – e uma dinheirama para ser desviada. Carlos Nuzman poderia fazer os acordos e o erário público seria saqueado mais uma vez. Durante décadas Nuzman tinha viajado mundo afora com Havelange. Os dois se entendiam.

Após 46 anos no COI, Havelange sabia qual era o preço de cada um dos membros. O Homem da Mala também sabia. Ao longo de décadas os dois tinham formado uma dupla dinâmica e eficiente. João se encarregaria de persuadir um número suficiente de membros do COI e Weber distribuiria as propinas. O dinheiro viria da descomunal fortuna de Havelange ou das empreiteiras ávidas para abocanhar os suculentos contratos de construção? Enquanto faziam fila para ficar com o dinheiro do bem-estar social, eles sabiam como entoar o mantra do "legado": infraestrutura, estradas e obras de melhoria dos sistemas de comunicação.

Jean-Marie Weber ganhou credenciamento e um quarto no hotel Marriott, local em que o COI estava hospedado. Os jornalistas foram excluídos do evento, por isso nenhum repórter pôde ver como os votos foram negociados nos bares, no saguão, nos salões de jantar e nos banheiros masculinos. O COI trombeteou que as sessões de reunião do Bella Center eram algo extraordinário, um "Congresso Olímpico", nas quais seriam discutidas coisas muito importantes, bem como a escolha da cidade sede dos Jogos Olímpicos de 2016.

Naquela semana, a impressionante pauta dos trabalhos do COI trazia temas como "Valores olímpicos" e "Autonomia do movimento olímpico", seguidos de "Comunicação com acionistas na era digital", sem esquecer "Olimpismo e juventude" e "Boa governança e ética". Talvez tenham sido debatidos outros temas afins, que já foram esquecidos. O comentarista dinamarquês Jens Sejer Andersen observou que "o debate aberto sobre as dificuldades é tão bem-vindo quanto o uso de pesticidas entre os agricultores orgânicos".

Antes de falarmos sobre os cem ou mais membros do COI reunidos naqueles nove dias no Bella Center para decidir que cidade sediaria os Jogos Olímpicos de 2016, temos de lidar com dois tabus. Em primeiro lugar, jamais torça o nariz ou faça comentários sobre o leve odor de carne humana podre que paira sobre os estranhos rituais do COI. Você ouvirá muitas referências reverentes ao fundador do Comitê Olímpico, o francês Pierre de Coubertin, o aristocrata que não queria homens e mulheres que não tivessem pele branca em seus jogos. Ele assumiu e desbaratou os Jogos dos Trabalhadores – que eram apoiados pelos sindicatos – e deixou um bizarro pedido em seu testamento, descoberto após sua morte em Genebra, em setembro de 1937.

Os respeitosos seguidores de COI obedeceram às instruções do barão de Coubertin. Abriram seu peito, rasgaram a carne, abriram caminho em meio às costelas e arrancaram seu coração. O restante do corpo mutilado foi enterrado em Lausanne, no cemitério Boix-de-Vaux – do outro lado da rua, defronte ao palácio de vidro e mármore do COI. Os turistas não são informados de que sob a lápide jaz um cadáver incompleto.

O coração de Coubertin foi depositado dentro de uma caixa de madeira forrada com cetim branco, que foi transportada até a antiga Olímpia, na Grécia, por seu amigo de longa data Carl Diem – burocrata nazista organizador dos Jogos Olímpicos de 1936. Em 26 de março de 1938, seis meses após a morte de Coubertin, o naco de carne em decomposição foi enterrado na base de uma espigada coluna branca de mármore. Desde então a tocha olímpica é acesa lá por "sumas sacerdotisas" – atrizes trajando vestidos brancos e fingindo serem virgens. Talvez sejam. Elas levam a tocha até o "trem olímpico" da Coca-Cola, em cujos comunicados de imprensa não há menção alguma a corações podres nem a virgens.

Em maio de 2012, o ritual que precedeu as Olimpíadas foi organizado por Spyros Capralos, chefe do Comitê Olímpico Helênico. Naquele verão ele estava bastante atarefado. Passando-se por compradores, jornalistas do *Sunday Times* – os mesmos que flagraram os pilantras da Fifa procurando propinas em 2010 – filmaram secretamente Capralos – quatro dias depois de o presidente do Comitê Olímpico Helênico ter passado às mãos da princesa Anne a chama olímpica para o início da contagem regressiva até o início dos jogos em Londres. Ele disse aos repórteres que estava recebendo do revendedor de ingressos britânico Marcus Evans – dono do clube de futebol Ipswich Town – 300 mil euros por ingressos dos Jogos Olímpicos.

Os repórteres se disfarçaram de homens de negócios interessados em comprar ingressos para revender como parte dos pacotes de hospitalidade, junto a reservas em quartos de hotel em Londres. Admitiram que talvez estivessem violando as regras, mas Capralos lhes disse: "Obviamente nós fechamos os olhos, e contanto que nenhuma palavra chegue aos nossos ouvidos, vocês podem fazer o que bem quiserem com os ingressos".

Jacques Rogge, o presidente do COI, prometeu uma investigação. O comitê executivo do COI reuniu-se com urgência e divulgou um comunicado: "O COI leva essas denúncias muito a sério e abriu imediatamente uma investigação. Se essas irregularidades forem comprovadas, o COI imporá as sanções mais duras contra os Comitês Olímpicos Nacionais". Se Rogge tomou alguma medida, ninguém notou. Assim como acontece na Fifa, os ingressos lubrificam a máquina olímpica. Dois anos depois o sr. Spyros Capralos ainda é o presidente do Comitê Olímpico Helênico e está em uma excelente posição para se ocupar de mais negociatas de ingressos em 2016. Ele também é o presidente dos Jogos Europeus, cuja edição inaugural será realizada em Baku (Azerbaijão) em 2015.

Há outra boa razão para prender o nariz quando o COI estiver por perto. É o outro tabu olímpico: jamais diga em voz alta a palavra iniciada com F na presença de um membro do Comitê Olímpico Internacional. Metade dos atuais membros do COI – entre eles oito príncipes ou princesas – foram escolhidos a dedo por Juan Antonio Samaranch, presidente do Comitê Olímpico Internacional de 1980 a 2011. Em sua vida pré-COI, Samaranch foi ministro dos Esportes na Espanha de Franco e um leal fascista. Essa é a "palavra iniciada com F". Tente perguntar aos membros do COI o que eles pensavam de ter como líder um fascista de carteirinha e de carreira que serviu a uma ditadura assassina que durou até 1975. "Não misture política com esportes", eles vociferam, já fugindo porta afora.

Anos atrás, depois que descobri uma fotografia de Samaranch fazendo a saudação fascista em 1974, tentei perguntar a ele por que seu braço direito era mais musculoso que o esquerdo. Isso me custou um período de banimento de sete anos, em que me vi proibido de participar das coletivas de imprensa do COI. Os bem alimentados porta-vozes de Samaranch adoram explicar como o espanhol foi o responsável pela injeção de muito dinheiro novo nas Olimpíadas. Isso é verdade, Samaranch deu a Horst Dassler tudo o que ele queria e privatizou os Jogos Olímpicos. O COI tem uma fortuna – mas não pagará pela construção de novas obras e instalações esportivas no Rio. Samaranch estava em Copenhague, recebendo homenagens dos membros do COI. Morreu no ano seguinte.

Circulando pelo Bella Center com sua mão eternamente aberta e estendida, carregando uma maleta vazia e brandindo um enorme letreiro em neon com o apelo "Compre-me", estava Francis Nyangweso. O cleptomaníaco membro ugandense do COI não sabia dizer a palavra "não". Presidente do Comitê Olímpico de Uganda de 1981 a 2009, e outrora major-general do cruel exército de Idi Amin, Nyangweso fora pugilista e depois atuou como juiz de boxe olímpico – agindo de má-fé e distribuindo pontuações injustas, levou o esporte à desgraça. Nyangweso – que serviu como vice-presidente da Associação Internacional de Boxe Amador de 1986 a 2006 – era o favorito de Samaranch. Sempre fez o que o chefão queria. Ele morreu em 2011.

O russo Shamil Tarpischev, membro do COI e outrora instrutor de tênis de Boris Yeltsin, estava uma tanto surpreso de se ver livre para perambular por Copenhague. Samaranch o escolhera para ter acesso ao Kremlin. Agora ninguém consegue se livrar de Tarpischev. Provavelmente havia uma equipe de agentes da inteligência dinamarquesa de olho nele.

Tarpischev tivera problemas para viajar para os Estados Unidos: nas duas últimas edições dos Jogos Olímpicos realizadas em Atlanta e em Salt Lake City, seus vistos demoraram a sair e por fim sua viagem se restringiu às áreas dos eventos; ele não teve permissão para se deslocar livremente pelo país.

Na Rússia, Tarpischev fora acusado de fazer parte da máfia – o que ele nega. Em nada ajudou o fato de ter sido fotografado com Alimzhan Tokhtakhounov, o chefão mafioso russo acusado pelo governo norte-americano – e cujo rosto figura na lista dos procurados da Interpol – de manipular o resultado da competição de patinação artística nos Jogos Olímpicos de Inverno em Salt Lake City.

A princesa Nora, de Liechtenstein, está sempre com um sorriso de contentamento estampado no rosto. O banco de sua família, o sigiloso LGT, há muito tempo é a opção favorita de fraudadores do imposto de renda e gente interessada em lavar dinheiro. O irmão dela, o príncipe Hans-Adam II, é dono de diversos palácios do século XVII em Viena e seu patrimônio líquido é estimado em 3,5 bilhões de dólares. A princesa britânica Anne, filha da rainha Elizabeth II, é outra figura decorativa da realeza que pouco ou nada faz no COI. Tanto Nora como Anne herdaram suas cadeiras no Comitê Olímpico Internacional; entre os membros de famílias reais a tendência é esta: um sucessor assume o cargo tão logo seu antecessor – um familiar da geração anterior – abdique da função.

A princesa Haya al Hussein chegou ao COI em 2007, quando assumiu a presidência da Federação Equestre Internacional (Fédération Équestre Internationale – FEI). Nos últimos cinquenta anos ninguém que não tivesse sangue real ocupou o cargo. A princesa Haya sucedeu a um príncipe holandês, um duque britânico (casado com a rainha), a filha dele – a princesa Anne – e uma princesa espanhola.

A princesa Haya, da família real jordaniana, é a segunda esposa do xeque Mohammed bin Rashid al Maktoum de Dubai, que faz parte dos Emirados Árabes Unidos. O patrimônio do xeque é avaliado em algo entre 10 bilhões e 20 bilhões de dólares e ele segue a tradição do Golfo, de acordo com a qual os regentes não são incomodados por manifestações do povo a favor do sufrágio universal.

O xeque se casou com sua prima em primeiro grau Shaika Hind em 1979; supostamente a cerimônia e as festividades custaram 100 milhões de dólares. Dizem que ela deu a ele 12 dos seus 23 filhos reconhecidos oficialmente. Ele é dono do terceiro maior iate do mundo e é um dos maiores colecionadores mundiais de cavalos de corrida.

Em seu website a princesa Haya – que aparentemente é uma das quatro mulheres do xeque – nos informa que é "uma esposa e mãe devotada, uma ex-atleta olímpica, uma humanitarista, uma defensora da vida saudável, membro do Comitê Olímpico Internacional e Mensageira da Paz da Organização das Nações Unidas". Ela acrescenta que "é motivada pela crença de que o esporte melhora a vida, fortalece a mulher, e rompe barreiras entre povos e nações".

Ainda na região do Golfo, o fabulosamente abastado príncipe Nawaf Faisal da Arábia Saudita não faz muito no COI. Outra figura decorativa é o xeque do

Catar, que também não faz nada digno de nota no Comitê Olímpico Internacional, mas os membros da realeza, especialmente os bilionários, não precisam fazer.

O xeque que realmente arregaça as mangas e trabalha é Ahmad al-Fahad al-Sabah, da família real do Kuwait. Ele substituiu seu pai no COI em 1992 e também assumiu sua cadeira no Conselho Olímpico da Ásia. Ele contrata jornalistas das agências de notícias para atuarem como seus consultores e viaja com um numeroso séquito. Provavelmente é o homem mais poderoso do COI, e mais uma vez o fato de ser espantosamente rico não é obstáculo para chegar ao poder entre os olímpicos. Ahmad é ex-presidente da Organização dos Países Exportadores de Petróleo (Opep), e os membros do COI não pareceram nem um pouco preocupados quando, em 2008, um cabograma da embaixada norte-americana – revelado pelo Wikileaks – registrava que o xeque era "em larga medida tido como corrupto". Ahmad organizou o bloco de votos que alçou ao poder o presidente Thomas Bach e tem o controle efetivo de um orçamento de mais de 400 milhões de dólares em verbas para ajudar os comitês olímpicos nacionais.

Um amigo querido de quem alguns membros do COI sentem muita falta é o ex-braço direito de Ahmad, o diretor-geral do Conselho Olímpico da Ásia Abdul Ahmad Muttaleb, um competente organizador de propinas. Abdul embolsou 62,4 mil dólares de Salt Lake City, foi flagrado novamente pela BBC com a boca na botija e este ano revelou-se que recebeu 250 mil dólares da empresa ISL. O xeque teve de demiti-lo.

Enquanto fazia as pesquisas para a elaboração deste capítulo eu me dei conta de que os Jogos Olímpicos no Rio de Janeiro não precisariam custar um centavo ao povo da cidade. Os membros de sangue azul do COI poderiam pagar a conta lançando mão de apenas alguns trocados de suas fortunas.

Um aliado bastante íntimo do xeque Ahmad é Patrick Hickey, de 68 anos, que teve uma ascensão meteórica no COI depois de uma carreira pouco notável no norte de Dublin, e cuja reputação é protegida com unhas e dentes por um advogado agressivo. O mexicano Mario Vázquez Raña, membro aposentado do COI, disse o seguinte acerca de Hickey depois que o irlandês transferiu sua lealdade ao xeque Ahmad: "Considero que ele é uma pessoa que não possui o mínimo de qualidades éticas e morais". Hickey passou a integrar o Conselho Executivo do COI e o Comitê de Coordenação da entidade, que frequentemente realiza inspeções no Rio de Janeiro a fim de verificar o andamento das obras olímpicas.

Hickey é presidente do Comitê Olímpico Nacional da Irlanda desde 1989 – isto é, seis anos antes de Nuzman assumir o comando do Comitê Olímpico Brasileiro – e detém o controle absoluto. Forasteiros não têm vez: ninguém que não seja membro do Comitê Olímpico Irlandês tem permissão para consultar os estatutos de Hickey, mas ele alega que, pelas regras, seus apoiadores no comitê executivo têm direito a votos extras. No último quarto de século foram raríssimas as ocasiões em que algum dirigente esportivo irlandês ousou manifestar um posicionamento contrário a Hickey.

Hickey envolveu-se em negociações relativas à venda de uma quantidade considerável do lote de ingressos destinados à Irlanda para os Jogos Olímpicos de 2012, em Londres. A compradora foi uma empresa particular que incluiu os ingressos em pacotes de hospitalidade – incluindo reservas em quartos de hotel – oferecidos a clientes endinheirados. Essa empresa que adquiriu o direito de comercialização dos ingressos para os Jogos Olímpicos era do mesmo Grupo Marcus Evans que comprava bilhetes do presidente olímpico grego Spyros Capralos. Em Londres, em ambos os casos o Comitê Organizador Local do lorde Sebastian Coe recebeu solicitações de mais ingressos – mas ninguém vai revelar se ele atendeu aos pedidos.

Outra empresa subsidiária do Grupo Marcus Evans fez mais negócios com Patrick Hickey. Atuando em nome do grupo, Hickey fez *lobby* junto ao governo irlandês para que Evans pagasse 300 mil euros para assumir a administração de um *pub* londrino durante os Jogos Olímpicos; o bar seria então rebatizado The Irish House (A Casa Irlandesa). O governo recusou a proposta, mas a empresa do Grupo Marcus Evans seguiu em frente e instalou Stefan, filho de Patrick, como gerente. Hickey pai deu permissão para que o *pub* recebesse o rótulo de "estabelecimento oficial de hospitalidade", com direito ao valioso privilégio de exibir os cinco anéis olímpicos.

O deputado Romário exigiu que Pat Hickey fosse a Brasília para prestar depoimento acerca de seus planos para a comercialização de ingressos olímpicos e a busca de oportunidades de negócios no Rio de Janeiro em 2016.

O COI atacou o grego Spyros Capralos por seus esquemas de venda de ingressos com o Grupo Marcus Evans, alegando que ele havia prejudicado a reputação do movimento olímpico. Três meses depois, Capralos angariou o "apoio unânime" do conselho executivo da pouca conhecida Associação dos Comitês Olímpicos Europeus (European Olympic Committees – EOC). O presidente da entidade? O irlandês Patrick Hickey. O sr. Capralos é membro do comitê executivo da EOC, que dispõe de escritórios luxuosos em Bruxelas e em uma *villa* em Roma.

Treze anos atrás, o advogado de Hickey enviou-me uma estranha carta alegando que em uma entrevista por mim concedida a uma rádio irlandesa, acerca do meu mais recente livro sobre corrupção olímpica, eu dera a entender que Hickey era "um mentiroso, corrupto, desonesto, um criminoso, um traficante de drogas, que acobertava a corrupção, fraudes e o crime organizado". Ele estava fazendo a ridícula afirmação de que todo o conteúdo do meu livro de 95 mil palavras dizia respeito ao seu cliente. Na realidade Hickey tinha merecido apenas algumas dezenas de palavras, que descreviam o suntuoso e voluptuoso entretenimento de que ele havia sido merecedor, uma cortesia da equipe que pleiteava a candidatura de Atlanta a sede dos Jogos Olímpicos de 1996. O advogado pretendia me processar nos tribunais irlandeses, a ação me custaria uma fortuna e me renderia boa dose de humilhação.

Enviei a Hickey um bilhete lembrando-o de que eu havia omitido do meu livro diversas revelações, bem mais interessantes, sobre sua viagem, e que elas poderiam ser encontradas em documentos arquivados no Congresso dos Estados Unidos. Nunca mais tive notícias de Hickey. Um par de anos depois ele me fuzilou com o olhar em um banquete do COI na Cidade do México – mas, apesar da cara feia, ele não se deu o trabalho de vir falar comigo e expor seus pontos de vista. Infelizmente, ao longo dos anos Hickey e seu advogado truculento conseguiram intimidar a maior parte da imprensa irlandesa, demovendo os jornalistas de levarem adiante investigações mais minuciosas acerca de suas atividades.

Hickey faz amizade com pessoas que muitos de nós nem sequer ousariam levar para dentro de casa, e troca abraços com gente que jamais deixaríamos chegar perto dos nossos entes queridos. Na esperança de ser visto como um dirigente esportivo de relevância internacional, Hickey procurou na Europa algum patrono abastado que bancasse a realização de uma Olimpíada regional, organizada por sua Associação dos Comitês Olímpicos Europeus, nos mesmos moldes dos Jogos Pan-Americanos.

Sem encontrar líderes de boa reputação ou dirigentes respeitáveis dispostos a encampar a ideia, tampouco interessados em ser seus clientes, Hickey recorreu a Aleksandr Lukashenko, o presidente do Comitê Olímpico de Belarus (antiga Bielo-Rússia) – e também presidente do país –, cujo emprego consiste em ser o último ditador da Europa e cuja polícia espanca brutalmente os jovens manifestantes que saem às ruas para pedir liberdade e democracia.

Ignorando o histórico de inúmeros casos de *doping* em Belarus, Hickey concedeu ao violento criminoso Lukashenko uma placa comemorativa louvando sua "Extraordinária Contribuição ao Movimento Olímpico". Seguindo a diretriz da União Europeia, o Comitê Organizador Local dos Jogos Olímpicos de 2012, em Londres, recusou-se a dar o credenciamento a Alexander Lukashenko. A União Europeia anunciou a proibição de vistos ao presidente Lukashenko e a 160 de seus funcionários, por seu recorde de violações dos direitos humanos. Por fim, Hickey descobriu que Lukashenko estava falido, deu adeus ao bielo-russo e rumou para o sul: foi bater à porta do presidente do Comitê Olímpico do Azerbaijão, outro chefe de Estado. Ilham Aliyev, um inveterado cleptomaníaco e carcereiro de jornalistas, concordou e ofereceu milhões para custear o novo evento, cuja primeira edição será realizada em 2015.

Hickey provou que no mundo sombrio da política olímpica ele é capaz de guardar segredos sujos. Em correspondência privada trocada em 1991 com a equipe de promoção da candidatura de Salt Lake City, a sede dos Jogos Olímpicos de Inverno, Hickey revelou que alguns membros europeus do COI estavam vendendo – por 100 mil dólares – seus votos para uma candidatura olímpica rival, a cidade japonesa de Nagano. À época ele alimentava a esperança de ser recrutado para as fileiras do COI, por isso ficou de boca fechada e manteve em segredo as informações sobre esses subornos. O fato de que nunca deu com a língua nos dentes e jamais apresentou publicamente a denúncia em nada o prejudicou. Em sua carta, carimbada com o rótulo "estritamente privado e confidencial", Hickey revelou que a fonte que o informara sobre a propina era o cartola olímpico italiano Mario Pescante.

Em 2001, quando Silvo Berlusconi quis um ministro dos Esportes para o seu governo direitista, não precisou procurar muito e escolheu para a pasta Mario Pescante, membro do COI. Ex-chefão do Comitê Olímpico Italiano, Pescante teve tempo de sobra depois que foi forçado a sair do cargo ao ser flagrado acobertando resultados positivos de *doping*. O COI não deu a mínima.

Entre 1980 e 2000, a Itália figurou no topo do ranking mundial de *doping* com patrocínio oficial, sob a égide de Primo Nebiolo, o presidente italiano da Associação Internacional de Federações de Atletismo. Na surdina, Pescante desempenhou seu papel na década de 1990, custeando experimentos com EPO* na Universidade de Ferrara, beneficiando esquiadores e ciclistas.

---

* EPO (abreviatura de eritropoietina) é um hormônio secretado pelo rim que estimula a medula óssea a elevar a produção de células vermelhas do sangue. Há duas formas ilegais de elevar a capacidade de transporte de oxigênio no sangue de um atleta: o *doping* sanguíneo (a melhor tecnologia disponível nos anos 1970 e 1980, que envolvia remover e estocar um litro do próprio sangue, esperar algumas semanas até que o corpo restaurasse a quantidade de células vermelhas e então reinjetar as células vermelhas estocadas), e a maneira moderna, que consiste em injetar versão sintética de EPO. (N. T.)

Isso não era incomum na época. Os membros do COI limitaram-se a assistir de braços cruzados enquanto Samaranch escondia os testes positivos de *doping* nas Olimpíadas de 1980 e 1984, ao mesmo tempo em que o COI falava pomposamente sobre a "guerra ao *doping*", mesmo sem nada fazer para refrear o crescimento da dopagem. Samaranch não teria ficado nem um pouco descontente em 1994, ano em que um promotor público italiano acusou o comitê olímpico de Pescante de desviar verbas para um clube esportivo neofascista.

Quando assumiu a pasta de ministro dos Esportes da Itália, simultaneamente Pescante tornou-se também o presidente da Associação dos Comitês Olímpicos Europeus. Saiu do governo cinco anos depois e ao mesmo tempo deixou os Comitês Olímpicos Europeus – foi substituído por Hickey. Pescante foi alçado ao comitê executivo do COI. Em função das importantes contribuições de Pescante à paz mundial, o COI convenceu a ONU de que o italiano merecia o status de Observador, e em 2010 Pescante foi nomeado Observador Permanente do COI junto às Nações Unidas.

Às vezes a "família olímpica" dá sinais de que parece não viver no mesmo planeta que o restante da população mundial. Em 2012, uma entidade semiobscura, a Fundação para a Trégua Olímpica, agraciou Mario Pescante com seu prêmio anual. E por quê? Eles o saudaram por ser "um paladino, ao lado do ex-presidente Juan Samaranch, em prol do reconhecimento da Trégua Olímpica em tempos conturbados".

Ao lado de Pat Hickey no comitê executivo do COI está o suíço René Fasel, que outrora atuava como dentista mas agora é o todo-poderoso comandante da Federação Internacional de Hóquei no Gelo (Fédération Internationale de Hockey sur Glace – FIHG), tremendamente poderosa na América do Norte e no norte da Europa. Quatro anos atrás a comissão de ética repreendeu Fasel por um curioso negócio envolvendo o pagamento de 1,9 milhão de francos suíços (2 milhões de dólares) de uma empresa de marketing suíça a um dos antigos colegas de escola de Fasel, por serviços de "consultoria" na aquisição de direitos de marketing referentes a esportes na neve.

Fasel negou veementemente que tenha ficado com parte do dinheiro, mas admitiu que foi um "caso de pouco discernimento". O executivo-chefe da empresa – sim, trata-se da Infront – é o sobrinho de Sepp Blatter, Philippe Blatter.

Copenhague, 4 de outubro de 2009. Sessão plenária. Thomas Bach quer ser o próximo presidente do COI. Hoje o idoso Samaranch está sentado no Auditório A do Bella Center e meneia a cabeça em sinal de aprovação. Quer que Bach seja o próximo presidente. Juntamente com Horst Dassler, ele escolheu a dedo o jovem Bach na década de 1970 para assumir essa função um dia. Agora Thomas Bach abre sua campanha para, em três anos, substituir o cada vez mais ineficaz Jacques Rogge.

Ninguém admite que Bach está iniciando a jornada com sua mensagem política. Cavalheiros – e damas, príncipes e princesas – não se aviltam com campanhas políticas vulgares. Fui a Bruxelas em 2001 ouvir Rogge lançar sua campanha para suceder Samaranch. Ele tagarelou por meia hora. Os Jogos Olímpicos de Sydney tinham sido um sucesso... Uma página sombria da história do COI fora definitivamente virada com as reformas... O COI está limpo, transparente e rejuvenescido... Fizemos progresso no que diz respeito à participação das mulheres... o caminho é a "autonomia". Essa seria a palavra de impacto fulminante para os mais de cem membros do COI lá reunidos.

Levantei a mão. "Jacques, onde está o seu programa político?" Rogge me encarou, perplexo. Ele respondeu que não tinha um programa, mas o seu rosto dizia: "Você está doido? Não sabe que um clube como o COI não publica manifestos?".

Hoje, em Copenhague, o candidato precisa fazer com que as pessoas o *queiram*. Ele sabe o que vai funcionar. Bach tem um discurso de 4 mil palavras. Ele sabe o que eles querem ouvir. Uma palavra: *autonomia*. Ele a repete 41 vezes. No meio de seu engenhoso discurso a palavra aparece como uma rajada a cada duas frases. Ela voa e bombardeia seus ouvintes de todos os ângulos possíveis. Ele invoca o filósofo Immanuel Kant para corroborar sua argumentação. Sua plateia faz parte de algum "princípio supremo de moralidade". Ele amplia seu tema: "A autonomia" é "uma visão clara de nossos princípios irredutíveis e não negociáveis".

Há um código que os membros do COI entendem. Eles ficaram amuados durante toda uma década, zangados depois de terem sido obrigados a aceitar a contragosto a participação de membros que não lhes interessavam. Parte do acordo na esteira do escândalo de corrupção em Salt Lake City era que o COI deveria incluir em suas fileiras alguns presidentes de federações esportivas. Isso solapava um século de... autonomia e independência para selecionar os próprios membros. Bach tinha tocado uma tecla sensível.

Ele tocou em outros pontos nevrálgicos. Eles queriam "uma sessão do COI composta principalmente de certas cotas de delegados representando vários grupos de interesses, cada um atrelado a um mandato de sua respectiva organização?".

Ou, se pudessem escolher, preferiam "uma sessão do COI composta principalmente de membros independentes sem tal mandato, membros independentes que dispõem de autoridade, conhecimento e experiência também em política, negócios, cultura e sociedade?".

Naquele momento quase admirei Bach, que conseguira tocar o coração dos esnobes membros do COI. Eles tinham se convencido: nós somos únicos. Alguns de nós são monarcas escolhidos por Deus – estamos acima dos seres humanos comuns. Jamais deveríamos ter aceitado pálidos e cinzentos mortais carregadores de valises, eleitos por federações xexelentas e não escolhidos por Mão Divina.

Ele é o nosso homem. Onde vamos jantar hoje?

Bach tinha mais uma carta na manga, mais uma rajada de alegria. "Devemos dar à comissão de ética do COI o título mais apropriado de 'Comissão de Boa Governança'." Foi um êxtase. Eles sempre tinham odiado a instalação de uma política de ética, outra imposição após Salt Lake City. Desprezavam os investigadores independentes que ousaram escrever relatórios criticando o COI e que depois eram engolidos por jornalistas de moral dúbia. Joguem tudo isso na lata do lixo. A nova comissão de Bach seria responsável pela "elaboração de regras e regulações respeitando o princípio da 'unidade na diversidade'". Provavelmente Bach não sabia o que isso significava, tampouco os demais membros do COI. Mas serviria para interromper as investigações.

A esmagadora vitória de Bach em Buenos Aires em 2013 contou com o apoio do *lobby* do xeque Ahmad e Pat Hickey. No entanto, foi em Copenhague que Bach ganhou o coração dos membros do COI. Ele os entendeu. Eles são deuses olímpicos!

A procissão de Bach para a coroação no COI só foi frustrada pela inquietação em seu país natal, a Alemanha. Jornalistas céticos lembraram que Bach tinha trabalhado na equipe de Horst Dassler, incumbida de comprar e manipular eleições nas federações esportivas com o intuito de fazer com que mais dirigentes fechassem contratos com a Adidas e depois a ISL.

O ex-esgrimista Thomas Bach ganhou uma medalha de ouro nas Olimpíadas de Montreal em 1976; poucos dias antes da eleição do COI em Buenos Aires o canal de TV alemão WDR levou ao ar acusações de que Bach estava envolvido em trapaças no tempo em que competia – ou pelo menos tinha conhecimento delas. Aparentemente, se os esgrimistas segurassem uma luva molhada junto de sua jaqueta elétrica, as estocadas dos floretes e sabres adversários não eram registradas. Bach se recusou a comentar o assunto, mas seu porta-voz negou tudo.

A admiração de Bach pelos *muito* ricos – gente como o xeque Ahmad – não é o primeiro nem o único exemplo de ocasiões em que ele serpenteou na direção do dinheiro graúdo. Bach chamou a minha atenção em 1999 na Coreia, no átrio de paredes de vidro do Centro de Artes de Seul. Ele ficou parado junto à porta e avistou o único membro do COI acusado de genocídio de povos nativos – o povo daiaque de Bornéu. Bach deu um salto à frente a jogou os braços sobre o ombro do bilionário madeireiro (e devastador da floresta tropical indonésia) Bob Hasan, que aguardava julgamento em Jacarta por acusações de fraude e roubo. Quando Bob foi para a prisão o COI o expulsou, ainda que relutantemente.

Ao ser alçado ao trono olímpico, Bach pediu demissão da presidência da Ghorfa, grupo de negócios alemão-árabe que atua na área de defesa e cuja reputação estava maculada por boicotes de Israel e vendas de armas. A Anistia Internacional criticou o envolvimento da Ghorfa na venda de armas para a região, afirmando que o grupo "não estava interessado na promoção dos direitos humanos fundamentais".

Após sua coroação, Bach foi correndo até a ONU a fim de promover a Trégua Olímpica, uma fantasia do COI que alardeia que suas extravagantes pirotecnias esportivas disseminam a paz mundial. Ninguém percebeu o menor sinal de trégua na Ucrânia durante as competições e espetáculos na neve e no gelo em Sochi. Se essa ilusão de "trégua" realmente existisse, deixaria deprimidos alguns "parceiros" olímpicos, caso da General Electric (GE), cujos motores turbinam máquinas da morte como os caças F-16 e os helicópteros Apache. Esses produtos não são mencionados nos felizes comunicados de imprensa distribuídos pelo COI e pela GE. Tampouco são divulgadas as estripulias e palhaçadas do seu braço financeiro, a GE Capital, cujos supostos esquemas de fraude no mercado de títulos dos Estados Unidos, espoliando cidades e privando-as do dinheiro necessário para a construção de escolas, hospitais e estradas e a manutenção de serviços como polícia e bombeiros, continuam enterrados nos balancetes financeiros. Quando Rogge anunciou sua aposentadoria, o escolhido para substituí-lo na presidência do Comitê Olímpico Belga (Belgisch Olympisch en Interfederaal Comité – BOIC) foi o barão Pierre-Olivier Becker-Viejant, homem de negócios e executivo-chefe do Delhaize, o maior grupo varejista do país que atua no setor de supermercados, hipermercados e lojas de conveniência. Ele foi eleito o Executivo do Ano na Bélgica em 1999.

Rogge sempre foi um homem que sabe de que lado do seu pão está a manteiga. Em fevereiro de 2006, às vésperas dos Jogos Olímpicos de Inverno em Turim, o patrocinador McDonald's lançou uma "iniciativa global de grande envergadura para promover um estilo de vida ativo e equilibrado", trombeteando que a campanha "salientava o compromisso do McDonald's no sentido de promover entre seus clientes um equilíbrio entre nutrição adequada e atividade física".

Rogge, paladino na batalha contra a obesidade, teve de aparecer para garantir o jorro dos polpudos cheques. Ele leu os comentários escritos que haviam sido preparados para ele. "O McDonald's já apoia o Movimento Olímpico há mais de trinta anos, e compartilhamos muitos dos mesmos ideais." O presidente do COI não explicou que parte do Ideal Olímpico era agora propriedade dos *chefs* de Chicago.

Rogge continuou lendo o texto de seu *script*: "Estamos felizes que o McDonald's tenha escolhido os Jogos Olímpicos – a que o mundo todo está assistindo – para mostrar Turim como o primeiro mercado no mundo a apresentar informações nutricionais nas embalagens dos sanduíches e demais produtos da rede. Nada mais adequado que os Jogos Olímpicos sejam o palco para o lançamento desse programa do McDonald's".

O McDonald's encontrou outra plateia cativa em Sochi – crianças com deficiência física em cadeiras de rodas. O novo presidente Bach visitou um *playground* – o "legado" – doado pela empresa e brincou com um punhado de crianças, depois aproveitou a oportunidade de publicidade posando para fotografias ao lado de crianças que não deveriam ser fotografadas sem a permissão dos pais.

Os dirigentes mais sábios das cidades candidatas a sede dos Jogos Olímpicos aprenderam a esconder suas filhas, a deixar fora de alcance todos os objetos de valor e a tomar cuidado com os membros do COI que visitavam suas cidades carregando sacolas e malas vazias. Infelizmente, no fim das contas eles não ganhavam o prêmio – a cidade sueca de Falun, por exemplo, perdeu três vezes, caiu em desgraça porque os suecos se queixaram de que uma de suas anfitriãs foi às lágrimas devido às atenções de um dos membros do COI, o Senhor Mãos Bobas.

Em 1991, em um centro de convenções de Birmingham, fiquei de pé a um canto e vi o ódio no rosto da equipe que defendia a candidatura de Salt Lake City a sede dos Jogos Olímpicos de Inverno de 1998. Eles tinham construído praticamente todas as instalações esportivas necessárias para o evento. A cidade japonesa de Nagano não tinha feito uma única obra – mas dava para ouvir o som do dinheiro tilintando do outro lado do planeta. Patrick Hickey sabia – todo mundo que fazia parte de sua "família olímpica" sabia. Nagano venceu a votação por 46 X 42.

Esse era o verdadeiro Jogo Olímpico, e agora a equipe de apoio à candidatura de Salt Lake City passou a jogar com entusiasmo. Quatro anos depois a cidade esmagou todos os rivais e ganhou o direito de sediar as Olimpíadas de Inverno em 2002. Tudo estava bem, os membros do COI pareciam felizes. Os sorrisinhos afetados começaram a desaparecer no final de novembro de 1998, quando vieram à tona as primeiras revelações de suborno. De maneira apropriada, as notícias tornaram-se uma avalanche. A opinião pública ficou sabendo das exigências feitas pelo COI: dinheiro vivo, bolsas de estudo em universidades, todo tipo de extorsão. A melhor história do escândalo de Salt Lake City chegou à imprensa do estado de Utah, mas não figurou nos relatórios oficiais. Soterradas em meio à prestação de contas havia menções às exigências de compras feitas pelos membros do COI: pacotes de Viagra, um violino e um vibrador de 74,27 dólares – por esse valor, devia ser musical...

Samaranch alegou que os membros do COI eram "vítimas de cidades predadoras". A imprensa mundial sentiu cheiro de hipocrisia, os cartunistas se esbaldaram, e na surdina os patrocinadores alertaram o COI: ou vocês tomam medidas para limpar a casa ou adeus.

Era um trabalho para o mesmo grupo de marqueteiros e "assessores de comunicação" que nos disseram que o tabaco não é uma ameaça à saúde, que tinham melhorado a imagem de ditadores sanguinários e começaram uma guerra no Oriente Médio. Em fevereiro de 1999, o primeiro pelotão da empresa de consultoria Hill & Knowlton desembarcou em Lausanne, trazendo de Nova York um arsenal de aparelhos de fax extras. Todas as salas de redação do planeta foram bombardeadas com boas notícias sobre o Comitê Olímpico Internacional.

Os marqueteiros reacionários da H&K ensinaram ao COI a receita de como sobreviver a escândalos de grandes proporções. Era preciso iniciar um amplo e vistoso "Processo de Reforma", com a criação de uma porção de comissões que seriam incumbidas de passar o restante do ano de 1999 tagarelando sem parar e matando de tédio o mundo todo. A maioria dos patrocinadores era de norte-americanos, por isso seria necessário deixar um estadunidense em posição estratégica, no topo do "processo". Havia algum membro feminino do COI que poderia ser repaginada e convertida em heroína do idealismo olímpico? Os jornalistas ficariam relutantes em criticar com ferocidade uma mulher.

"Anita foi escolha de Samaranch", disse-me outro membro norte-americano do COI. "Ele tinha certeza de que ela seria fácil de controlar. A vida já estava boa para Anita Luceete DeFrantz, ex-remadora dos Estados Unidos e medalha de bronze nos Jogos Olímpicos de 1976, uma mulher mestiça cuja família é de classe alta. Ela foi recrutada em 1986, aos 34 anos de idade, e se não houver algum infortúnio ficará no COI até 2032, quando completar oitenta anos. Um ano depois de entrar para o Comitê Olímpico Internacional, a presidente da Comissão de Mulheres no Esporte do COI assumiu um segundo cargo administrativo, mais uma vez certamente vitalício, presidindo uma comissão que distribui os lucros das Olimpíadas de Los Angeles. Em 1999, quando a maldição de Utah assolou o COI, ela estava recebendo 230 mil dólares anuais da

Fundação LA84. Em 2012, esse valor subiria para 310 mil dólares. Não pairam dúvidas sobre Anita.

Ela "coordenaria" um "grupo de trabalho" encarregado da discussão de como selecionar as cidades-sedes olímpicas. Após os escândalos, esse era o aspecto que mais interessava à mídia e era o mais fácil de resolver: bastava manter as propinas longe do alcance dos olhos da imprensa! Os outros dois "grupos de trabalho" eram realmente importantes – para o COI. O confiável Thomas Bach supervisionaria o debate sobre o relacionamento com o governo e a mídia – ambos vitais para a sobrevivência. Franco Carraro, presidente da Federação Italiana de Futebol (Federazione Italiana Giuoco Calcio – FIGC) e aliado próximo de Silvio Berlusconi, era o homem que cuidaria da "Reforma do COI" – o que significava muita conversa e pouca mudança, exceto pelo limite de idade para os membros – as mudanças estipulam que membros do COI admitidos a partir de 1999 devem deixar seus cargos ao completar setenta anos; para os que já estavam antes disso, o limite ficou estipulado em oitenta anos – e pela mudança que estabeleceu em 12 anos o período máximo de permanência dos presidentes no cargo. Um aspecto importantíssimo era o fato de que eles poderiam continuar recrutando novos membros, pessoas exatamente iguais a eles mesmos. As eleições democráticas jamais tiveram a menor chance.

Franco deu conta do recado para Samaranch e esteve mais de cinco anos à frente da Federação Italiana de Futebol, mas por um escândalo de manipulação de resultados foi forçado a renunciar em 2006. Isso não constrangeu Blatter, que nomeara Carraro chefe da comissão de auditoria interna da Fifa. Ele não encontrou nada errado em Zurique.

Para confundir ainda mais a imprensa, esses "grupos de trabalho" enviariam relatórios para um "Comitê Executivo", que depois de prolongadas deliberações encaminhariam suas análises para uma "Comissão Plenária". Os marqueteiros da H&K nunca paravam. Haveria "estudos a fundo", "definições", "análise de mandatos", "submissões", "apresentações", "coordenadores", "relatórios preliminares", "documentos finais", "conclusões" e, por fim, "recomendações".

Isso levaria meses a fio. Os jornalistas mais durões foram despachados para outras tarefas e a cobertura do COI ficou a cargo de um punhado de repórteres molengas e manipuláveis que jamais quiseram outra coisa senão anotar o que esses grandes homens – e algumas mulheres – lhes diziam e depois repassar tudo como notícia. Quando o verão europeu deu lugar ao outono, o Grande Escândalo de Corrupção Olímpica evaporou – exatamente como a H&K tinha planejado.

A "Comissão COI 2000", supostamente formada para discutir mudanças na estrutura interna do Comitê Olímpico Internacional e o método de escolha das sedes dos Jogos Olímpicos, apresentou uma lista com sugestões. Nenhuma menção a reformas, escândalos, propinas, pagamentos em dinheiro, bolsas de estudo, e nem mesmo a apalpadelas nas anfitriãs das cidades candidatas a sede. Sob o comando de um homem cujo braço direito era mais musculoso que o esquerdo, a comissão era formada por oitenta membros, com esmagadora maioria de homens – e que deveriam nos impressionar. Muitos eram Deuses do Comércio, o que certamente deixaria impressionados os jornalistas frouxos.

O mandachuva perto do topo da lista era Paul A. Allaire, presidente da Xerox, uma das patrocinadoras olímpicas. Um deus do dinheiro. Isso foi em 1999. Quatro anos depois o sr. Allaire e cinco executivos da Xerox concordaram em pagar à Comissão de Títulos e Câmbio dos Estados Unidos uma multa de 22 milhões de dólares por uma fraude contábil em que superestimaram os lucros da empresa em 1,4 bilhão de dólares entre 1997 e 2000. Quando fez pronunciamentos moralizantes em Lausanne em 1999, o sr. Allaire não mencionou as falcatruas que andava aprontando em Nova York.

Outro mandachuva da Comissão COI 2000 era Giovanni Agnelli, dono da montadora Fiat e o homem mais rico da história da Itália moderna. Em 1980 Agnelli desempenhou papel fundamental no esmagamento dos sindicatos italianos. Outro deus do dinheiro, que certamente comovia os jornalistas. Agnelli não seria problema. Ele jogava o jogo de Samaranch, o COI era grato e por isso lhe deu de presente os Jogos Olímpicos de Inverno em Turim, onde sua família era dona de resorts de esqui nas montanhas.

O mexicano Rubén Acosta presidia a Federação Internacional de Vôlei (Fédération Internationale de Volleyball – FIVB) desde 1984 e estava louco para ser recrutado pelo COI. Samaranch escolheu-o para integrar a Comissão COI 2000. Acosta fez o que lhe mandaram e foi recompensado com uma vaga no Comitê Olímpico Internacional no ano seguinte. Não durou muito. Quatro anos depois se descobriu que ele havia criado uma regra na Federação Internacional de Vôlei segundo a qual qualquer pessoa que assinasse um contrato de patrocínio ou de televisão tinha direito a uma bonificação pessoal de 10% do valor do contrato. A segunda regra era a seguinte: somente o presidente poderia assinar contratos. Acosta pagara a si mesmo 33 milhões de dólares e saiu do COI em maio de 2004, antecipando-se a um relatório da Comissão de Ética.

Será que poderia existir alguém mais devotado às necessidades especiais de Samaranch que Gunilla Lindberg? Ela labutou em cargos vinculados ao Comitê Olímpico Sueco desde 1969 até se tornar uma deusa olímpica em 1996. Gunilla dançou conforme a música na Associação dos Comitês Olímpicos Europeus de Pescante e Hickey. A qualificação perfeita para integrar a Comissão 2000 da H&K. Ela continuou sua trajetória ascendente no Monte Olimpo e é secretária-geral do xeque Ahmad, o presidente da abastada e poderosa Associação de Comitês Olímpicos Nacionais. A sra. Lindberg ocupa uma cadeira no Conselho Executivo do COI, ao lado de Hickey, e ambos são membros da Comissão de Coordenação Rio 2016. Ela ocupou cargos semelhantes em praticamente todas as edições dos Jogos Olímpicos realizadas neste século.

O xeque Ahmad, Patrick Hickey, Mario Pescante e René Fasel eram membros de valor inestimável da Comissão COI 2000, assim como o inglês Sebastian Coe, sempre confiável e doido para agradar. O brasileiro Carlos Nuzman, outrora aliado íntimo de seu colega de vôlei Acosta, faria tudo para ser admitido no COI e era um membro óbvio da Comissão. Sua recompensa foi conquistar uma cadeira no COI no ano seguinte.

Apesar do – ou talvez por causa do – escândalo de *doping* da equipe Festina no Tour de France de 1999, o holandês Hein Verbruggen, presidente da União Ciclística Internacional entre 1991 e 2005 e membro do COI, era bem-vindo. Junto a Verbruggen na Comissão da H&K havia outro homem que sabia muita coisa sobre dopagem nos esportes: o membro do COI e médico-chefe da entidade, o príncipe belga Alexandre de Mérode. Quando Mérode morreu, dois anos depois, a respeitada revista *Swimming World* relembrou "sua relutância em ampliar os testes de detecção de substâncias ilícitas de modo a incluir novas substâncias para melhoria do desempenho; sua postura contrária ao desenvolvimento de novos e mais sensatos protocolos de testes *antidoping*; sua posição contrária à aplicação de penalidades mais rígidas para atletas cujos testes de detecção de substâncias dopantes fossem positivos; e o misterioso desaparecimento de supostos testes positivos – sob sua responsabilidade – de bom número de atletas de ponta e renome". Era uma referência ao fato de que Mérode acobertou testes positivos nos Jogos Olímpicos de Moscou em 1980 e de Los Angeles em 1994.

Samaranch se aposentaria dali a um par de anos e havia um homem ávido para substituí-lo no trono do COI, um mandachuva de modesto calibre chamado Kevan Gosper, chefão da petrolífera Shell na Austrália. À sua maneira ultraleal ele passou a integrar a Comissão da H&K. A reputação de Gosper foi reduzida a pó no ano seguinte quando uma menina greco-australiana, escalada para carregar a tocha olímpica no primeiro trecho entre Olímpia e Sydney, foi descartada e substituída pela filha de Gosper. A mídia australiana entrou em ebulição, e em maio de 2000 um tabloide de Sydney estampou na primeira página o acrônimo "GOSPER – Greedy, Obstinate, Selfish, Pompous, Egotistic, Reptile" (Ganancioso, Teimoso, Interesseiro, Egoísta, Pomposo, Réptil).

O húngaro Pal Schmitt não poderia ficar fora da Comissão da H&K. Membro do COI desde 1983, Schmitt era o chefe do protocolo da entidade, e os novos membros eram iniciados por ele em uma cerimônia bizarra, envolvendo um estranho juramento e uma bandeira olímpica.

Tudo ia bem e Pal Schmitt tornou-se presidente da Hungria. Então alguns professores investigaram sua tese de doutorado, ele se viu envolvido em um escândalo de plágio e acabou renunciando em 2012.* O COI o repreendeu. Ele continua sendo membro do Comitê Olímpico Internacional, mas já não oferece mais o juramento da entidade.

O búlgaro Ivan Slavkov, membro do COI e chefão do futebol, foi uma das escolhas da H&K. Também escolhidos e prestando bastante atenção à aula magna de Samaranch sobre como abafar escândalos e se perpetuar no poder estavam Havelange e Blatter. Ambos sabiam que a empresa ISL estava aos poucos afundando rumo à bancarrota e à desgraça, e que eles também enfrentariam os mesmos problemas do COI.

Blatter aprenderia que o elemento essencial para a sobrevivência era a ofuscação, uma miríade de comissões e alguns nomes impressionantes que os jornalistas molengas não ousariam questionar. Blatter estenderia seu processo de "reforma" ao longo de três anos e muita gente nem sequer se lembraria das revelações iniciais de corrupção que deveriam tê-lo alijado do poder.

Em meio a corja do mundo dos negócios, um nome chamava a atenção porque pairava acima de todos os outros graças à sua incontestável qualidade moral: o ganhador do Prêmio Nobel Óscar Arias Sánchez, ex-presidente da Costa Rica. Ao ver seu nome na lista dos Bons e Virtuosos da H&K, pedi para entrevistá-lo: "O que ele achava dessas infâmias olímpicas?". "O que ele recomendava?"

De repente os marqueteiros do COI ficaram em silêncio. Ninguém retornava meus telefonemas. Os pedidos de entrevista eram ignorados. Persisti. Por fim, um jovem assessor de mídia me levou para um canto durante uma reunião em Lausanne: "Ele não poderá vir, não participará de nossas deliberações. Estava ocupado na Costa Rica, mas deixamos o nome dele na lista para mostrar que encaramos com seriedade a reforma. Pense nele como alguém que 'desempenha um papel simbólico como membro honorário do grupo'".

---

* A Universidade Semmelweiss, de Budapeste, retirou o grau de doutor de Schmitt por considerar plágio sua tese sobre a história dos Jogos Olímpicos, defendida vinte anos antes. (N. T.)

NOTA FINAL

A pesquisa para os meus livros e documentários de televisão que investigam a corrupção nas federações desportivas internacionais começou em 1988. Minha coleção de documentos, públicos e privados, é insuperável por qualquer entidade do esporte, mídia ou instituição acadêmica.

Qualquer pesquisador, jornalista ou advogado em busca de novas fontes ou informações factuais pode contatar-me pelo e-mail: Omerta201416@gmail.com

Eu seria incapaz de divulgar documentos originais fornecidos por fontes confidenciais, a menos que eu seja convocado para testemunhar em um tribunal de justiça!

Uma série de documentos, incluindo as investigações do Congresso Brasileiro sobre Teixeira e a corrupção na CBF, como os relatórios das CPIs presididas pelo deputado Aldo Rebelo e pelo senador Álvaro Dias, estão disponibilizados em meu site: www.transparencyinsport.org.

AGRADECIMENTOS

Tenho tantos amigos, colegas e companheiros jornalistas por cuja ajuda preciso agradecer. No topo da minha lista devem figurar Natalia Viana e suas colegas Marina Amaral e Luiza Bodenmüller. Elas publicaram meus textos no site da Agência Pública de Reportagem e Jornalismo Investigativo (apublica.org) e me apresentaram aos Comitês da Copa do Mundo e aos movimentos sociais no Brasil. E minha gratidão a Gavin Macfadyen, por nos aproximar. E aos amigos da Associação Brasileira de Jornalismo Investigativo (Abraji), especialmente Guilherme Alpendre, Fernando Molica e Veridiana Sedeh por cuidarem de mim em São Paulo e no Rio de Janeiro.

No Rio, a pesquisa e o texto de Carolina Mazzi tiveram valor inestimável para o capítulo 2, que remonta aos dias em que o bicheiro Castor de Andrade era parceiro muito próximo de João Havelange e Ricardo Teixeira. Trata-se de uma parte crucial do livro, executada com profissionalismo.

Também no Rio, Chris Gaffney, Gustavo Mehl, Carlos Vainer, Giselle Tanaka, Paula Daibert, Katryn Dias e Milli Legrain pouparam-me uma boa dose de tempo. Alguns deles me levaram ao Maracanã para conhecer atletas expulsos da pista de atletismo do Estádio Célio de Barros. Para sempre guardarei com carinho as calorosas boas-vindas do povo indígena da Aldeia Maracanã.

Em Brasília, Afonso Morais, José Cruz, Gustavo Castro e Romário de Souza Faria foram meus guias. Meu obrigado aos senadores Paulo Bauer e Álvaro Dias por me convidarem para falar sobre a Fifa no seu papel de família do crime organizado na Comissão de Educação, Cultura e Esporte em Brasília em outubro de 2011.

Em São Paulo, Nemércio Nogueira e Paulo Markun ajudaram-me com as lembranças de seu amigo Vlado Herzog, assim como também foram de grande valia os relatos de Ivo Herzog. Juca Kfouri viabilizou a publicação no Brasil do meu livro anterior – e deste –, e Rodrigo Mattos compartilhou comigo suas histórias.

Obrigado aos juízes, magistrados investigadores e advogados que em dezembro de 2012 me convidaram para dar uma palestra na Escola Paulista de Magistratura (EPM) em São Paulo, acerca dos potenciais problemas criminais na Fifa e no COI. Naquela mesma semana tive o prazer adicional de falar no Mediaon – 6º Seminário Internacional de Jornalismo Online na capital paulista.

Contei com a valiosa assistência de Marcelo Damato e Walter de Mattos, Jamil Chade, Alberto Murray Neto, Tarcisio Holanda, Lauro Jardim, Gabriel

Leão, Paolo Manzo, Katia Rubio, Pedro Rocha, Vanessa Gonçalves, Natasha Guerrize, Bulend Karadag, Celso Wolf, Billy Graeff Bastos, André Dutra, Talita Alessandra, Paco Fernandez, Marcelo Auler, Rafael Cabral, Claudia Favaro, Lúcio de Castro, Hugo Fulco, Bruno Torturra e Camila Mattoso.

Um pouco mais longe, Ana May, Roland Buchel, Claire Newell, Jonathan Calvert e o diretor da BBC James Oliver, mantiveram essa saga em andamento; graças ao trabalho de edição de Gary Beelders, Adam Richardson e Simon Thorne, as filmagens e imagens dos programas ficaram perfeitas; o cinegrafista Steve "Rocksteady" Foote jamais perde uma cena e sempre enquadra tudo lindamente.

Sempre pude contar com Thomas Kistner, Jean-François Tanda, Stella Roque e, em Trinidad, Camini Marajh e Lasana Liburd, que estão lá quando preciso deles. Denis O'Connor encontrou números espantosos.

Torgeir Pedersen Krokfjord, Espen Sandli, Jens Weinreich, Karrie Kehoe e Gesbeen Mohammad trouxeram mais fatos e, muitas vezes, mais risadas.

Como sempre, há fontes especiais que não podem ter os nomes citados. Essas pessoas sabem que me refiro a elas e quão valiosos foram os documentos que me enviaram.

Mais uma vez, obrigado!

Andrew

CONHEÇA OUTROS LIVROS DE FUTEBOL DA PANDA BOOKS:

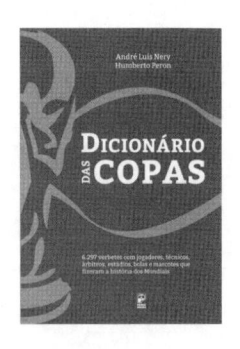

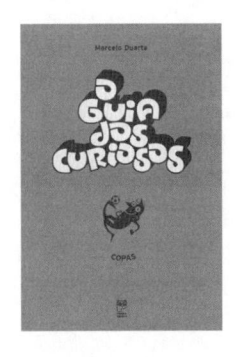

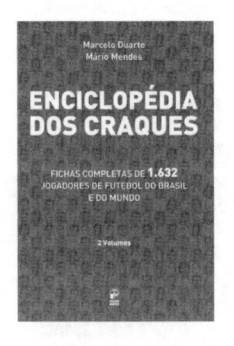

Impressão e acabamento:

Orgrafic
Gráfica e Editora
tel.: 25226368